Say It With Figures

数字で語る

社会統計学入門

ハンス・ザイゼル❖著
佐藤郁哉❖訳
海野道郎❖解説

新曜社

Hans Zeisel
SAY IT WITH FIGURES
6th edition

訳者まえがき

本書は，統計的社会調査に関する最良の入門書としてベストセラーとなったHans Zeisel著 *Say It with Figures* 第6版（Harper & Row, 1985）の全訳である。

原著の題名は，フラワー・ショップの宣伝文句「Say it with flowers（花で思いを伝えましょう）」をもじったものであるが，この小粋なタイトルの由来については，次のような解説がある。

> ある雨の日の昼下がり。かなり昔，第二次大戦前のウィーンでの出来事である。ハンス・ザイゼルとその友人でありまた仕事上の同僚でもあったポール F. ラザースフェルドは一緒に歩きながら，将来共著で書こうと考えていた社会調査の方法論に関する本について話しあっていた。しばらくして，2人は，とある花屋の前を通りかかった。当時は，ウィーンでもニューヨークでも，花屋の店先には「あなたの思いを花に託して贈りましょう（Say it with flowers）」という看板が掲げられていたものだった。それを目にしたザイゼルは，突然次のように言い出した――「そうだ，僕たちの本のタイトルは，*Say It with Figures* にしようじゃないか！」。[1]

このような事情を念頭において，原題に託されたメッセージに忠実な形で邦訳のタイトルをつけるとしたら，『社会の現実の姿を数字で伝えよう』というものにでもなるだろう。そして，原著の題名にこめられたこのメッセージはまさにこのような本を必要としていた人々のもとに間違いなく届き，本書は，1947年にその初版が刊行されて以来，米国においてベストセラーとなっただけでなく，日本語を含む7ヶ国語に訳されて世界的なロングセラーとなっている。なお，著者のザイゼル博士は1992年に亡くなっており，原著はこの第6版が最終版ということになる。

邦訳としては，原著第4版などをもとにして1962年に東洋経済新報社から刊行された『数字で語る』（木村定・安田三郎訳）がある。同訳書は，画期的な入門書として定評を得て版を重ねていたが，現在は入手困難となっている。

(訳者も，大学院生時代にこの訳書の恩恵を大いに被ったうちの１人である。同訳書に敬意を表して，今回も同名のタイトルを採用させていただいた。)

今回第６版を底本として新たに邦訳を刊行することになったのは，訳者が常日頃，本務校あるいは非常勤講師をつとめる大学などで社会調査の方法論に関する授業をおこなうなかで，統計的社会調査の「基本の基本」について平易に解説した教科書ないし参考書の必要性を痛感してきたからに他ならない。実際，日本でもこれまで社会調査や統計的手法一般に関する入門書は数多く出版されてきたが，訳者の知る範囲では，残念ながら統計的手法による社会調査の根本原理について，この *Say It with Figures* に匹敵するほどに懇切丁寧に，しかもこれだけコンパクトな形で解説した本は，未だに刊行されていない。

実は，訳者が担当してきた授業は，定量的な調査というよりは，主にフィールドワークを中心とする定性的調査（質的調査）の方法論に関するものである。その点からすれば，統計的調査法というのは，ある意味で畑違いの分野だとも言える。しかしながら，フィールドワークに関する講義を通して何度となく思い知らされてきたのは，質的な資料やデータを読み込んで整理したり，定性的な方法論の発想を生かして現場調査をおこなっていくためには，定量的な調査法の根本にある発想や思想を理解することが不可欠だ，という事実である。

そしてまた，その逆もまた真実であろう。つまり，主に数量的なデータを使って社会生活の現実について明らかにしていく上で必要となるのは，何よりも，そのデータが収集されてくる現場の状況を理解し，また，定量的データと概念図式とのあいだの対応関係について的確に判断することができる現場感覚《センス》と想像力なのである。それらのものが，定性的調査法の根底にあるセンスおよび想像力と多くの共通点を持つことは，ここで改めて言うまでもないだろう。

実際，読者が本訳書を読み進めていく中で気がつかれるに違いないように，この本で紹介されている多くの研究事例の背景には，〈丹念な聞き取り調査を通して数値データを収集し，また基本的な説明図式を練り上げていく〉という地道で着実な作業が存在している。その意味では，このすぐ後に出てくる，ポール・ラザースフェルドが本書の初版に寄せた緒言には，実に興味深い記述が含まれている。そこでは，ラザースフェルドとその同僚であったザイゼルが，ウィーン時代には，むしろ逆に定性的データを丹念に分析していたことが明らかにされているのである。

良く知られているように，ラザースフェルドは，今日の統計的社会調査の基礎を築いた社会学者の１人である。そのラザースフェルド（とザイゼル）が，社会調査の専門家としてのキャリアの出発点において質的データをしっかりと読み込んでいたという事実を知ることは，その後不幸にして生じることになった，「定量的調査法 対 定性的調査法」という対立状況の由来について理解し，さらに今後我々がその不毛な対立を克服していく上でも多くの示唆を含んでいると言えるだろう。

また，以上のような，定性的調査と定量的調査とのあいだにかつては存在していた緊密な相互関係について理解することは，現在統計解析の手法がより高度なものになり，またそのためのコンピュータ・テクノロジーが驚異的な進歩を遂げる一方で，それを利用する人々が犯しがちである，初歩的なミスを未然に防ぐためにも必要であろう。実際，学部や大学院でゼミ演習などを担当している中で否応なく気づかされてきたのは，統計処理のためのパッケージソフトを器用に使いこなすことができる学生たちが，いざその解析結果を調査全体の概念的枠組みと関連づけようとする段になると，途端に立ち往生することが少なくない，という事実である。そのような学生たちにとっては，本書の第Ⅱ部における解説が重要な導きの糸となるであろう。

一方，本書の第Ⅰ部の各章における解説は，初学者にありがちなミスに対する強力な予防策となるだろう。第Ⅰ部では，主に，統計表やグラフを使って調査データをいかに整理し，またその意味を明らかにしていけばよいか，という問題を扱っているが，この部分を読んでおけば，ゼミの演習や学会発表などでしばしば見かける，次のようなごく初歩的なミスのかなりの部分を防ぐことができるに違いない。

・コンピュータが打ち出した小数点以下７桁や８桁の数値群をそのままの形で発表資料に盛り込んでしまう
・対象者すべてに該当する項目について，それを，すべてが一色に塗りつぶされた真円の形をした100パーセントのパイグラフ（円グラフ）として表示する
・必要以上に多くの数値情報を盛り込むことで統計表を読み取りにくいものにしてしまう（本書では，その典型例として我が国の警察庁による自殺統計が取り上げられている）

そして，本書は，もしかしたら統計調査のエキスパートにこそ必要なものかも知れない。というのも，この本には，いかにして統計的な発想法とそれにも

とづく研究成果を広い範囲の人々に対して分かり易くかつ魅力的な語り口で伝えていけばよいか，という点に関する数多くのヒントが含まれているからである。

本書は，以上のようにベーシックな教科書ないし参考書としてはかり知れない価値を持っているが，それに加えて，題名の由来が示唆しているように，一種の読み物としても非常に大きな魅力を持っている。たとえば，本書の第12章には，往年の名作映画『旅情（サマー・タイム）』（デヴィッド・リーン監督，キャサリーン・ヘプバーン主演）のワンシーンが引用されている。これは，このシーンが，聞き取り調査によって意味のある情報を引き出すための基本的なテクニックの1つである「理由分析」というテクニックについて知る上で非常に重要なヒントを含んでいるからに他ならない。また，第2章を読めば，日本で3年前に刊行されて大きな話題を呼んだ『世界がもし100人の村だったら』（池田香代子他著，マガジンハウス，2001）の元になったネットロア（インターネット上の伝承）の原型とも思える記事が今から30年以上も前にある雑誌に掲載されていた，という事実を知ることができる。

これらの例に見られるように，本書は，随所で興味深いエピソードや研究事例をとりあげながら統計調査の要点について解説しており，その全編を通じて物語性に富み，また，非常にとっつき易い入門書になっている。（しかも，その解説は，あくまでも正攻法のやり方でなされている。）そして，この2つのポイントに対する配慮こそが，とりもなおさず，日本においてこれまで刊行されてきた統計調査に関する解説書には不足しがちなものだと思えてならない。訳者としては，近い将来に我が国でも，日本社会の現実についていかにして「数字で語る」べきかについて魅力的な語り口で明らかにした，コンパクトな入門書が刊行されることを期待したい。

なお先に述べたように，訳者は，定量的調査に関しては，門外漢であると言える。訳出および訳稿の推敲にあたっては，前述の木村・安田訳による東洋経済新報社版の『数字で語る』を大いに参考にさせていただいた他，原著の第5版改訂版にもあたって，やや意味の分かりにくい点や明らかに誤植と思われる箇所などについて確認して万全を期したつもりであるが，本訳書には思いがけない誤訳や思い違いが含まれているかも知れない。読者の方々から御叱正をいただければ幸いである。

謝　辞

本訳書は，科学研究費補助金（課題番号 15530320）「社会科学における民族誌的手法の体系化と深化に関する実証的研究」の助成を受けておこなわれてきた研究の成果の１つとして刊行されるものである。またこの本を作成する活動は，一橋大学大学院商学研究科を中核拠点とした21世紀COEプログラム（「知識・企業・イノベーションのダイナミクス」）に作られた日本企業研究センターからの研究支援を受けている。

本訳書の刊行に際しては，この他多くの人々からもご援助やご示唆を頂戴した。それらの方々に，心からのお礼を申し上げたい。

特に，統計的社会調査の第一人者でいらっしゃる東北大学の海野道郎先生には，著者のザイゼル博士の人と業績や原著が世界中で受けてきた評価から本書の今日的意義にまでわたる詳細かつ懇切丁寧な解説を寄せていただいただけでなく，本訳書の草稿に含まれていた幾つかの初歩的な誤まりを指摘していただいた。

新曜社の塩浦暲さんには，タイトな刊行スケジュールの中に本訳書を割り込ませていただいただき，また訳文の細部にいたるまで温かくかつ厳しいアドバイスを頂戴した。

ここにあらためて記して，お二人に感謝の念を捧げたいと思います。

2005年2月

訳　者

---

[1] 第6版についての David L. Sills による書評から。*Journal of the American Statistical Association*, 1986（81）: 257.

序
Preface

『数字で語る』第6版における改訂のポイントは3つある。まず，これまで引用例の新しさに関しては特に重点を置いてこなかったのだが，今回いくつかの例についてはより最新のものをとりあげた。2番目に，本書で扱っているトピックの多くに最近新たな展開があったので，この版ではそれらを本文の中に取り込んだ。3番目には（最後にあげるからといって重要度が低いわけでないのだが），第Ⅱ部を大幅に改訂して，特に無作為化対照実験（controlled randomized experiment）を大きくとりあげることにした。これは，最近このテクニックそれ自体の応用面での重要性が増してきているためでもあり，また，近年ますます一般的になってきている準実験的な調査法について理解する上で，無作為化対照実験というテクニックについての知識が，きわめて重要な手がかりになると思われたからである。この変更については，ドナルド・キャンベルの言う実験的社会の精神にのっとった。そのビジョンによれば，実験というものは社会改良にとって，親密でありながらかつ批判的でもあり，したがって頼りになる道連れなのである。

さらに，この版では，回帰分析について扱った新しい章を設けた。この分析法はコンピュータの進歩によってかなり頻繁に使われるようになってきたのだが，現状では，必ずしもすべての場合について適切な使い方がされているわけではない。それもあって，回帰分析を1つのテーマとしてとりあげて，その利用法と誤用例の両面にわたって解説すれば，何かの役に立つのではないかと思うようになった。この点については正直のところ少々疑問がないわけでもなかったのだが，その疑問は，敬愛する友人のマーヴィン・フランケル判事が，私がこの本の改訂作業をしていることを知って「僕が読み終わった後に，回帰分析がどんなものかということが分かるようにしてくれないか」と言ってくれた時に払拭できた。回帰分析の解説に際しては私独自のやり方で議論を進めたが，何点かのグラフについては，ある統計関係のテキストブックからその著者たちの了承を得て，ほとんどそのまま借用させてもらった。これは，結局のところ，それらのグラフがあまりにも良くできていて，それ以上分かりやすく作り替えることなどできないと思ったからに他ならない。

実は『数字で語る』には少し変わったところがあるのだが，この点に関してはここで読者の注意を喚起しておいた方がよいだろう。私は，これまで長年にわたって統計データを見やすく表示することに努力を傾けてきた。その結果分かったのは，実際に統計表を読みこもうという気持ちになれるのは，統計学者や統計に関心のある人々に限られるということである。一般読者にとっては，統計表を読むというのは気の進まない面倒事であり，できることならなしで済ませたいと思う作業なのである。したがって，最近著したある本では，このような観察から引き出した結論にもとづいて，ほとんどのデータをグラフの形で表示することにした。私は，その本の一節で次のように語っている――「表を読み取るというのは難しい作業である。したがって，本書ではそのかわりに統計的な証拠を，読者にとって苦痛なく，時には喜びさえともなって読めるかも知れないグラフを使用した」。その本の読者に対してしたのと同じような配慮を『数字で語る』の読者に対してはできなかったという点については，やや後悔の念がないわけでもない。しかし，グラフの基礎には必ずと言ってよいほど統計表というものが存在しているのであり，したがって，その種の表をいかにして加工し，またうまく取り扱うべきかという問題は，依然として本書における主要な関心事の１つになっている。もっとも，一方ではこの本にも 30 点あまりのグラフが掲げてある。これは，友人のダリル・ベックが洗練されたスタイルで描いてくれたものである。

私は，これまで世界中の多くの国で，『数字で語る』を楽しんで読むことができたという人々に会ったことがあるが，その人たちが本書を楽しめた理由は，大きく２つに分けられる。１つは，この本は，統計学者の日常的な仕事につきものであるはずなのに他の本では滅多に扱われてこなかった問題について解説しているから，というものであった。もう１つの理由は，この本が，およそ社会現象における原因と結果のあいだの関係を引き出そうという試みであれば，そのすべてに共通しているいくつかの基本的な問題（どのような高度で専門的な研究であっても，実は同じような問題が含まれている）について明確に述べている，というものである。今回の改訂版でも，この２つのポイントを押さえるようにした。因果関係について扱った専門的な文献の数は，このところかなり増えてきているが，この分野での新展開についての解説は，他の本に譲るべきであろう。本書では，むしろその種の文献との重複をできるだけ避けるようにした。そのような配慮もあって，実際には本書の議論は多くの先行研究からの恩恵を受けているのだが，この本では数人の著者による研究例しか引用していない。

以前の版では，本書の構想段階で直接・間接に手助けしてくれた友人たちに謝意を表明した。カスベール・ダニエル，エドワード・サッチマン，C．ライト・ミルズ，ルビー・テイラー，フィリップ・エニス，ヘルタ・ハーゾグ，イルゼ・ザイゼルは，全員，当時コロンビア大学の応用社会調査センターのメンバーだった。マチルダ・ホワイトとレイモンド・フランゼンは昔のアメリカ・リサーチ・マーケット社の社員であった。マリオンおよびバージニア・ハーパー夫妻，エスター・マルダーはマッキャン・エリクソン社の社員であり，ロッテ・レーダーマッハーはウィーン心理学的市場調査センターに所属していた。そして，シカゴ大学の同僚であった友人の故ハリー・カルヴェンとは，ともに法科大学院の同僚を相手にして数字で語るという幸せな日々とともに過ごしたものであった。

カスベール・ダニエル，ヘルタ・ハーゾグ，イルゼ・ザイゼルの３人は，今回のこの第６版の改訂作業に際しても尽力してくれた。また，ウィリアム・クラスカルに対しては，常に批評的なコメントを寄せてくれることについて感謝の念を表明したい。

人生が永遠に続くものならば，ポール・ラザースフェルドがこの第６版にも前書きを寄せてくれたに違いない。残念ながら彼は既に鬼籍に入ってしまっているので，この本では初版と第５版について彼が書いてくれた前書きを再掲するにとどめざるを得ない。その２つの前書きで，彼は，『数字で語る』がどのような経緯で成立した書物であるかを解説し，また，本書が社会調査の方法論に関する文献の中で占めることが期待される位置づけについて述べている。今回の改訂の意図の１つは，本書が幸運にも確保することができた，その位置づけを今後も保ち続けられるようにすることにある。

本書の初版は，今からかなり前にウィーンにおいて私に数字というものを愉しむことを教えてくれた，小学校時代の素晴らしい恩師，クレメンティーネ・エンスラインの記憶に捧げられている。私は，『数字で語る』が今後もそのような愉しみを人々が味わうことに対して貢献していくものだと信じたい。そして，そのような愉しみこそ，あらゆる知的な営みの根底にあるものなのである。

シカゴ大学にて　　H. Z.
1984 年

第5版への緒言

Introduction to the Fifth Edition by Paul F. Lazarsfeld

すでに米国で5版目を数え，また数カ国語の翻訳も出ている調査法の教科書について考察を加えるというのは意義深いことである。ザイゼル教授が本書についての構想を練っていた頃からずっとその経過を見守ってきたこともあって，私にとっては，なぜこの本がこれほどの成功をおさめたかについて説明し，またその説明のもととなる根拠を示すというのは，さほど難しいことではない。

本書には，さまざまな領域における社会現象（法律，消費者の選択，経済，世論）を分析するためのいろいろな技法がとりあげられている。しかし，この本の中心に置かれているのは，あくまでも基本的な方法論に関する考え方なのである。25年前［初版が刊行された時］には，それらは試験的なアイディアとして提示されたものであったが，今日ではそれらの考え方はすでに古典の位置を占めている。これについては，新版の『社会科学百科事典（*Encyclopedia for Social Sciences*）』に目を通してみるとよい。特に，同事典の旧版では見られなかったいくつかの項目に注目して欲しい。新版には，理由分析，パネル法，クロス集計に関する多くの項目が収録されているのである。それらの項目の著者たちの仕事は実質上『数字で語る』の概要に相当し，また彼らの多くは奇しくもかつてコロンビア大学の応用社会調査センターに勤めていた人々なのである。そして，ザイゼル博士は長年同センターの顧問として重きをなしてきた。つまり，本書は，調査と実践の世界で現在支配的になっている基本的な枠組みの発展に寄与してきたのである。

しかし，どのようなフォーマルな枠組みも，それに含まれている特定の論点を具体的に例示し，またより明確なものにするために慎重に選ばれた適用例の形で生き生きと示されなければ，長年にわたってその命脈を保つことはできない。そして，ここにこそ，『数字で語る』が今日まで版を重ねてきた2つ目の理由がある。つまり著者のザイゼル氏は，関連する学問分野の動向を継続して見守り続ける一方で，自分自身の幅広い調査経験を元にして，古い研究例を新しいものに置き換え，また研究例の範囲をさらに広げてきたのである。この新版で特に注目すべきは，法律の分野における研究例を盛り込んだことである。

この分野ではザイゼル氏自身が革新的な調査研究をおこなってきたパイオニアである。また，指数に関する章に対しても注目すべきであるが，これは経済学者たちの研究に対して新しい形で橋渡しをするものであろう。

伝統を維持するのはよいことであるが，同時にリスクもある。というのも，新しいアイディアを見逃してしまう可能性があるからである。そして，ここに本書の成功を説明する，この本が持つ3番目の長所がある。著者は，版が新しくなるたびに，この分野の専門家や著者自身が基本的なテーマに対してどのような形で新しい知見を付け加え，またそれによってどのような新しい展望が開かれてきたかについて，きちんとモニターしてきたのである。最初の版ではクロス集計についての章があったが，後に理由分析の章が付け加えられた。そして今回の版ではこの2つのアプローチを統合することによって，因果関係に関する実証研究の領域が拡大されることになった。新たに設けられたこの章，つまり調査上の証拠のトライアンギュレーションに関する章では，相互に独立した情報ソースからの証拠が合流する地点を探し求めることによって分析力を向上させていくということの可能性が，具体的な研究例を通して示されている。

したがって，本書は，しばしば誤解を招いてきた「学際」的な研究という考え方の，真の意味を明らかにしているのである。一般的に言って，たとえばビジネス上のリサーチをおこなっている人々と社会学者たちを集めて，彼らに共同で調査をするようにと要求するだけでは，何ら問題の解決にはならない。既存の学問分野同士をつなぎあわせることを本気で考えているのならば，古い用語上の区別などにコダワリを持っていない若い世代の研究者に対して専門的なトレーニングを施した上で，調査実践を積み重ねていかなければならないのである。政府当局，公衆衛生のエキスパート，政治家，営業部長，左派のリーダー——これらすべての人々が求めているのは，新しいタイプの専門家である。つまり，彼らが必要としているのは，医師が医療の現場において，それまで彼らが受けてきたさまざまな基礎分野における訓練の内容を組み合わせていくのと全く同じように，さまざまな調査テクニックを組み合わせて現実の社会に関する調査をおこなうことができる，社会調査のエキスパートなのである。既存の高等教育の制度の枠の中では，この種の専門家の必要性に対する現実認識は非常に遅々としたペースでしか広まっていない。それどころか，その種の進展に対する障害が設けられることすら少なくない。『数字で語る』がその本領を発揮していけば，このような現状を打開していく上で多くを期待することができるだろう。そして，次代の学生たちにとっては，社会調査の利用法に関するさらに多くの専門的訓練と，またより広い意思決定に関わる問題の領域が広がっているのである。

コロンビア大学にて　　　　　　ポール・F・ラザースフェルド
1968年

初版への緒言から

From the Introduction to the First Edition by Paul F. Lazarsfeld

現代の社会生活は，直接的な観察のみによって理解するには，あまりにも複雑なものになってしまっている。飛行機に乗ることが危険であるかどうか，あるタイプのパンが他のパンよりも栄養があるかどうか，私たちの子供たちにとっての雇用の機会はどの程度のものであるか，ある国が戦争に勝てそうかどうか……。このような種類の問題について理解できるのは，自分で統計表を読み取ることができる人々，あるいは誰かに統計表の解釈をさせることができる人々に限られるのである。

社会現象の複雑性それ自体が，定量的な言語による表現と解明を必要としているのだと言える。しかしながら，社会科学を学ぶ者たちを身近で見ている人は，否応なしに，彼らの多くが「数字で語る」ことに困難を覚えているということに気がついている。私は，これは決して統計というものが本質的に持っている難しさによるものではない，と考えている。原因は，むしろ私たちがおこなってきた統計学のトレーニングが首尾一貫したものではなかったことにあるように思われる。この点について明らかにするためには，本書の成り立ちをめぐる個人的な記憶をたどってみるのがよいかも知れない。

第一次大戦の後，カール・ビューラー教授とシャルロッテ・ビューラー教授は，ウィーン大学で心理学部を主宰していた。同学部はビューラー夫妻の指導のもとに，心理学を応用して社会問題について研究する中心拠点の１つになっていた。私たちスタッフは，そこで常に次のような研究課題に直面していた。若い人々はどのようにして「労働意識」を獲得し，また最終的に職業面での成熟を遂げていくのか？　両親の行動は，兄弟間の関係に対してどのような影響を与えるのか？　年老いた人々は，人生を振り返ってみた時に，どのような基準でそれが意義深いものであったかどうかについて判断するのだろうか？　失業者の労働意欲をより高い水準で保っていくための施策としては，失業手当と生活保護のどちらがより効果的なのだろうか？　このようなタイプの問いは，もともとは，人のライフコースとその社会システムとの関係に関する体系的な理論から，必然的に生み出されてきたものであった。もっとも一方で，これらの問いに対する答えは，あくまでも具体的な資料を元にして探し出されていった。たとえば，それは青年たちがつけていた日記の膨大な蓄積であったり，家族の状況に関して注意深くとられていた記録であったり，老人ホームの居住者に対する詳細な聞き取りの記録であったり，あるいは失業者が多く住んでいる地域でおこなわれたサーベイ調査のデータであったりした。

私は，ビューラー夫妻のアシスタントの一人として，そのような調査資料を扱う学生たちのトレーニングにあたっていた。通常の社会科学の伝統の中には，そのような資料を扱った研究例はほとんどなかった。実際，それらの資料に含まれるカテゴリーは，通常の定量的な方法で扱われているものよりもはるかに複雑なものであった。というのも，それらは今日「定性的属性」と呼ばれているものであり，したがって標準的な相関分析のテクニックで扱えるものではなかったからである。さらに，調査の目標それ自体が，何かと何かの単純な関係を割り出しさえすればそれで済んでしまうようなタイプのものではなかった。それぞれの分析結果は，首尾一貫した全体像の中の一部分として，斉合性があるものでなければならなかったのである。このような状況であったために，何か新しい公式を開発するというよりは，むしろ，定性的な分析を一定の概念図式によって主導し，また一つひとつの実証手続きをその論理的な意味合いという点に関して詳しく検討していくようなタイプの実証調査が要求されたのであった。米国に移ってから気がついたことではあるが，もしオーストリアにいた当時，同じ頃に米国の学者が開発していた統計的方法についてもっと知識があったならば，どんなにか仕事がはかどっていたことであろう。もっとも，米国での教師経験からしてみれば，逆に，ウィーンの伝統にも捨てがたいものがあると思われる。

コロンビア大学の社会学部には，応用社会調査センターという，学生の調査実習を指導するための特別の部局がある。同センターの発足当時から，私たちスタッフは，入手できる文献に大きな穴があることに悩まされてきた。

日常的な言語の世界とシステマティックな統計的手続きとのあいだを埋めるような文献が，どこにも見あたらなかったのである。たしかに，実証的調査にたずさわる者は，この大学で開講されている正規の統計学の授業で訓練を受けることができるし，逆にそこで教師として教えることもできるだろう。しかし，政府や産業界でおこなわれている調査プロジェクトの様子を見てきた人々は，ありきたりの統計手法では現実の問題を解決することなどできないということに気がついていたのである。そのような現場の多くで必要とされていたのは，数字が何を表し，また数値はどのようなことを表現する上で活用できるものであるかを知的に把握することであった。蓋然誤差をうまく計算することができるようになっても，その同じ若い調査マンが，ごく単純なパーセントの数値からなるデータセットを解釈する段になると，手も足も出なくなってしまうのであった。また，自分の解釈を一般人に説明しようとする時になって，さらに惨めな結果に終わることもあった。一般には，このような未開拓の領域に関しては，特にルールと呼べるものはないと考えられていた。解決策といえば，実務家の勘くらいしかないと思われていたのであった。

思うに，このような通念は実はとんでもない誤解であり，また社会調査の進展にとっては大きな障害になるに違いない。このような困難を克服するためには，他の文献ではかなりぞんざいな形でしか扱われてこなかった手続きのいくつかについて，明快かつ具体例にもとづいて詳しく解説しながら紹介していくのが望ましいように思われる。というのも，「体系的な整理（codification）」が可能であるならば，それをした方が人に教える上でもまた自ら学んでいく上でもより良い効果が望めるからである。この本は，まさにそのような方向での体系的整理に向けての第一歩だと言える。著者のハンス・ザイゼル博士と私はこれまで米国および海外で共同研究をしてきており，ザイゼル博士は先に述べたような考え方の潮流について熟知している。応用社会調査センターは，［本書の基礎資料として］博士に対して同センターが過去におこなった調査研究のファイルとトレーニング教材を提供したが，博士はさらにこれに広告会社で調査担当者としてつとめてきた自分自身の豊富な経験を付け加えることによって，本書を書きあげた。ザイゼル博士は，調査の実務家のためだけでなく学生たちにとっても，彼らがなじんできた調査手続きの背後にあるロジックについての理解を促すに違いない教科書を書いてくれたわけであるが，さらにこの教科書は，そのようにして理解が深まることによって，新しい調査テクニックの開発に対しても刺激を与えていくことになるだろう。

本書の随所に盛り込まれた調査の実例は，かなり広い分野から選ばれたものである。特に，市場調査，社会学，心理学の諸分野における調査例を一緒に掲載するよう配慮してある。実際，投票行動の研究と購買行動の研究のあいだには，そのロジックという点では何ら違いはない。これらの分野すべてにおいて，究極の目標は，社会生活における規則性を見出すことにある。ほとんどの場合，調査例は実際の調査研究の例からとられている。ただし，教育的な見地から必要と思われた時には，論理的な意味合いをより明確なものにするために，データを単純化して示した場合もある。

この本を読む上では，定量的な方法についての予備知識は特に必要とはしない。解説をできるだけ単純なものにするために，よりシステマティックな分析方法については割愛した部分も少なくない。このような理由および他の多くの理由からしても，この教科書は決して最終的なものではない。本書は，調査資料をある一定の仕方で読み取り，それを分析し，また表現することに対する興味をかきたてるための一つの試みなのである。本書の刊行が契機となって，世の多くの人々が，自分自身の観察や，問題，そしてまた調査結果を持ち寄って，このような試みに参加していくことを期待したい。

1947 年

ポール F. ラザースフェルド

目　次

装幀＝加藤俊二

第I部　数字による表現の仕方

分析ツールの改良が進んでくるにつれて，統計表に盛り込まれている数字の適切さや正確さそれ自体に関しては飛躍的な向上が見られるようになってきた。しかし，これらの数字を表現する段になると，あまりにもぞんざいな扱いになってしまうことが少なくない。実際，統計表は必ずしも私たちがおこなう分析の明晰性を反映するものではないが，それが原因となって，表に含まれているメッセージをきちんと伝えるという本来の目的を果たせないものになってしまっている場合も多い。

本書の前半6章の目標は，まず統計表を分析の道具としてうまく使いこなすことは本来難しいものであるという事実を明らかにし，次にその困難を解決できるいくつかの方法があるという点に注意を喚起することを通して，このような問題の改善をはかることにある。

第1章では，パーセント（百分率）の数値が持つ機能と効能について扱う。パーセントというのは，数値で表現することのできる調査結果を表す手段として日頃よく見かけるものであるし，また実際強力な分析用具でもある。しかしこの章で見ていくように，実際には，パーセントの数値によって本来伝えられるべきメッセージが歪められたり失われたりしないようにするためには，よほどの注意が必要になってくるのである。

第2章では，統計表を視覚的に表示する上での難しさについて扱う。最初にパーセントの数値そのものの表示法にまつわるいくつかの問題を扱い，最後には図示による解決法について簡単に触れる。単純な数的な関係を棒グラフなどに置き換えて表現するというのはよく見かけるやり方である。また，もっと複雑な関係について洗練された図解法で示すやり方に関しては，近年続々と研究成果が発表されてきている[1]。第2章の最後では，複雑な概念を比較的単純なグラフで示す可能性について示唆するが，これは必ずしも決まりきったやり方で処理できるものではない。

第3章では，これまで適切に処理されてこなかったために多くの統計表の価値を下げてきた1つの問題について扱う。つまり，パーセントの数値を表の上で縦の方向に計算するか，それとも横の方向に計算するか，という問題である。この問題は，最近コンピュータがパーセントの数値について縦横両方の集計結果を印字してくれるようになってきたために，新たな問題を提起している。

第4章では，多くの場合統計表の一番下に示される，「分からない（DK)」と「無回答（NA)」という2種類の回答カテゴリーによって引き起こされる問題について扱う。これは，取るに足らない事柄である場合も多いのだが，時には重大な問題を引き起こすことがある。

第5章では，3要因以上の関係をいかに分かりやすい形で表すかという厄介な問題についての解決法を示す。そのコツは，複数の次元のうちの1つを単一の数値で示すというやり方である。

第6章のテーマは指数である。ここでは，複雑な概念を単純な数値で表し，それをさらに進んだ統計分析にかけられるようにするために必要となる最初のステップについての解説を皮切りにして，その後の議論を進めていく。概念を単一の数値に変換する公式は，一方ではその数値によって示される概念を反映するものであるが，他方ではその概念を適切な形で定義づける上でも役に立つ。

第1章

パーセント数値の機能

The Function of Percent Figures

パーセント（百分率）の数値が持つ主な機能は，2つ以上の数の相対的な大きさを明確に示すことである。これは，2つの操作によってなされる。まず1つの数字（通常は全体の総計）を基数として，これを100に換算する。ついで，他の数字をその総計に対する比率に応じて100より小さい数値に置き換えていく。これによって，実数をそのまま示す場合に比べて，相対的な大きさをより容易に示せるようになる。もちろん，この操作によって失われてしまう情報もある。もっとも，だからといってすべての情報が消えてしまうわけではない。たとえばパーセントの元になった実数それ自体は消えてしまうが，実数については，基数とそれぞれの項目に該当するパーセントの数値をかけ合わせれば，容易に復元できるのである。

比較を容易にする

パーセントの数値が特に役立つのは，基数の大きさが違う場合に比率を比較してみたいような場合である。たとえば，表1-1で，1960年と1980年のそれぞれの年度について国別の自動車生産台数を見てみよう。

この20年のあいだ米国における生産台数には，ほとんど変化がなかった。一方，英国の自動車生産は，目立って減ってきている。他のすべての国は生産量を増やしており，その中でもある国――日本――の場合は，48万2000台から1104万3000台へと，目覚ましい増加を示している。そして，世界全体の生産台数の合計は，2倍以上に増えている。このように，表1-1からだけでは，これら相互に競合している国の**相対的な**優劣関係について判断するのは容易なことではない。これに対して，表1-2のようにすると，その変化についてかなり明確に示せるようになる。

米国の場合は，単に20年前の生産量のレベルを維持するだけにとどまっており，同国の世界市場におけるシェアは，48.3パーセントから20.9パーセントにまで落ち込んでいる。一方，市場が拡大しているにもかかわらず生産量が減少した英国の場合のシェアは，まずまずの数値だった11.1パーセントからわずか3.4パーセントにまで急落している。これに対して，驚異的な伸びを示しているのは日本であり，2.9パーセントから28.8パーセントまでシェアを拡大して，かつて米国が占めていたトップの座を奪っている。

図1-1は，表1-1と1-2に含まれている情報を組み合わせて図示したものであるが，この図は実数をパーセントに換算する際の原則を表している。この図を見ると，2つの表の総計欄の数字を100で揃えた上で他の数字をそれに対

表1-1　世界の自動車生産台数の変化（単位：千台）

	1960年	1980年
米国	7,905	8,010
西独	2,055	3,878
英国	1,811	1,313
他の欧州の国	2,200	6,470
東欧圏	1,017	4,254
カナダ，ブラジル，メキシコ，オーストラリア	907	3,393
日本	482	11,043
合計	16,377,000	38,361,000

出所：R. L. Polk & Co.

表1-2　世界の自動車生産台数の変化（市場シェア）

	1960年 %	1980年 %
米国	48.3	20.9
西独	12.5	10.1
英国	11.1	3.4
他の欧州の国	13.5	16.9
東欧圏	6.2	11.1
カナダ，ブラジル，メキシコ，オーストラリア	5.5	8.8
日本	2.9	28.8
合計%	100.0	100.0
実数	(16,377,000)	(38,361,000)

する比率として換算する，という操作によって，相互比較が容易になっているのが分かる。

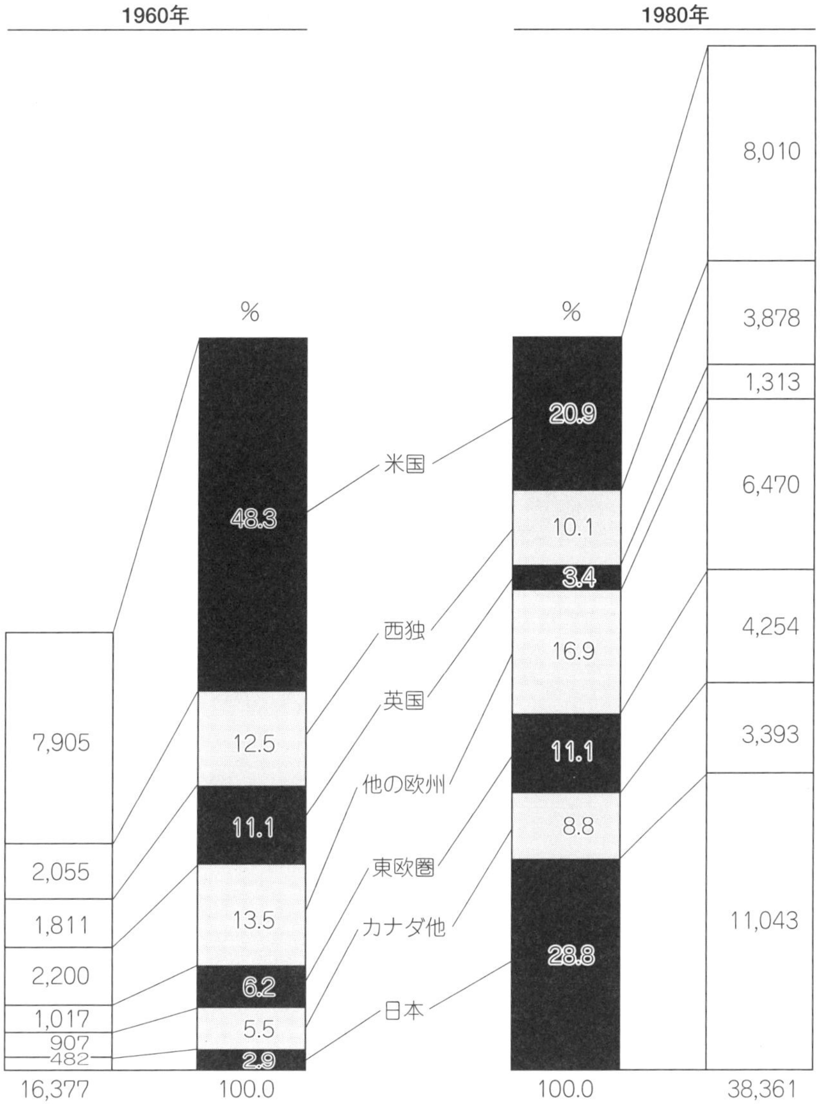

図1-1　世界の自動車生産台数の変化，1960年対1980年

実数にとらわれないようにする

もちろん，パーセントへの換算のプロセスで失われてしまう情報もある。たとえば，実数についての情報は，それをパーセントと一緒にどこかに並記しておかないと失われてしまうことになる。しかし，これは総計の数字とそれぞれのパーセントの数値をかけ合わせれば簡単に復元することができる。

たいていの場合，パーセントの数値の元になった数字は，それ自体が重要な意味を持っているものである。たとえば，自動車メーカーはたしかに市場占有率についても気にかけてはいるが，それよりも心配しているのはむしろ自社の生産台数の方なのである。

もっとも，パーセントの数値だけに意味があり，その背景にある実数には何の意味もない場合もある。実際，ほとんどのサーベイ調査の場合には，それが当てはまる。たとえば，選挙前の世論調査で1500人の投票予定者のうちで796名が民主党に投票するつもりだと言っており，一方704名が共和党に投票すると言っていた場合について考えてみよう。この実数それ自体には，何の意味もない。というのも，実数がこのような数値になったのは，たまたま主に調査費用の制約やサンプリング誤差などが理由になって，1500人という投票予定者が選ばれたというにすぎないからである。796および704という実数が意味を持つのは，互いの関係，あるいはもっと正確に言えば，2つの数字の合計との相対的な関係においてなのである。

$$\frac{796}{1500} = .53 \quad \text{すなわち}\ 53\ \% \qquad \frac{704}{1500} = .47 \quad \text{すなわち}\ 47\ \%$$

つまり，53パーセントが民主党候補者支持だと言い，47パーセントが共和党候補者を支持していたのである。数学的に言えば，796/1500と53パーセントというのは相互に等価な表現法ではあるが，現実的には53パーセントの方がより単純であり，したがってまたより望ましい表現方法なのである。

因果関係についての示唆

時には，パーセントへの換算によって，相対的な関係をより明確に表現するということ以上の効果がある場合もある。パーセントの数値によって，因果関係が示唆される場合があるのである（最終的にその因果関係が立証されるかどうかは，また別の問題である）。たとえば，Ａという会社がある年からその翌年にかけて売上高を 1000 万ドルから 2000 万ドルにまで増やし，これに対してＡの競争相手でＡよりも大手であるＢ社が同じ年に 4000 万ドルから 7000 万ドルにまで売上高を増やしたという場合について考えてみよう。私たちが求められているのは，この２つの会社の売上高の伸びを比較することである。これについては，次にあげる２通りの仕方で比較ができるだろう。

比較 1

Ａ社の売上高の増加は 1000 万ドルである。これに対して，Ｂ社は 3000 万ドル，つまりＡ社の３倍の増加であった。

比較 2

Ａ社の売上高の増加率は 100 パーセントだった。これに対して，Ｂ社は 75 パーセント，つまりＡ社の４分の３の増加率であった。

厳密に言えば，この２つの比較法のあいだに矛盾はない。しかし，比較１の場合はＢ社の方がより優れた経営業績をあげたという印象を与えるのに対して，比較２の場合はその逆の印象になる。

この場合，問題のポイントは，「より優れた」という言葉の曖昧さにある。ここで，私たちが，より優れた経営をしている企業をより上位のものとして評価することができるようなモノサシを選ぼうとしているのだとする。その場合に問題は，Ｂ社の方が実際の売上高で多いということがより優れた経営方針によるものか，それとも単にもともと企業規模が大きかったからなのか，ということである。もちろん，どのようなモノサシを選ぶかということは，必ずしもより優れたモノサシを選ぼうという動機にもとづいているわけではない。実際Ｂ社の方に有利な印象を与えたいと思っている者は，比較１のようなデータの読み方をしたいと思うだろうし，Ａ社の方の優秀さを強調したい者は，比較２の方を選ぶだろう。それにしても，どちらが正しい解釈なのだろうか？

売上の増加を会社の前年の売上高に対するパーセンテージによって表現するというやり方［比較２］は，大会社の売上高の実額を小さい会社の売上高の実額と比較する［比較１］のはフェアではない，という判断にもとづいていると考えられる。適切な比較は相対的な比較，つまりパーセンテージの増加で見るべきだろう。A社の方が小規模な会社であるということによるハンデは，両方の会社について売上の増加を比較する際の起点となる時期における企業の総売上高に対する増加額のパーセンテージで示すことによって，相殺されることになる。この場合に想定されているのは，もし2つの会社がその同じ時期に同じように望ましい状況下で，しかも同じ程度に優秀な経営陣のもとで企業活動をしていたならば，売上高の増加のパーセンテージは同じくらいだっただろう，ということである。もし，一方のパーセンテージの増加が他方を上回っていたら，それはその会社の経営が他方よりも優れていたか，あるいは少なくとも，より運に恵まれていたということを示唆している。

一方，売上高の実額による比較は，もともと大手の会社であったことがほとんどスタート時点での有利な条件とならない場合には適切であろう。たとえば，比較の対象になる2つの企業が両方とも建設会社であり，またその発注元となるのが，建設会社の企業規模というよりはもっぱら業務内容の信頼性や質を基準にして発注先を選ぶ，ごく少数の顧客であった場合などである。もしもともと大規模な会社であることがスタートの時点での優劣を決める要因ではないと判断できる時には，売上高の実数を採用し，パーセントによる比較は採用しないだろう。

このようなタイプの問題それ自体については，かなり古くから認識されていたものであり，ガリレオほどの大学者も議論の対象にしていた。これは次のような形で議論されたのであった。ここに本当の価値が100である馬がいたとして，この馬について2人の専門家が下した評価は，それぞれ10と1000というものだったとする。問題は，この2人のうちのどちらが，その真の価値からより外れた評価をしたかである。ガリレオの場合は，どちらの外し方も同じくらいであると考えた。というのも，1000対100＝100対10だからである。一方，この学問的な議論に加わった他の参加者の中には，1000だと言った専門家の方が900だけ多めに見積もったのに対して，10と評価した方は90だけ少なめに評価したのだから，1000と評価した専門家の方が間違いの幅が大きい，と主張した者もいたのであった[1]。

パーセントとパーセント・ポイント

ある時点から次の時点までの変化の程度について調べている時には，実数で測ることもあればパーセントで測る場合もある。パーセントの場合には，最初の時点での実数を100パーセントの基数にする。このような単純な計算方法だと，もしパーセントが標準的な測度になり，表1-3のような時系列的なパーセントの数字で示された時には，その意味あいが読みとりにくくなってしまう。

表1-3　X郡で強盗の被害にあった世帯のパーセント

1978年	1979年	1980年	1981年	1982年
2.3	3.2	4.4	5.3	6.4

この表で見ると，押し込み強盗にあった家の数は毎年およそ1パーセント・ポイントずつ増加していると言ってもあながち間違いではない。しかし，もし私たちが明らかにしたいのが，押し込み強盗の被害にあう確率が毎年どれだけ増えてきたか，という問題であるのならば，これとは違う計算の仕方で答えを出さなければならない。

議論の出発点における誤まり

このようにパーセント・ポイントをパーセントの数値に換算するというやり方は，表1-4の場合のように計算の基本となるパーセント・ポイントの数値が小さな場合には特に重要なものになる。この種の換算をめぐる問題が，かつて議論を呼んだことがあった。それは，事故を起こすリスクが高くて保険に加入できないドライバーに対して，保険業界は全体としてどのような対応をすればよいか，という問題をめぐるものであった。

表1-4　X郡で強盗の被害にあった世帯のパーセント増加率（前年比）

1979年 対78年比	1980年 対79年比	1981年 対80年比	1982年 対81年比
$\frac{3.2}{2.3}$	$\frac{4.4}{3.2}$	$\frac{5.3}{4.4}$	$\frac{6.4}{5.3}$
+39%	+38%	+20%	+21%

ほとんどの州では，そのようなドライバーは，すべての保険会社が出資を義務づけられる共同基金の枠に割り当てられている。しかし，ある時，保険関係のアナリストの1人が，表1-5にあるような数字をあげて，そのような共同

表1-5　保険引き受けが承認されたドライバーと全ドライバーの比較
（通常引き受けが拒否される人々を含む）

人身事故	選択的にリスクが考慮された場合 %	もしすべてのドライバーが承認された場合 %
傷害請求なし	96.6	95.9
傷害請求あり	3.4	4.1
合計	100.0	100.0

基金は本来不要なものであると主張した。

そのアナリストは，96.6 パーセントと 95.9 パーセントのあいだにはごくわずかな違いしかないことから，「共同基金は，それだけの時間と経費をかけるだけの価値があるのだろうか？」という問題提起をしたのである。それに対して，もう1人のアナリストは，次のように正しく反論した。

> 問題なのは，リスクの低い人々がどれだけの割合を占めているかではない。それにはコストは一切かかっていないのだ。むしろ問題なのは，保険金の請求があった場合のケースである。実際，共同基金による保険が割り当てられたケースを含めて考えると，損害率（保険金支払いの概算値）は 3.4 パーセント・ポイントから 4.1 パーセント・ポイントに上がっている。つまり，21 パーセントの増加ということになるのである。これだけの違いがあるのだから，共同基金はそれだけの時間と経費をかけるだけの価値があると思われる。

つまり，単にリスクの低い人々のパーセントに注目するのは間違った指摘の仕方だということにとどまらない。これに加えて，パーセント・ポイントの違いを正しくパーセントの違いとして換算してみる必要があるのである。

天井効果

ここまでの議論では，スタート時点での規模の大きさが将来の伸び率にとって有利な条件となる可能性について注目してきた。その一方では，最初の規模がその後の成長にとって不利な条件になるという逆の可能性もある。これは，逆の方向で働く力としての「天井効果」によって，それ以上の伸びが次第に難しくなってしまうからである。

たとえば，魚がたくさんいる池に網を持って魚取りに出かけた何人かの人々について考えてみよう。このグループのメンバーが，網を順番に池に投げ入れることによって腕比べをしたとすると，メンバーの腕前をはかるモノサシはつかまえた魚の数ということになるだろう。だが，これはフェアなモノサシではない。というのも，早い順番で網を投げた参加者たちにとっての方が，条件が不当に有利だからである。最初に網を投げた時にはある程度の数の魚がとらえられるだろう。しかし，その最初の漁獲によって池の中の魚の密度は減少してしまうわけであり，したがって次に網を投げる人にとっては不利な状況が生じてしまうことになる。このような状況では，とらえた魚の実数で比べた場合でも，あるいはそのパーセントで比べた場合でも，とうていフェアな比較にはならないのである。

全く同じような理屈が，他の多くのケースについても当てはまる。たとえば，広告の効果について測定しようとする場合について考えてみよう。広告に関する読者調査は普通，実際に広告記事を読んだ人の数，つまり特定の雑誌や新聞を手にとって開いた人々のパーセントで示される。このモノサシは，一つひとつの広告の訴求力を測る場合だけでなく，違う種類の広告記事の効果について測定するためにも使われてきた。たとえば，同じ広告をモノクロで印刷するかカラー印刷にするかで読者の反応がどう変わるかを見たい時などである。

表1-6は，3つの広告記事がモノクロとカラーで掲載された時の読者の反応をそれぞれ示したものである。ここで問題は，このデータから，広告記事がモノクロではなくカラーで掲載された時の読者数の増加について，何か一般的な結論を引き出すことができるか，ということになる。

表1-6　3種類の広告をモノクロとカラーで印刷した場合の読者獲得率（その刊行物の読者の中のパーセント）

広告	モノクロ	カラー
A	42	52
B	23	37
C	16	32

カラー広告にすることによってモノクロ広告よりもどれだけ多くの読者の関心を引けるか，という点に関しては，明らかに2つのやり方での比較が可能である。1つのやり方は，絶対数による比較であり，この場合はパーセント・ポイントでの比較になる。もう1つのやり方は，モノクロ広告に対するカラー広

告の読者数の増加をパーセントで比較するという方法である。

以上の，モノクロからカラーへの変化の効果を測るどちらの方法をとって比較した場合でも，結果の数値はA，B，C３つの広告でバラバラであり，したがって色刷りにした効果について一般的な結論を下すには十分ではないようにも見える。

表1-7　モノクロからカラーに変えた場合の読者増加率

広告	から	へ	パーセント・ポイントで見た場合の増加率	モノクロでの読者を100%とした場合の増加率(%)
A	42	52	＋10	＋24
B	23	37	＋14	＋61
C	16	32	＋16	＋100

しかし，先にあげた魚取りの例にならって，読者数の増加をまだ「池の中にいる」読者，つまり，まだ広告を見ていないすべての読者に対するパーセントで表した場合はどうであろうか。この方法で，３つの広告についての数値を計算してみると，表1-8のようになる。

表1-8　モノクロからカラーに変えた場合の読者増加率（モノクロの場合の未読者が読者になった割合）

広告	(a) モノクロの場合の未読者のパーセント	(b) カラーにした場合のパーセント・ポイントの増加	(b)を(a)で除した値で示される増加率(%)
A	100−42=58	＋10	17
B	100−23=77	＋14	18
C	100−16=84	＋16	19
平均増加率			18

広告を見た読者の増加についてこのような形で計算してみると，３つの広告について互いに非常によく似た数値を示しており，これは，モノクロからカラーに印刷を変えることによって得られる効果についての一般的な見積もりとして受けとめてもよいと判断できるだろう。つまり，カラー印刷の場合には，モノクロ印刷ではまだキャッチできなかった17ないし19パーセント程度の読者を増やす効果を期待できると言えるのである。

このような方法によってパーセントの数値を計算する場合，その背後にあるロジックは，次のようなものである。つまり，モノクロ広告という一種のスタート地点ですでに読者数が多ければ多いほど，どんな手段を使ったとしても，それ以上読者を増やすのはより難しくなるだろう，というロジックである。したがって，まだキャッチできていない読者の潜在数を元にして増加分のパーセントの数値を計算することによって，最良の近似値が得られるだろうという見込みが立つのである。

まとめ

実数をパーセントに換算することによって，複数の数値同士のあいだに存在するある種の関係が把握しやすくなる。パーセントの数値の違いや変化を引き起こした原因について探るためのヒントを提供するという点に関していえば，これらの数字上の関係は非常に示唆に富むことが多い。もっとも，パーセントの数値がそのような潜在的な機能を持つということは，一方では，分析をおこなう際には特に慎重な配慮が必要になってくるということでもある。というのも，いくつかの基数を100パーセントという同じレベルに設定することによってある種の関係を強調することになるのだが，一方，他の種類の関係は視野の外に追いやられてしまうことにもなるからである。この意味で，パーセントの数値は，非常に大まかなものではあるが，一種の因果モデルとしての機能を持つことになる。近代統計学の創始者の一人であるR.A.フィッシャーは，あるところでこれを「付随する他の変数の効果を，事前に割り引くこと」[2] と呼んでいる。パーセントによる比較分析は，そのような事前の推論が当たっている限りにおいて，正当化できるものであろう。

第2章

パーセントの表示法をめぐるいくつかの問題

Presentation Problems

前章で見てきた，パーセントの数値が持つ機能という点を念頭に置いてみると，どのようにすれば百分率を適切に表現できるか，という点に関するいくつかの原則が浮かんでくる。これらの原則から外れた方法で表示すると，パーセントが本来持っている，数同士の関係を単純化して明確に示すというプロセスに支障が出てしまうことになる[1]。

実数とパーセント

統計表には２種類のものがある。１つは，あらゆる種類の数値を含むデータの貯蔵庫であり，その長所は情報の完全性にある。もう一方の表は（これこそが本章で扱う対象なのだが），それを見る人に数値データの構造を一目で把握できるようにすることを目的にしている。そのような目的を持つ表にあまりにも多くの数字を盛り込んでしまうと，読みやすさという点で問題が出てくる。パーセントによる表示は，とりわけその種のごちゃごちゃした表記による悪影響を受けやすい。実数の表示は最小限度にとどめるべきであり，サンプル・サーベイのように実数それ自体には何の意味も持たないような場合［前章６ページ参照］には，完全に削除してしまうべきである。この場合，残しておくべきなのは基数だけであるが，特に特定サンプルにもとづく調査では，基数はサンプリング誤差を割り出す上で重要である。

何らかの理由でパーセントの脇に実数を併記する必要がある場合には，この２つを活字の組み方や字体を工夫して区別しておくべきである。たとえば，括弧を使ってやるやり方もあれば，

%	実数
18	(123)

イタリック体（斜体）を使う場合もあり，

18　　　　　*123*

パーセントの方を太字で表示するという方法もある。

18　　　　　123

これに加えて色違いの表示という方法を使えば，さらにいろいろな可能性が広がるだろう。

たとえ活字の字体で区別したとしても，実数が脇に併記してあることで，パーセントの数値同士の比較に支障が出る可能性がある。というのも，1つおきに数字を読まなければならないという負担がかかってしまうからである。この問題は，次のように，パーセントと実数の行をずらして表示することで解決できる。

パーセント	実数
18	
	(123)
82	
	(560)
100	
	(683)

パーセント	実数
25	
	(212)
75	
	(636)
100	
	(848)

もしこのような工夫をするのがあまりにも面倒だったり，実数とパーセントを併記するとスペースをとりすぎてしまうような場合は，2つの表にしてしまうという手もある。つまり，1つをパーセントだけの表にし，もう1つの方は実数だけの表にするのである。

合計が100を超えるパーセント

何らかの理由によって，パーセントの総計が100を超えることがある。これはよく起こることであるが，そういう場合には，その理由を明記しておくようにすべきである。たとえば，表の中の特定の欄あるいは全部の欄に関して複数回答や複数項目が含まれているような場合である。これは，よく，サーベイ調査の質問項目に対して複数の理由や複数の好みをあげてもよいとされているような時に生じる。たとえば，ある調査では，刑事事件について陪審員が担当裁判官の判断とは異なる判断を示す際の動機について調べたが，これなどはその典型的な例である。その調査の対象になった事件では，陪審員団はそのうちの約20パーセントについて判事とは異なる判断を示した。そのような判断の不一致の理由について調査した結果を示したのが，表2-1である[2]。

表2-1　陪審と判事の判断の不一致の理由

	事件の パーセント
証拠についての評価の違い	79
法の条文に対する感情	50
被告に対する感情	22
弁護士の優位性	8
陪審員が知らずに判事だけが知る事実	5
パーセントの合計	164%
判事と陪審が不一致になった審理の総数（＝100%）	(962)
1事件あたりの理由の数の平均値	1.64

この表では，一番下の行にそれぞれの審理に関してあげられていた理由の数の平均値が記載されているが，これは読者に対してパーセントの総計が100を超えている（この場合は，総計164パーセント）という点について注意を促すためである。もちろん，すべてのケースについてこのように平均値を明記しておくだけで事が足りるわけではない。複数の理由や好みのあいだの特定の組み合わせを示しておくことが重要になる場合も，少なくない。

小　計

小計の表示は，活字の字体で区別されていない場合は，混乱を招きかねないものである。小計の分類とそれに対応するパーセントの数値は行の一番右端に置いた方がいいだろう。こうしておけば，表2-2の例に見るように，小計の数値だけでなく，その内訳の数値についても何の支障もなく下方向に読み取れるはずである。

表 2-2　合計と小計

		パーセント
小計		56
xxxxxxx	24	
xxxxxxx	20	
xxxxxxx	12	
小計		44
xxxxxxx	33	
xxxxxxx	11	
合計		100
(実数)		(555)

小数点以下の桁数

数学的な正確さというものに関して過度に神経質になったり勘違いをしたりすることも，表の見やすさを損ねる要因の 1 つである。他の指標の場合もそうだが，パーセントの数値の小数点以下の桁数についても，任意の桁数で書くことができる。たとえば，450 分の 170 は，37.777 パーセントとも 37.78 パーセントとも表現できるが，さらに概数で 38 パーセントと表示することもできる。

少し考えただけでは，パーセントの数値についてはできるだけ正確に計算し，またその結果をそのまま表示すれば，その分だけ本来の目的を達成できるように思えるかも知れない。しかしながら，小数点以下の桁数が 1 つ増えるたびに，その分だけパーセントの数値が持っている単純明快さと読み取り易さは損なわれていくのである。実際，小数点以下の桁数を増やしすぎてしまうと，もともとの実数よりもさらに読み取りにくくなってしまう。小数点以下の桁数はパーセントの数値が本来持っている機能にとって障害になる可能性があるので，その扱いには慎重を期すべきである。

たとえば，次のような数値の組み合わせについて考えてみよう。

(a) 実数	97	129	292
(b) 基数 (=100 %)	(352)	(306)	(344)
パーセント： (a) / (b)	27.55	42.16	84.88

こういうふうに小数点以下の桁があると，パーセントの数値が読みにくくなってしまう。これに対して，次のように端数を四捨五入し，基数だけを残すと，はるかに見やすくなる。

パーセント	28	42	85
基数	(352)	(306)	(344)

もっとも，単純明快な表示よりは正確さを優先しなければならないこともある。というのも，基数がかなり大きな数字の時には，小数点以下の桁の数値の小さな値が統計的にはかなり重要な意味を持つことがあるからである。たとえば，次のような場合である。

パーセント	11.5	11.9	12.4
基数	(9,367)	(10,072)	(10,031)

これに対して，もし基数となるサンプル数がそれぞれ数百以下であったならば，小数点以下の桁を省いても，それほど支障はないだろう。そういう場合は，小数点以下の桁を残しておくと，実際に意味のある違いが存在するように見えてしまって誤った印象を与えることになる。したがって，こういう時は，端数を切り捨てて，すべて12パーセント，つまり，11.5，11.9，12.4ではなく12，12，12という具合に表示すべきなのである。

サーベイを繰り返しおこなうような場合にも，小数点以下の桁は残しておいた方がよい。というのは，1回目のサーベイの結果をその後におこなったサーベイの結果と比べる必要があるからである。こういう場合には，将来どの程度の大きさの違いが出てくるかを事前に知ることはできないので，比較のために使うスタート地点の数字はできるだけ正確に保存しておくべきなのである。

上記のいくつかの例から引き出せる一般的なルールについてそれほど厳密には定義できないが，その基本的な方向性は明らかである。つまり，小数点以下の桁が特別の機能を持たないような場合は省略すべきだ，ということである。小数点以下の桁を省略すれば，格段に見やすくなるだけでなく，いかにも正確さが保証されているかのような誤った印象を与えるのを避けることもできる。

パーセント，パーミル，10万分率

ある場合には，単にパーセント（百分率）をパーミル（千分率）やさらにそれ以上の基数にもとづく数値表現に変えることによって，小数点以下の桁を使うことの根底にある問題を解決することができる。たとえば，さまざまな国の自殺率を比較する場合について考えてみよう。これは，パーセントで表すと，表2-3のように分かりにくいものになってしまう。

表2-3　さまざまな国における人口100人あたりの自殺率

西ベルリン	0.0395	スウェーデン	0.0169
ハンガリー	0.0249	米国	0.0108
オーストリア	0.0224	オランダ	0.0066
フィンランド	0.0221	メキシコ	0.0019
日本	0.0173	アイルランド	0.0018

出所：*Demographic Yearbook*, 1965（New York: United Nations），表44, p.762.

それぞれの数値の前にいくつかゼロの数字が並んでいるために，国ごとの自殺率が実際よりも互いによく似ているように見えてしまうのである。この問題は比較的容易に解決できる。100人あたりの数値で表示するのではなく，表2-4のように10万人あたりの数値をあげればよいのである。実際，これは国際的に用いられている表示法である。このようにすれば，意味のある情報がすべて小数点の左側の数値で示されることになる。小数点以下ひと桁だけは残してあるが，これは，国と国とのあいだの違いが小さいことが多く，またその時間的変化はさらに小さなものだからに他ならない。

表2-4　さまざまな国における自殺率（人口10万人あたり）

西ベルリン	39.5	スウェーデン	16.9
ハンガリー	24.9	米国	10.8
オーストリア	22.4	オランダ	6.6
フィンランド	22.1	メキシコ	1.9
日本	17.3	アイルランド	1.8

これとは反対に，100をはるかに超えるパーセントも，パーセントの数値が持つ本来の目的から外れることになる。たとえば，Xという会社の利益が

2,703 パーセント分だけ増えたというのは，たしかに驚異的な数字だが，これについては，今では利益が以前の 28 倍近くになった，と言う方が分かりやすい。

要するに，パーセントというのは比率を示す上での 1 つの表示法に過ぎないのであり，必要以上に桁数を増やすべきではないし，またゼロの数字をむやみにつけるべきでもないのである。

特殊な比率

基数を選択する時には，最も分かりやすい形で単純化できるからではなく，それが自然な基数になっているためという理由で選ばれることもある。その一例が，表 2 - 5 である。

表 2 - 5　3 つの都市におけるデパートの利用しやすさ

	1 店舗あたりの住民数
エジンバラ	10,000
マンチェスター	16,000
コベントリー	22,000

I. A. Vesselo, *How to Read Statistics*（Princeton. N.J.: Van Nostrand, 1965）による

この表にあげられている数字は，それ自体が大きなものであるし，またゼロの数も多い。しかし，これらの数字は店の経営者にとっても顧客にとっても意味があるものであり，また端数を切り捨てて概数にしてあるので見やすくなっている。

他にもパーセントの数値よりは特殊な比率の方がすんなりと頭に入るケースがある。たとえば，軍隊における下士官に対する将校の比率は全体の人数に対するパーセントでも表せるが，それよりは割合の数値で示した方が明確なイメージでとらえることができる。表 2 - 6 は，同じ関係を 3 つの表示法で示したものである。

表 2 - 6　下士官に対する将校の比率

(a) 将校 1 人あたりの兵卒数	250
(b) 1000人の兵卒あたりの将校数	4
(c) 全軍隊構成員中の将校のパーセント	0.398

表 2-7　アラスカ，ユタ，ワシントンDCにおける性別比率
（女性100人あたりの男性）**1960年***

	パーセント		女性100人あたりの男性の人数
	男性	女性	
アラスカ	57	43	132
ユタ	50	50	100
ワシントンDC	47	53	88

*これらの地区を選んだのは，それぞれ男女ほぼ半々の地域と両極端の分布の地域を代表しているためである

これでみると，明らかに（c）のパーセントの比率が最も役に立たない。他の2つの中では，（a）がおそらくは自然な組み合わせを反映しており，最も適切なものだろう。

なかには，全人口中の男女比などのように，特殊な形式の比率で示されるケースもある。この場合はそれぞれの比率を示すのではなく，(やや性差別的ではあるが) 100 人の女性に対する男性の数で示すのが慣例になっている。

この場合は，割合による表示法に利点がある。というのも，ある意味で「正常な」比率——つまり，1人の女性に対して1人の男性——と呼べるものが存在するからである。これに加えて，バランスのとれていない人口構成の場合には，割合で示す方がそのアンバランスの具合を示す上で意味のあるモノサシになる。たとえば，アラスカでの職を紹介された女性がたまたまその地で伴侶となる男性に出会う確率について知りたかったとしたら，「57 パーセントが男性」という情報では，あまり役に立たないだろう。それよりは，100 人の女性に対して 132 人の男性がいるという情報の方が，その女性にとっての可能性を測る上で分かりやすい目安になるだろう。

表に解説文《キャプション》が必要になる時

たいていの表の場合には，表に含まれている数値が示している対象がどのようなものであるかについて説明するのは，それほど難しくない。というのも，表の行と列のどちらも，原則的には，年齢，性別，収入などのように，それ自体が何を意味しているのかが誰にとっても明らかに分かるカテゴリーからなっているからである。しかしながら，なかには表で扱われている対象が複雑であるためにカテゴリーも複雑なものになることがある。たとえば，オーストリアでおこなわれたある研究のテーマは，長期にわたる失業が及ぼす心理的効果と

表 2-8　失業中の家族の心理状態

	パーセント
落ちこんでいない	16
あきらめている	48
絶望している	11
無気力状態	25
	100

いうものであったが，その研究では，失業した家族の精神状態を，4つのカテゴリーに分けて区別するのが適切であることが分かった。その4つのカテゴリーは，表2-8に見るように，下の方にいくほど心理的な意味での極限状態に近くなるように設定してあった[3]。この4つのラベルだけでもある程度の想像はつくが，これだけでは，そのラベルの背後にある込み入った現実に関する大まかなイメージしか得られない。したがって，それぞれのラベルについては2段階にわたってより詳しい説明を付け加えることになった。第1段階では，要約的な解説を加える。たとえば「あきらめている」家族に関しては，次のような解説である。

計画もなく，将来に対する見通しも希望もない。生きていく上で最低限必要な事以外はやらない。もっとも，同時に家庭を維持し，また子供たちの世話はしており，全体としては相対的に安らぎを感じている。

2段階目では，さらに詳しくそれぞれのラベルによって示される状態について説明を加え，またそれぞれのカテゴリーに分類した家族のいくつかの事例について解説している。

パーセントの連鎖

パーセントの数値を計算したり表示する際の特殊な問題の1つに，「枝」や「小枝」のある「意思決定の樹状図（ディシジョン・ツリー）」を全体として構成する数値群に関わるものがある。表2-9は，大陪審が正式に起訴した刑事被告人がその後どのような法的処分を受けていくか，という点について一つひとつ順を追って明らかにしたものであるが，これはそのような一連の意思決定のプロセスの一例である。この表に盛り込まれている内容を一目で把握すると

表 2-9　ある米国の法廷において起訴された被告のその後の処遇*

有罪にならなかったパーセント			有罪になったパーセント	行番号
	起訴（100%）			
19.8	免訴	80.2 審理継続		(1)
	21.1 裁判で争う	有罪を認める	59.1	(2)
	（26%	74%）		(3)
	14.6 判事による審理	陪審による審理 6.5		(4)
	（69%	31%）		(5)
5.1	無罪になる	有罪になる	9.5	(6)
	（35%	65%）		(7)
2.1	無罪になる	有罪になる	4.4	(8)
	（32%	68%）		(9)
27.0	免訴ないし無罪の合計	有罪の合計	73.0	(10)

*データは，Dallin H. Oaks and Warren Lehman, *A Criminal Justice and the Indigent, A Study of Chicago and Cook County* (Chicago: The University of Chicago Press)より

いうわけにはいかないが，これだけ大量の情報が含まれているにもかかわらず，この表は比較的容易に読み取ることができる。起訴は棄却されることもあれば支持されることもある（1行目）。もし，起訴が支持された場合には，被告は罪状を認めるか裁判で争うかを決めなければならない（2行目と3行目）。それぞれの行のペアの最初の行は，起訴の総数を基数にしたパーセントの分布を示している。括弧の中の数値は，直前の行で示される決定の数を基数としており，その合計は定義上常に100ということになる。被告が裁判で争うと決めた場合には（3行目），被告は陪審による裁判と陪審なしで裁判官のみによる裁判のどちらかを選択することができる（4行目と5行目）。どちらを選択した場合も，被告は有罪を宣告されるか無罪判決の言い渡しを受けるか（6行目と7行目および8行目と9行目）という結末になる。10行目には，すべての先行する処遇の合計が集計されているが，これは全審理過程の総合的な結果を示している。この調査の対象になった刑事事件では，被告人の27パーセントの起訴が棄却されるか無罪判決を受け，73パーセントが有罪判決を受けている。

「100 人のうちで」

同僚の 1 人が著者に，桁数の多い数字もパーセントの数値も，人間関係の機微を無視してしまう傾向がある，と言ったことがある。そう言われた時にはその発言の意味が全く理解できなかった。しかし，次にあげるような，地球全体規模の人口統計学的な実態の概略を示した記述を見た時には，その意味が実感できたものだった。この記述では，桁数の多い数字もあるいは少なくとも形の上ではパーセントの数字さえも使っていないのである。

> もし世界が 100 人の村だったら，70 人が文盲であり，たった 1 人が大学教育を受けることができる。50 人以上が栄養失調で苦しみ，80 人以上が私たちが標準以下の住居と呼んでいるようなところに住んでいる。その 100 人の村の住民のうち，6 人だけがアメリカ人であるが，その 6 人が村の収入の半分を得ており，他の 94 人は残り半分の村の収入に頼って生きている[4]。

グラフ

本書ではグラフはあまり使わないようにしてきた。ほとんどすべての数字を表の中の数値として表し，それをなるべく読み取りやすい形にするようにつとめてきた。これは，本書の目的の 1 つが統計表を適切な形で表示するための方法について解説することにあるのだから，当然のことだとも言える。

しかし，統計表を目にする人々の中には，表を読み取ることが得意でもなければ特に読みたくもないと思っている人たちが少なくない。そういう場合には，数と数のあいだの関係をさらに明確に示すために，数値をグラフに変換することが重要な作業になる。またこの作業によって，統計データの読み取りという作業が厄介事であるどころか，むしろ喜びになることすらある。

最近，グラフの作成法やグラフを作成する上で注意すべき事項に関する研究が急激に増えている。この傾向はコンピュータの性能の向上によるところが大きい。

以下で述べる内容は，3 種類の図の例を通してこの傾向の有効性を明らかにすることを目的にしている。1 つは，基本的に単純な構造のデータに付加的な情報を加えるタイプのものである。2 番目のタイプの図は，単に数値情報を与えられただけでは専門家にしか読み取れないような関係構造を，誰にでも一目で読み取れるようにしてくれるものである。最後には，作図の名人が作った図を紹介する。

棒グラフで示した表

一般的には，大量の情報が盛り込まれている表は，情報が少ししかない表よりも読み取りが難しいものである。もっとも，さらに情報を付け加えることに

表 2-10　米国の50州における死刑の有無

死刑規定あり		
1976年より執行なし	1976年以来の執行あり	**死刑規定なし**
26		
アリゾナ		
アーカンソー		
カリフォルニア		
コロラド		
コネチカット		
デラウェア		
アイダホ		
イリノイ		
ケンタッキー		
メリーランド		
マサチューセッツ		
ミズーリ		
モンタナ		13
ネブラスカ		アラスカ
ニューハンプシャー	11	ハワイ
ニュージャージー	アラバマ	アイオワ
ニューメキシコ	フロリダ	カンザス
ニューヨーク	ジョージア	メイン
オハイオ	インディアナ	ミシガン
オクラホマ	ルイジアナ	ミネソタ
ペンシルバニア	ミシシッピ	ノースダコタ
サウスカロライナ	ネバダ	オレゴン
サウスダコタ	ノースカロライナ	ロードアイランド
テネシー	テキサス	バーモント
ワシントン	ユタ	ウェストバージニア
ワイオミング	バージニア	ウィスコンシン

出所：Legal Reference Fund, NAACP, June 1984より集計

よって，かえって表が読み取りやすくなる場合もある。たとえば，米国の 50 の州が死刑に関してどのような対応を示しているかを示している表について考えてみよう。現在，13 州には死刑の規定がない。26 州では規定はあるものの過去 30 年にわたって 1 人も死刑を執行されていない。残り 11 州では，実際に死刑が執行されてきた。このデータについて，この 3 つのグループに分類される州名のリストを，それぞれの州に対して同じだけのスペースを割り当てて，表 2 -10 のように棒グラフにして示すと格段に読み取りやすくなるだろう。

同じようなことが，表の数値がある分析単位を示していて，その表とは別の形で情報が与えられている場合についても言える。たとえば，統計表とその表に含まれている個別のケースのあいだの関係を明らかにすることが望ましい場合も少なくない。図 2 - 1 は，刑事事件の判決結果に関する研究にもとづいて作成されたものであるが，表による表示と個別のケースについての情報の盛り込みという二重の目的を果たしている。この図では，有罪判決を受けた犯罪者に対する刑の厳しさとそれぞれの犯罪者の犯歴との関係が，要約的な形で示されている。

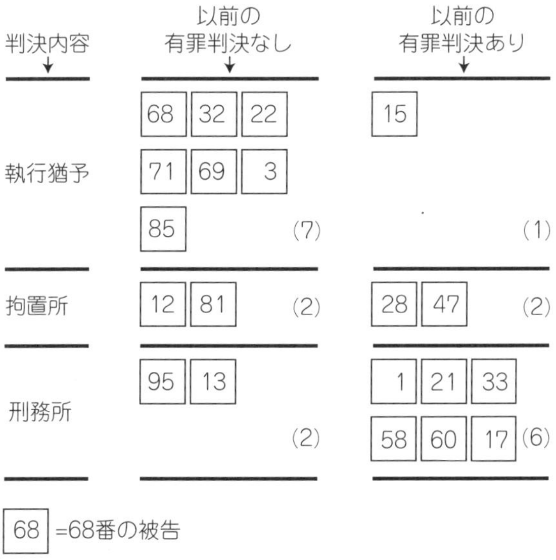

図 2 - 1　判決内容と被告の犯歴との関係
(図中の数字は被告とそのケースファイルを示している)

この図を表として見た場合には，それぞれのグループに分類される事例の頻度が各カテゴリーに含まれる四角形の箱の数によって示されている。これに加えて，すべての事例にケース番号がつけてあるので，さらに詳しく分析してみたい場合には，どのケースがどのような刑の対象になったのかについて容易に把握することができる。

一目で分かる計算結果

ある種の数値の中には，加重平均のように，かけ算と割り算を何度か繰り返した上で算出しなければならないために，統計表でその計算方法についての情報を伝えるのが難しい場合もある。この問題は，図2-2のような図で示すと，簡単に解決できる。

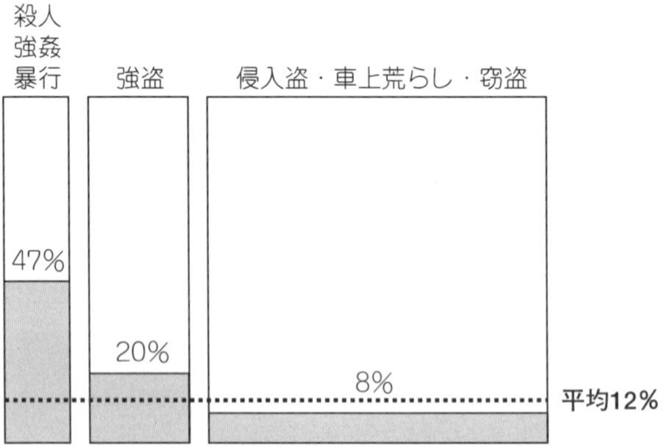

図2-2　警察に通報があった重罪犯の検挙率

この図にあげられた4種類の検挙率は，統計表の数値として示しただけでは少し分かりにくいところがあるが，これを図解すると一目瞭然になる。重罪犯に関する平均検挙率は全体としてみるとかなり低いものになっているが，これは特に暴力の行使を含まない窃盗犯罪が検挙総数のかなりの部分を占めているからである。

「ゲシュタルト」

ある種の数値の集合には，全体的に把握した時にしかそのパターンが見えてこないものもある。そして，全体的な把握ができた時には，そのデータの構造が一瞬のうちに理解できる。図2-3は殺人罪に対して死刑を執行している州と死刑規定がない州，あるいは規定があっても実際に死刑を執行してこなかった州の殺人事件発生率を比較したものである。

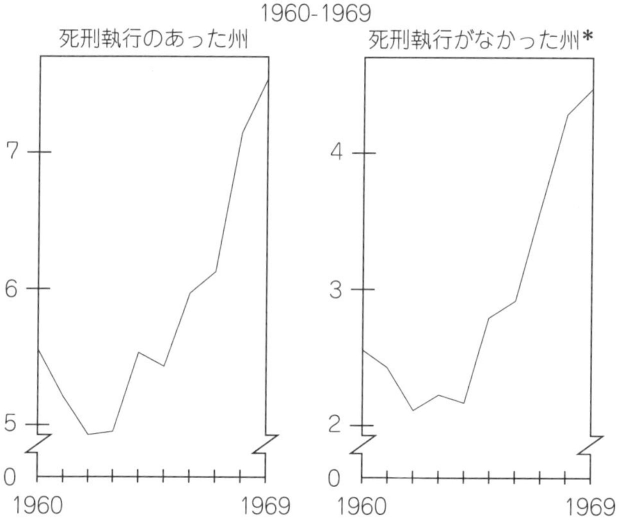

*死刑を廃止した州および1948年以来執行がなかった州
出所：FBI Uniform Crime Reports

図2-3　死刑執行のあった州となかった州の1960〜69年における殺人率の変化

このグラフは，統計表からはなかなか読み取ることができない情報を鮮明に伝えている。まず最初に分かるのは，殺人事件発生率はこの表で扱われている期間のあいだにかなりの程度の変動を示しているということである。次に明らかになるのは，この変動パターンは，2つのタイプの州で気味が悪いほどの類似性を示しているということである。この2つの読み取りからは，次のような重要な示唆が得られる。(1) 殺人発生率の変動をきわめて明確かつランダムではない形で左右するほど強い影響力をもった社会的要因が存在する。(2)

２つのグラフの曲線の類似性から判断すると，それらの要因の影響力は米国全体に共通するものであり，したがって，死刑によって処罰されるかも知れないという予期による抑止効果は，それらの要因の中には含まれていない。（３）死刑の抑止力は，もし存在するとしても相当小さなものであり，実質的にはほとんど目に見えない程度のものでしかない[5]。

１つの図は数字千個分にも匹敵する

ウィーン時代の私の恩師の一人は，物理学者，社会学者，分析哲学者，社会改良家という多彩な顔を持つ，かの偉大なるオットー・ノイラートであった。ノイラートは，統計データの図解表現に関する熱心な推進者でもあったが，これは，図解表現が全世界で理解できる共通言語の一部になると考えたからであった。今ではその端緒を，世界中の空港や航空機の中で見ることができる。

ノイラートは，１つの基本方針を軸にしながらそれを想像力を駆使して適用することによって，グラフによる統計表現を非常に豊かなものにしていった。その方針というのは，統計表に含まれる言葉や数字を誰にでも簡単に読み取れ，また理解できる図，もしくは彼の命名による「ピクトグラム」（絵文字）の形に変換するというものである。たとえば，もし表の見出しが何かの地理的な分布を示すものであったとしたならば，簡略化した地図を図解表現の背景の絵柄として使えばよい。あるいは，何かの数を示す時には，その概要と頻度が一目で分かるような形で表現するというようなやり方もある。それぞれのシンボルが分析対象の概数を表し，また，それを適当に配置することによって総計の数値になるように工夫することができる。この場合，言葉や数字は絵や図に対して従属的な位置づけになる。図２-４と図２-５は，ノイラートが独創性を発揮して考案したいくつものグラフの中の２つの例である[6]。

図２-４は，２つのポイントを明瞭に示している。全体の傾斜した形状は所得配分のパターンを示しており，また，その中で白人と黒人がそれぞれどのような位置を占めているかを明らかにしている。このようなシンボルを使うことによって，単に所得額だけでなく，それに関わる人間のことを扱っているのだということが分かる。

図２-５は，露骨なほどに明瞭な相関を図で示している。もっとも，この図で表されたような現実はすでに過去のものになっているのだが。

最後に，図２-６と図２-７は，両方とも安全についての問題を扱っている。

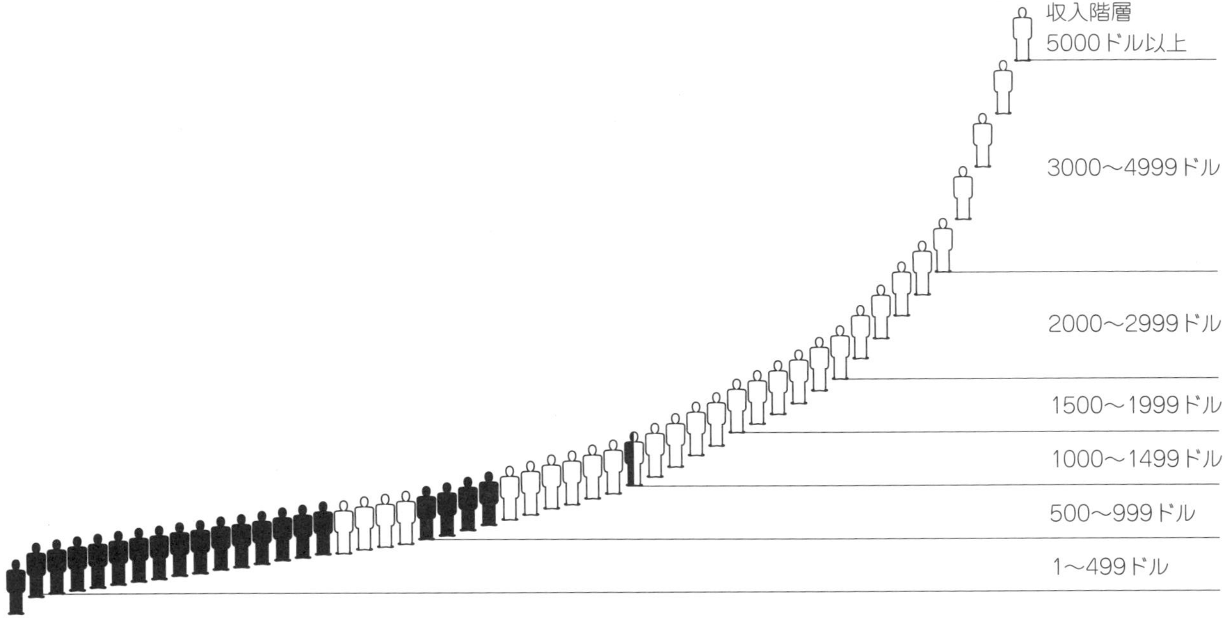

人の形で示したシンボル１個で２％の世帯を表す　白のシンボル：白人世帯　黒のシンボル：黒人世帯

図 2-4　1933年時点でのサウスカロライナ州コロンビアにおける黒人と白人の世帯収入のプロフィール

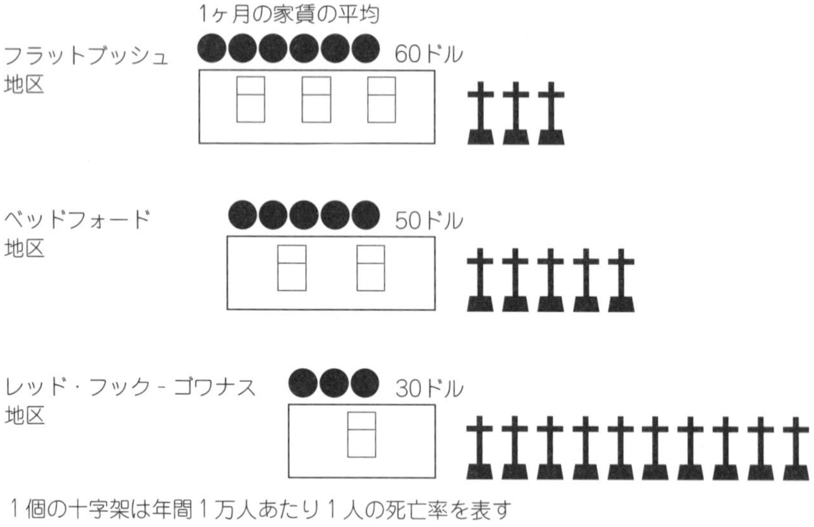

図2-5　1929～32年時点でのブルックリンにおける結核による死亡と生活条件との関係

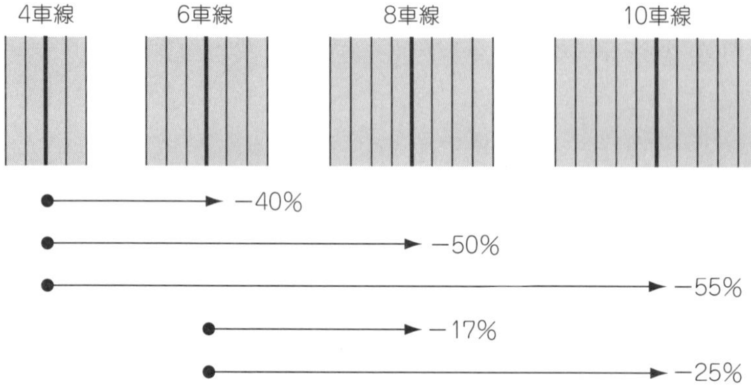

図2-6　高速道路の車線数を増やした場合の事故減少率

一方は高速道路の安全性に関わるものだが，他方は地球全体に関わる安全の問題である。法律も，そして私たち自身もまた，あたかも安全な状態と危険な状態とを分ける明確な境界線が存在するかのように語ることが多い。これに対して，図2-6が明らかにしようとしているのは，安全性というのはむしろ程度

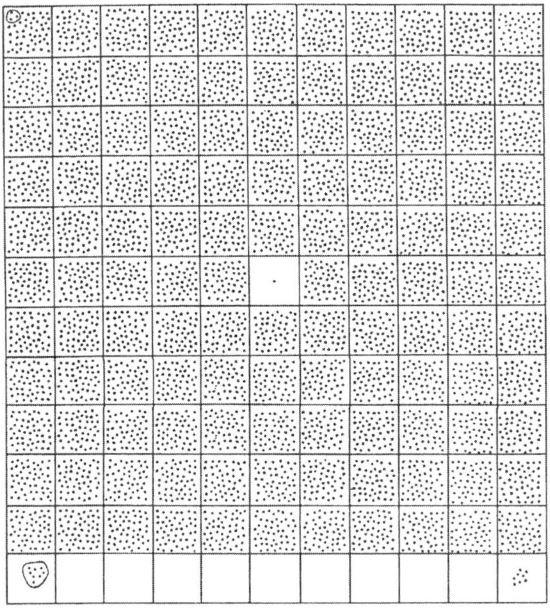

図 2-7　世界の核兵器

現在（1983）の核兵器の火力を第二次世界大戦当時の火力と比較したもの。真ん中の1個の点は，第二次世界大戦当時の火力の総計（3メガトン）を示している。その他の点は，現在の核兵器の火力を示しており，それは二次大戦の時の6000倍すなわち1万8000メガトンに相当する。米国とソビエト連邦は，この火力をほとんど同じ程度の破壊力として分け合っている。

左端の上にある円には9メガトン分が含まれているが，これは潜水艦ポセイドン1艦に装備されている核兵器の火力を示している。これは世界大戦時の火力の3倍に匹敵し，ソビエトの大都市200都市を破壊するだけの力がある。米国にはこのような潜水艦が31艦あり，同じようなポラリス艦が10艦ある。

左下にある円には24メガトン分の火力が含まれているが，これは新式のトライデント潜水艦を示している。この潜水艦の火力は世界大戦時の火力の8倍に相当する。そして，これは，**北半球にあるすべての国の主要都市を破壊し尽くせるだけの火力**なのである。

ソビエトも，米国と同じ程度の攻撃力を有している。

この図の2つのマスに含まれる点（300メガトン）は，世界全体のすべての大都市と中規模の都市を破壊するだけの火力を示している。（合衆国上院のスタッフは，この図を検討した上で，これが核兵器軍備状況を正確に示しているものであることを確認している。）

問題なのであり，適切な対策を講じることによって強化することができるものであるという事実である。

図2-7は，私たちの多くが，あまりにも複雑で自分の理解の範囲を越えていると思ってきた問題について，一目で理解できるようにしてくれる。この図

は米国の現在の軍備の状況を日頃なじみのある視覚的な記号をいくつか使って表現しているのだが，これによって，私たちが今どんなに途方もない状況に置かれているかが瞬時に理解できるのである。これは，おそらくこれまで作られてきた図の中でも最も重要なものであろう。

まとめ

パーセントの数値というものは，本来，情報を明瞭に示すという機能を持っているのだが，これが不適切な表示の仕方のために台無しにされてしまうことも少なくなかった。たとえば，3桁以上のパーセント［20 - 21ページ参照］や少数点以下の桁数の多い数値は，非常に読み取りにくいものである。時には，特殊な割合による表示の仕方の方が普通のパーセント値よりも優れていることもある。また，実数がパーセントとともに併記されている場合には，干渉し合うこともある。そのような時には，活字の字体の工夫で問題が解決できる場合も多い。図解は常に魅力的なものであるし，本質を突いていることも多い。おそらくは数値データをできるだけ図解するようにしていくというのが今後の方向性であろう。

第3章
パーセントを縦にとるか，横にとるか
In Which Direction Should Percents Be Run?

クロス集計表は，2つないし3つの要因のあいだの相互の関連性を表の形で示したものであるが，この表をもとにして分析をおこなう際に考えておかなければならない問題が1つある。それは，パーセントの数値を縦にとるか，それとも横にとるべきか，という問題である。コンピュータは縦横両方のパーセントの数値を自動的に集計して打ち出してくれるが，それだけにかえって，縦と横のどちらの方向に注目するべきかが重要なポイントの1つになってくる。

原因と結果の関係についての原則

一般的な原則（例外については後で解説する）は，以下のようなものである。

クロス集計表にあげられているいくつかの要素のうちの1つが他の要素の原因であると考えられる場合には，原因となる要素の方向にパーセントの数値を計算すると，最も明快な情報が得られる。

この原則について，表3-1を例にとって検討してみよう。この表は，ニューヨーク市で重罪容疑で検挙された男性の数と，それぞれの年齢層に対応する，検挙された経験のない男性の数とを並べてあげたものである。この表からは女性は除外されている。というのも，女性は，少なくともこの種の活動分野では男性と同等の立場からはるかに遠く，また今までのところ，この点に関しての男女同権を目指しているわけでもないからである。実際，重罪容疑で検挙された女性の割合は10パーセント以下に過ぎない。

表3-2と表3-3は，表3-1にあげられている数字をそれぞれパーセント値で置き換えている。表3-2の場合には縦方向にパーセントをとっているが，表3-3では，横にとっている。

表 3-1　1 年のあいだに重罪の容疑で検挙された男性の数，年齢別
(ニューヨーク市, 1982年)

年齢区分	重罪による容疑で検挙	検挙なし	合計
10-15	11,959	340,041	352,000
16-19	18,691	245,309	264,000
20-29	25,185	694,815	720,000
30-39	9,900	526,100	536,000
40-49	3,564	388,436	392,000
50+	2,059	1,029,941	1,032,000
合計	71 ,358	3,224,642	3,296,000

出所: Hans Zeise1, *The Limits of Law Enforcement* (Chicago:The University of Chicago Press, 1983) の図19より

表 3-2　1 年のあいだに重罪の容疑で検挙された男性の数，年齢別

年齢区分	重罪による容疑で検挙 %	検挙なし %
10-15	16.7	10.6
16-19	26.2	7.6
20-29	35.3	21.6
30-39	13.9	16.3
40-49	5.0	12.0
50+	2.9	31.9
合計パーセント	100.0	100.0
(実数)	(71,358)	(3,224,642)

表 3-2 で分かるのは，男性の被検挙率に関しては年齢によってある程度のバラツキがあるということである。具体的には，29 歳以下の年齢層では被検挙率が高く，それ以上ではその率は低いということがうかがえる。もっとも，正確な比率については表 3-3 を見なければならない。この表では，各年齢グループの規模とは無関係に，それぞれの年齢層における検挙された男性のパーセンテージが示されている。この表からは，被検挙率のピーク（7.1 パーセント）は，16 歳から 19 歳の年齢層であることが分かる。被検挙率は 20 歳から 29 歳の年齢層になると半減し（3.5 パーセント），その次の 10 歳上の年齢層でも半減し（1.8 パーセント），また次の 10 歳上の層でも半減している（0.9 パーセント）。

表 3-2 ではこれと同じような比較を表 3-3 の場合ほど容易にはできなかっ

表 3 - 3　1 年のあいだに重罪の容疑で検挙された男性の数，年齢別

年齢区分	重罪による容疑で検挙 %	検挙なし %	合計 %	実数（単位：千人）
10-15	3.4	96.6	100	(352)
16-19	7.1	92.9	100	(264)
20-29	3.5	96.5	100	(720)
30-39	1.8	98.2	100	(536)
40-49	.9	99.1	100	(392)
50+	.2	99.8	100	(1,032)

たが，その理由は，表 3 - 2 の場合にはパーセントの数値の大きさを左右する主な要因が，それぞれの年齢層の人口規模だからである。したがって，たとえば，若い層の人口が多い場合には，最初の列におけるその年齢層に該当する部分のパーセントの数値はそれだけ大きなものになり，一方で，残りの部分のパーセンテージはその分だけより小さな数値になってしまう。これに対して，表 3 - 3 のパーセントの数値は，それぞれの年齢層の人口規模とは無関係である。

したがって，表 3 - 1 の場合には，パーセントをとる上での適切な方向は年齢方向，つまり，因果関係において原因となる要素の方向である。統計学者の用語では，この場合の年齢を独立変数と呼び，一方被検挙率の方は従属変数と呼ぶことになっている。

この，かなり世界共通に見られる，凶悪な犯罪と年齢とのあいだの関係は，キンゼー博士によって発見された性行動に関する年齢カーブと驚くほどよく似た傾向を示している。もっとも，犯罪カーブの方が性行動よりは早い年齢段階から下降傾向を示す。

「原因」の曖昧さ

自殺と年齢のあいだの関係のような場合には，どちらを原因でどちらを結果と考えるべきかについては特に疑問は生じないだろう。もっとも，そのような場合でも，自殺の本当の原因が不治の病だったとしたら，年齢が自殺の「原因」のように見えるのは，単に年齢が上の人々の方が若い人々よりもその種の病気にかかりやすいからなのかも知れない[1]。

時には，統計データだけからは，2 つの要因のうちどちらがもう一方の原因であるかが分からない場合もある。たとえば，自分で楽器を演奏する若者の方がより頻繁にコンサートに行く傾向があるということを示す表などの場合である。実際には，逆の因果関係なのかも知れない。つまり，コンサートによく行く若者ほど楽器を習いたくなってくる，という可能性である。

最後に，2つの要因が両方とも原因になりうることが想定できるようなケースもある。一方は自然の原因だからというものであり，他方は人間の意思による選択が関わっている要因だからというものである。たとえば，次のような例がある。

表3-4は，あるサーベイの，「神経痛，風邪，胃のむかつき，頭痛などの時によく使う薬は何ですか?」という質問文に対する回答を集計したものである[2]。

表3-4　4つの症状に対する薬品の選択状況

症状	アルカセルツァー	アナシン	アスピリン	他の薬品	合計
神経痛	107	47	198	24	376
風邪	98	41	401	30	570
胃のむかつき	302	60	…	23	385
頭痛	…	242	210	26	478
報告数	507	390	809	103	1,809

表3-5は，症状という要因が，それぞれの薬を選ぶ際の原因であると考えた場合のものである。したがって，パーセントは表3-4であげられている数字の横方向で計算している。

表3-5　4つの症状に対する好みの薬品

薬品	神経痛 %	風邪 %	胃のむかつき %	頭痛 %
アルカセルツァー	28	17	78	…
アナシン	13	7	16	50
アスピリン	53	71	…	44
他の薬品	6	5	6	6
合計	100	100	100	100
(回答者の実数)	(376)	(570)	(385)	(478)

つまり，表3-5は，「それぞれの症状に対して各薬品がどれだけ効果があると思われているか?」という問いに対する答えになっているのである。これを表でみると，神経痛に悩んでいる回答者のうち53パーセントの人々はアスピ

リンを選んでいるが，普通の風邪の場合には，アスピリンがそれよりもさらに多くの人に使われており，71パーセントの人たちがこの薬を選んでいる。胃のむかつきに関しては，78パーセントがアルカセルツァーを選んでおり，頭痛の場合はアナシンとアスピリンが半々くらいになっている。

もっとも，表3-4については，別の観点から検討することもできる。つまり「それぞれの薬品が，これら4種類の症状にとってどの程度効きめがあると思われているか」という問いに対する答えを求める方向での検討である。表3-6は，表3-4のデータについてパーセントを縦方向に計算することで，この問いに対する答えを提供している。

表3-6　各薬品の症状別の重要性

	アルカセルツァー %	アナシン %	アスピリン %	他の薬品 %
神経痛	21	12	24	23
風邪	19	12	50	29
胃のむかつき	60	15	…	22
頭痛	…	62	26	26
合計	100	100	100	100
(報告の実数)	(507)	(390)	(809)	(103)

こうしてみると，表3-5は製薬メーカーにとって，それぞれの症状を抱えている人々のあいだでの自社製品の市場シェアの見込みをつけるのに参考にできるだろう。一方，製薬メーカーは，表3-6を使って，自社製品にとってそれぞれの症状がどれだけ重要な意味を持っているかを知ることができる。

情報を掘り起こす

表3-7は，ほとんどいかなる情報も提供しないようなデータの表示法が存在する，ということを示す非常によい例である。この表にはパーセントの数値もあげられているが，これですら，表を分かりやすくするどころかむしろ逆にわけの分からないものにしている。これに加えて，パーセントと実数の活字体を区別していないことも，この表をさらに読み取りにくいものにしている。

表3-7にあげられているパーセント値は自殺および自殺未遂の分布を年齢別と性別とで示している。最初に既遂の自殺のパーセント値を見てみると，男

表3-7　日本における自殺の既遂と未遂，1961年

	既遂				未遂			
	男性		女性		男性		女性	
年齢	実数	%	実数	%	実数	%	実数	%
20歳以下	1,115	10.4	797	11.0	898	16.7	1,299	23.3
20-40歳	4,904	45.8	3,202	44.1	3,995	74.6	3,892	69.9
40歳以上	4,687	43.8	3,257	44.9	467	8.7	381	6.8
合計	10,706	100.0	7,256	100.0	5,360	100.0	5,572	100.0

出所：警察庁犯罪統計，東京

女別の分布の違いは1パーセント・ポイント程度しかないように見える。自殺未遂に関しては，それよりはやや男女差が大きいようにも見えるが，年齢構成については多少の違いはあってもほぼ同じである。今度は，既遂と未遂のパーセントを比べてみると，最も年齢の高いグループは，未遂よりは既遂の方がかなり多い部分を占めているように見える。表3-7のようなパーセント値の表示法がいかに不適切なものであるかは，これを表3-8のように整理し直してみるとよく分かる。この表は，表3-7に含まれている情報をより的確な形で掘り起こしたものである。

表3-8　全自殺企図のうち，既遂に至ったパーセント，性・年齢別（日本　1961年）

	男性	女性
20歳以下	55	38
20-40歳	55	45
40歳以上	91	90
全年齢	67	57

表3-8のように，人口統計学的な原因の方向に沿ってパーセントをとってみると，次のようなことが読み取れる。まず，男性の場合の自殺の試みは一般的に女性の場合よりも成功する確率が高いことが分かる。既遂の自殺に関する男女差は，年齢が上がるにつれて少なくなっていく。実際，男女差が最も明白なのは20歳以下の年齢グループであり，一方，最も高い年齢層では，100の自殺の試みのうち91ないし90が成功する，というように，男女差はほとんど消えてしまう。

サンプルの代表性に関する注意事項

時には，調査対象になったサンプルがもともと統計処理上の制約を抱えているために，パーセントを計算する方向についての原則を一時棚上げにしなければならないこともある。特定の方向にパーセントの数値を計算するのがよいようにも思えるのだが，調査サンプルの性質上それができないのである。

これについては，次のような例をとりあげて考えてみよう。ある週の内2日間のあいだ，ニューヨークのデパート内の靴下売り場の1つで，購買客の年齢によってどのような価格帯のストッキングが買われる傾向があるかについて観察調査がおこなわれた。その結果を実数で示したのが，表3-9である。

表3-9　顧客の年齢によるストッキングの価格*

	価格区分（ドル）			
年齢	0.59-0.99	1.00-1.29	1.30-1.79	合計
34歳まで	265	12	130	407
35-49歳	240	140	208	588
50以上	32	110	25	167
合計	537	262	363	1,162

*実際の調査は物価が今日よりもはるかに安かった当時の木曜日と土曜日におこなわれた

デパートの宣伝部としては，それぞれの年齢層にとってどの価格帯の商品が最も魅力的であるかについて調べたかったというわけである。したがって，この場合は価格がそれぞれの年齢層の顧客を引きつける原因であると考えられたために，パーセントは表3-10に見るように縦の方向に計算されることになった。　この表を元にして，宣伝部長は，50歳以上の女性で最も安い価格帯のストッキングを買ったのは6パーセントに過ぎず，また，最も値段の高いストッキングの36パーセントは34歳までの顧客によって買われている……という具合に判断した。部長が見落としていたのは，この調査がおこなわれたのは，木曜日と土曜日，つまり女性客の年齢分布が他の日とはかなり異なる曜日だったということである。この2つの曜日に買い物をするのは，主に仕事を持っている若い女性客であるために，来店客の平均年齢は通常の日よりも低くなる傾向があった。そのデパートは，木曜日には夜遅くまで開店していたし，土曜日

表3-10　ストッキングの価格と顧客の年齢

	価格区分（ドル）		
年齢	0.59-0.99	1.00-1.29	1.30-1.79
	%	%	%
34歳まで	49	5	36
35-49歳	45	53	56
50以上	6	42	7
合計	100	100	100
（事例の実数）	(537)	(262)	(363)

は仕事を持っている若い女性にとっては休みの日だったのである。したがって，表3-10の情報は誤解を招きかねないものであったということになる。これに対して，表3-11は表3-10と同じように表3-9を元にしたものであるが，これだと，木曜日と土曜日に買い物をした女性客が，ストッキングの購買傾向に関しては若い層も年配の層も他の曜日と同じようなパターンを示すことが想定できる場合は，表3-10よりも誤解を招く可能性がはるかに低い。ちなみに，この想定が間違っていないことが，後で確認された。

表3-11で見ると，年配の女性は主に真ん中の価格帯のストッキングを買う傾向があり，最も若い年齢グループの女性は低い価格帯のものを好み，中間の年齢層の顧客は最も高い価格帯の商品も選んでいることが分かる。もし，1週間全体での女性客の年齢分布が分かっているならば，表3-10の数値をすべての曜日における女性客の年齢分布とマッチするように重みづけすることによって，表3-10をかなりの程度正確に補正したものを作ることもできるだろう。

表3-11　顧客の年齢別のストッキングの価格

価格区分（ドル）	34歳まで %	35歳から49歳 %	50歳以上 %
0.59-0.99	65	41	19
1.00-1.29	3	24	66
1.30-1.79	32	35	15
合計	100	100	100
（事例の実数）	(407)	(508)	(167)

次の例の場合には，調査サンプルの代表性に問題があると，因果関係の想定を元にしたパーセントの読み取り方向に関する原則を適用するのが難しくなる，

という点が，さらによく理解できる。ある選挙の前に共和党と民主党の相対的な強さについて推定するために，2つの州で2000人の有権者を対象にして世論調査がおこなわれた。その結果を示したのが，表3-12である。

表3-12　2つの州におけるそれぞれの党への投票数

州	共和党	民主党	合計
A	625	1,375	2,000
B	875	1,125	2,000
合計	1,500	2,500	4,000

この表の数字を縦方向に計算した結果を示したのが表3-13である。これによると，共和党への投票の42パーセント，および民主党への投票の55パーセントが，A州の有権者によるものであった。

表3-13　それぞれの党にとっての2つの州の重要度

州	共和党 %	民主党 %
A	42	55
B	58	45
合計	100	100
(聞き取り数)	(1,500)	(2,500)

少し考えてみれば分かるように，この表にはほとんど意味がない。たしかに，このサンプルの場合，共和党への投票の42パーセントはA州からのものである。しかし，この42パーセントという数字，そしてまた，それも含めて表3-13にあげられている4つのパーセントの数値は，すべて2つの構成要素からなっているのである。1つは，それぞれの州における二大政党の相対的な強さという要素である。もう1つは，調査をおこなう便宜上の理由から，実際にはB州の全有権者数はA州の約2倍であるにもかかわらず，それぞれの州について同じ数の人々に対して聞き取り調査がおこなわれたという要素である。前の例と同様に，この場合も有権者数の違いによって適切に重みづけすれば，より正確な結果が得られるだろう。表3-14は，次善の策として，表3-12を元にしてパーセントを横の方向にとったものである。

実際，表3-12のデータだけを元にしてパーセントを計算するための唯一適

表3-14　それぞれの州にとっての2党の重要度

	A州 %	B州 %
共和党	31	44
民主党	69	56
合計	100	100
(聞き取り数)	(2,000)	(2,000)

切な方法は，水平（横）方向の計算しかないのである。この場合，政党間の相対的な強さの原因となっているのは，主に州，つまりそれぞれの州に特有の社会的，経済的構造や住民の政治的態度という要因であると想定されることになる。

表3-14によれば，どちらの州でも民主党が優勢であるが，その傾向はA州においてより強くなっているということが分かる。

合計欄

サーベイ調査の結果を表で示す場合には，合計欄をそれぞれの表の最初か最後の列に設けるのが通例になっている。数学的に言えば，合計欄はすべての内訳の列の総計値であり，それ自体の正当性については疑いの余地もない。しかし，表を見る者にとっては，合計欄はもっと一般的な意味を持つことになる。この点については，米国の子供が教会の主催する日曜学校にどれだけ参加しているかを示した表3-15が，よい例になる。

この表のタイトルから推測して，右端の合計欄を見て，米国のすべての子供

表3-15　米国のさまざまな社会経済的レベルの子どもたちの日曜学校への参加傾向*（1935）

	I	II	III	IV	V	合計
定期的に参加	47	43	52	37	32	43
不定期的参加あるいは全く不参加	53	57	48	63	68	57
合計	100	100	100	100	100	100
(実数)	(521)	(568)	(461)	(467)	(312)	(2,329)

* John E. Anderson et al., *The Young Child in the Home* (New York: White House Conference on Child Health and Protection, 1936) より。5つの階層は，それぞれ次のようなものである――I＝専門職，II＝準専門職，III＝事務職，IV＝農民，V＝半熟練職。

のうち43パーセントが日曜学校に定期的に通っている，というふうに読み取れるだろう。しかし，この読み取りの仕方は間違っている。というのも，それぞれの社会的経済的階層についておこなわれた聞き取り調査対象者のサンプル数が，全国の人口全体におけるそれぞれの階層の相対的な比率に対応しているわけではないからである。表3-16には，調査サンプルが現実の人口における分布とどれだけ違うかという点について示した。

表3-16　米国における社会経済階層の相対的規模

経済レベル	表3-15のサンプル	米国国勢調査における分布	差
Ⅰ	22	8	+14
Ⅱ	25	16	+9
Ⅲ	20	18	+2
Ⅳ	20	29	-9
Ⅴ	13	29	-16
合計	100	100	0

これでみると，調査対象サンプルには，より上位の階層であるⅠとⅡの層の子供たちが実際の人口分布からすれば不相応に多く含まれており，逆に下層のⅣとⅤの子供たちについては不相応に少なすぎるサンプル数になっているのが分かる。表3-15からは上層の階級で日曜学校への通学率が高くなるように見えるが，以上からすると，合計欄の43パーセントはあまりにも高い数値になっているはずである。実際，表3-15の通学に関するパーセンテージをサンプルの数ではなく，表3-16の数値で順当に重みづけしてみると，現実には43パーセントではなく米国全体の子供たちの40パーセントが定期的に日曜学校に通っている，という結果になる。

もっとも，サンプルの分布における偏りによって，合計欄の正確さに問題が出てくるのは，内訳自体が重要な変数によって変動する場合のみである。たとえば，経済階層によって日曜学校への通学率に差が見られないような場合には，サンプルが経済階層の分布をきちんと反映していなくても，合計欄は正しい情報を伝えることになる。

まとめ

クロス集計表では，パーセントは縦にも横にも計算できる。普通の場合，そのどちらかの方向，つまり原因となる要素の方向で計算した時にだけ意味のある情報が得られる。もっとも，それには１つだけ条件がある。その方向の計算にとってふさわしい形でサンプルの代表性が確保されている必要があるのである。この条件に関連しているのは，合計欄の表示の仕方が適切であるかどうかという問題である。合計欄の情報が意味を持つのは，表のタイトルに書いてある人口を代表するようなサンプルになっている場合に限られる。そうでない場合には，内訳について適宜重みづけすることによって，合計欄の数値を補正してやる必要がある。

第4章
DK（分からない）とNA（無回答）の取り扱い
How to Handle Don't Knows and No Answers

統計表の一番下の行に「知らない」「分からない（DK［Don't Know］）」ないし「無回答（NA［No Answer］）」などという項目がある場合も多い。多くの場合，そのような項目が全回答中に占める割合はかなり小さなものなので，これについては従来あまり注目されてこなかった。たしかにDKやNAというのは，一見ごく単純な調査ミスのようにも見えるし，あえてとりあげて問題にする必要はないようにも思える。しかし，実際には，これらの項目にはきわめて微妙かつ興味深い問題が含まれているのである。そのような問題を解決できるかどうかは，これらの消極的な回答の仕方が実際に何を意味しているのかという点をどう解釈するかにかかっている。

正当なDK

DK（分からない）という回答が出てくることは，必ずしも調査の失敗とは言えない。というのも，これが特定の答えについて知っている，あるいは知っていると思っている回答者による回答と同じように，データとして扱うべき正当な回答である場合も多いからである。

たとえば，ある種の商標をめぐる訴訟事件との関連で，Y社の商標がX社の商標と混同されるおそれがあるかどうかという点について決着をつけるためにサーベイ調査がおこなわれたとする。そのようなサーベイの結果を示す統計表の項目は，表4-1のようなものになるだろう[1]。

当然のことであるが，この種のサーベイの場合の「分からない」という回答は，聞き取りの仕方がまずかったからではない。むしろ，「この商標《トレードマーク》は，どのような製品あるいは会社のものだと思いますか？」という設問に対するごく自然な回答であると考えられるのである。これ以外にも，たとえば世論調査などの場合には，何らかの社会的な問題について人々のあいだにどれだけ情報が行

表 4-1　Y社の商標についての認識

	パーセント
Y社の商標として正しく認識	25
間違って認識	
X社の商標として	21
X社以外の商標として	3
どの会社のものか知らなかった	51
合計（%）	100
回答者の実数	（498人）

き渡っているかを知るためにおこなわれることが多いが，その設問には，よく次のようなものが含まれている――「米国の防衛予算の規模がどれくらいであるかご存じですか？」「現在の英国の首相の名前をご存じですか？」。言うまでもなく，この種のサーベイの場合には，調査する側は正しい回答がどのようなものであるかを十分知っている。つまり商標が所属する企業の名前，防衛予算の額，英国の首相の名前などである。調査をおこなう側が知りたいのは，回答者が同じような知識を持っているかどうか，ということなのである。

この種の世論調査の質問項目の中には，意図や意見，あるいは価値判断，つまり，どのようにすべきだと考えているか，という点について質問するものもある。たとえば，「今度の選挙では，どの政党に投票しますか？」「我が国の政府がとっている対中米政策は，全体として適切なものだと思いますか，それとも間違っていると思いますか？」というようなものである。

こういう質問の場合は，選挙民が誰に投票するかまだ決めていないという事実や，政府の政策が正しいかどうか分からないという事実についての情報が，それぞれの問題に関して人々がどのような見解を持っているか，という点に関する情報と同じくらいに重要な意味を持つことになる。

調査上の失敗としてのDK

これと全く事情が異なるのは，調査する側の意図が，何らかの事柄について回答者がどの程度の知識やどのような見解を持っているかを知ることではなく，むしろ回答者自身が唯一あるいは最良のデータソースである事柄について調べようとしている時に「分からない」というような回答が出てくる場合である。その典型は，米国国勢局がおこなう調査の質問項目に対する回答である。たとえば，回答者の祖父母がどの国から来た移民であるかとか，回答者自身がいつ米国に移住してきたかというような質問の場合には，国勢局が入手したいのは明確で具体的な回答なのである。それにもかかわらず，その質問に対する回答が「知らない」や「覚えていない」だったり，あるいはまた全く回答が得られなかったりしたら，その調査は失敗だということになる。そういう場合には，何とかして正確な情報を入手しなければならない。

調査上の失敗としてのDKについて，してはいけないこと

DKが純粋に聞き取りの際における手続き上の失敗である場合には，どのような扱いをすべきだろうか。正当なDKと全く同じように，統計表の中の回答カテゴリーの1つとしてそのままの形で残すべきなのだろうか。この問題について検討するために，1つの例をとりあげてみよう。かつて絶大な人気を誇っていたラジオ番組へのファンレターを対象にした研究の一環として，差出人の性別をそのファーストネームから割り出す作業がおこなわれた。手書き文字が乱雑で名前が判別不能のケースも多く，またなかには性別の判断のつきにくい名前もあったために，かなり大きな比率を占める「性別不詳」の項目が出てしまうことになった（表4-2）。こういう項目を表に含めるのは適切なやり方とは言えない。というのも，これは統計表を作成する際の基本的なルールの1つに違反しているからである。すなわち，〈統計表中の回答カテゴリーは相互に排他的で重複がないようにすべきであり，どの回答も必ずどれか1つのカテゴリーに分類できるようにしておかなければならない〉というルールである。

表4-2 「アメリカズ・タウンミーティング」*へのファンレターの差出人の性別

		パーセント
性別判明		82
男性	54	
女性	28	
性別不詳		18
合計		100
(手紙の実数)		(1,390通)

*Jeanette Sayreによる，コロンビア大学応用社会調査センターでの調査より

「性別不詳」というのは，「男性あるいは女性」というカテゴリーを言い換えているのであり，実際には他の2つの項目とのあいだに重複がある。したがって，表4-2が示している54パーセントが男性で28パーセントが女性というのは，誤解を招きかねない表示の仕方になってしまっているのである。正しい数値は，その性別不詳の項目にどれだけ男性と女性が含まれているかによって，男性の場合には54パーセントと72（＝54＋18）パーセントのあいだであり，また女性の場合には28パーセントと46（＝28＋18）パーセントのあいだである，ということになる。このような問題に対する慎重な配慮は，表4-3に見るように，サンプル中のサブグループによって分類不能のパーセントの数値に違いがあるような場合には，特に必要になってくる。この表でいうファンレターの差出人の社会経済的階層というのは，手紙の紙質，きれいさ，レターヘッドの有無，スペルや句読点の打ち方の正しさ，行間の間隔の取り方，時候の挨拶の書き方などから判断したものである。(なお，このような判定法がどれほど信頼性のあるものかという点は，ここで検討している問題とは直接関係がない。)

表4-3　社会経済階層別のファンレターの差出人の性別

	比較的上層 %	比較的下層 %
男性	57	52
女性	29	28
性別不詳	14	20
合計	100	100
(手紙の実数)	(450)	(940)

表4-3の最初の行を見て，一方の57パーセントに対する他方の52パーセントという数字を見ると，つい，ファンレターの差出人としては，上の経済階層の男性の方が下の層の男性よりも多いのだと思ってしまいがちである。しかし，これは，52パーセントという相対的に低い値が実は数字の魔術によるものだという事実を見落としたことによる。実際，このように低い値が出ているのは，性別不詳のパーセントが下の階層のグループでは高目に出ているからに過ぎない。

したがって，調査上の失敗としてのDKやNA（No Answers：無回答）のカテゴリーをそのままの形で統計表に残しておくことは，決して得策ではないのである。特にこれは，それらのカテゴリーがかなり大きな比率を占めている場合について言える。

調査上の失敗としてのDKについて，なすべきこと

大切なのは，この種の調査上の失敗がランダムに起きているのか，それとも回答者のもつ何らかの属性と関係しているのか，あるいはその失敗それ自体に何らかの意味があるのかを見きわめることである。

調査上の失敗が無視できる程度のものであるならば，それ以上詳しく調べることはせずに，以下のような注記をつけるだけで済ませることもできる。

> 次にあげるいくつかの表では，回答者の合計数が表によって若干異なっている。これは質問項目によって，それぞれの表から除いた無回答の数（あまり大きな数ではない）に若干の違いがあるためである。

一方，失敗の数が無視できないほどに大きなものである場合にどのように対処すればよいかという問題は，その数がどれだけランダムなものであるか次第で変わってくる。もし失敗が何らかの特定の理由によるという証拠がない場合には，ランダムなものであると想定してもよい。これはとりも直さず，もし無回答の人々が特定の回答を寄せていたとしたら，それは回答カテゴリー全体に同じような割合で分布していただろう，と想定することに他ならない。その場合，無回答は表の本体からは除外して，表4-4のように一番下の箇所に注記のようにして書き込んでおくのが，最もふさわしい処理の仕方である。

それとは逆に，もし調べてみた結果，さまざまなサブグループのあいだでNAの割合に意味のある差があるようだったら，改めてNA以外の回答カテゴ

表4-4　ファンレターの差出人の性別

	パーセント
男性	65
女性	35
合計	100%
手紙の実数	(1,140)
「性別不詳」の手紙の実数	(250)
手紙の合計数	(1,390)

リーの本当の合計比率について計算し直してみてもよいだろう。この場合，ランダムであるという想定はそれぞれのサブグループ内に限って正しいということになる。その上で，それぞれのサブグループにおける特定の回答に対するパーセントの分布を計算し，サンプル全体におけるそのサブグループ（NAを含んだ場合）の割合でそのパーセントを重みづけする。その重みづけした各サブグループごとの小計を全部足したものが，新たな合計欄の数値になるわけであるが，この数値は特に加工を加えていない最初の分布パターンに比べて，より実際の分布パターンに近いものになると思われる。もっとも，他の場合と同様，このような重みづけをしたとしても，重大な変更が生じることはあまりないのだが。

DKの数を減らすための工夫

運がよければ，回答にDKやNAが多くても，経費の一部が無駄になったという程度の問題で済む。しかし逆に最悪の場合は，これが調査結果についての正しい解釈を妨げる元凶になってしまう。この問題についての最良の解決策は，まず予防である。つまり，そういう回答の数を最小限にとどめるように前もって手を打っておかなければならないのである。DK（「分からない」という答え）が多発しかねない状況のいくつかについて検討してみると，いろいろなタイプの予防策が浮かんでくる。

まず，回答者が何か本当のことを言いたくない事情を抱えているわけではない場合でも，回答者にとってすぐには正しく答えられない場合には，DKの数が多くなってしまうものである。そういう時には，調査者は回答者が答えやすくなるように手助けすべきである。

たとえば，「どのメーカーの小麦粉を使っていますか？」という質問に対して「分からない」という答えが多発しそうだったら，聞き取り調査の調査員は，回答者に台所の戸棚をチェックしてみるよう勧めることで，それを防げるだろう。

時には，質問があまりにも一般的すぎたり，少し込み入ったタイプの回答を求めているために，明確な回答が出てこないこともある。たとえば，靴の購買に関する予備調査に，「あなたは，自分用の靴をどのような種類の店で買いましたか？」という質問が含まれていたことがあった。こういうふうに聞かれた時に回答者のかなりが怪訝な表情を示し，また実際に「分からない」という答えが相当数にのぼった。回答者は，調査員が具体的にどのようなタイプの店を想定して質問しているのか，見当がつけられなかったのである。この問題を避けるために，質問文は次のように変更された。

どのような種類の店でこれらの靴を買いましたか？　デパートですか，チェーン店ですか，それとも他のタイプの店ですか？

このように変えた場合でも，DK の割合はほんの少ししか減らなかった。そこで，さらに詳しく回答者に聞いてみたところ，これらの DK は，かなりの部分，回答者が，自分の靴を買った店がチェーン店であるか，それとも「他のタイプの店」であるか覚えていないためだという事実が判明した。これとは対照的に，回答者がデパートで靴を買った場合だと，それについてはよく覚えていた。その後質問をさらに変えて，2つの選択肢（デパートで買ったか，他のタイプの店で買ったか）だけにしたところ，DK の数が劇的に減少したのであった。

数に関する質問

あまりにも DK の数が増えてしまう原因の1つに，「いくつ」ないし「何回」というように，回答者に実際の数をあげてもらうよう要求する質問項目がある。そのような質問をされた時には，回答者は大体の数は知っていても正確には知らないような場合，間違った答えをしてしまうよりは「分かりません」と答えたくなってしまうかも知れない。そういう場合には，質問文を「大体～くらい」というような表現にしておけば，正確な数字については自信のない回答者でも答えやすくなるだろう。もっと望ましい解決策は，「5以下」「6から15」のように，幅のある選択肢を用意しておくことである。この数字の幅を十分に広く（ただし，あまり広くなりすぎないように）しておけば，回答者はほとんどためらうことなく回答してくれるだろう。

こういう一種の妥協策をとると，正確さという点で問題がある調査になってしまうと思うかも知れないが，これは現実にはそれほど深刻な問題ではない。というのも，一見きわめて正確に答えているように見えても，実際の回答を見ると5，10，20などという数になっていることが多いからである。これは，回答者が5ないし10という誤差の範囲内の概数で答えているに過ぎないことを示しているのだと考えることができる。

不定数詞（大まかな数表現）

時には，回答者が不定数詞でしか答えようがないような質問内容であるために，数について質問することが全く見当違いである場合もある。たとえば，「あなたの靴のヒールの高さはどれくらいですか？」というような質問をすると，DKが多くなってしまうものである。こういう場合の解決策は，日常的に使われている言い回しに従って，3種類の高さの分類で次のように聞けばよい。

あなたの靴は，ハイヒール，中ヒール，ローヒールのどれですか？

もっとも，不定数詞を使う時には，この靴のかかとの高さの例のように，質問文の中で使われているその数詞の言い方が十分に標準的なものになっている場合に限るべきである。そのような標準的な言い回しがない時には，言葉の言い換えという問題が生じてくる。たとえば，「何回」「いくつ」というような言葉で始まる質問をした時に，「ほとんどしない」「よくする」「時々する」というような回答が返ってくることがある。もし回答者の半分が特定の数字をあげて答えており，残りの半分がその種の不定数詞の表現で答えているような場合

表4-5　大まかな数表現についての解釈

1ヶ月に映画館に行く実際の回数	以下の解釈をした人々の数 滅多に行かない (Rarely)	何回か行く (A Few Times)	しばしば行く (Frequently)	よく行く (Often)
0	11			
1	12	1		
2	7	2		
3		17		
4		6	2	
5		4	1	
6			10	2
7			7	2
8			9	18
9			1	3
10回以上				5
合計	30	30	30	30

には，そのデータを分類する段階でいろいろな問題が生じてくることになる。

映画鑑賞の頻度に関するある調査では，そういう不定数詞による表現を使って答えた回答者にその表現を実際の頻度数の幅の見積りとして置き換えてもらうように依頼した。表4-5は，そのような置き換えの結果である。

いくつかの数のまわりを囲んでいる箱型の枠線は，それぞれ，回答者が使った不定数詞にとって最もふさわしい頻度数の範囲を示している。「滅多に」と「何回か」という2つの表現については，明らかに違うものだと判断できるが，「よく」と「しばしば」の2つはある程度の違いはあるものの，重複が多すぎて区別しにくい[2]。

特別の意味を持つDK

同じように，キャンデーの購入パターンに関する郵送法によるサーベイ（表4-6）で，「家庭用に使う場合にはどのような種類のキャンデー箱を選びますか？　贈り物用の場合は，どうですか？」という質問文を使って聞いたところ，NA（無回答）のパーセントが高かった。

表4-6　キャンデー箱の好み

	家庭用 %	贈答用 %
飾りなしの紙箱	55	19
飾り付きの紙箱	6	28
シルク，サテン	3	21
金属	9	16
無回答（NA）	27	16
合計	100	100

これについては，家庭用に買う場合のNAが贈り物用の場合のNAに比べてほとんど2倍近い数値になっていることを考慮に入れれば，家庭用のキャンデー箱に関するデータの場合は，NAという回答カテゴリーのラベルを「特に選ばない」というラベルに変えるだけにして，回答率のデータはそのままにしておいてもよいだろう。

表4-7に示したのは，自家用車のオーナーに「今年は去年と比べてお車によく乗りましたか，あまり乗りませんでしたか，それともほとんど同じくらい

でしたか？」と聞いた時の回答の集計結果である。

表 4-7　前年と比べた場合のクルマの使用頻度

使用頻度	パーセント
増えた	25
減った	14
ほぼ同じ	20
分からない（DK）	41
合計	100

DK の比率が非常に高い数値になっている事実と質問文の内容とを考え合わせてみると，DK の比率が他の 3 つの回答カテゴリーの比率をランダムな形で含んでいるという可能性は低いものと思われる。それよりも説得力のある解釈は，次のようなものであった。つまり，前の年よりも運転頻度が多かったか少なかったかどうか分からない，と答えた自動車オーナーは，多い場合にしろ少ない場合にしろ，その違いがあまりにも小さいために正確には答えられないと思ったので「分からない」と答えたのだと考えられるのである。このような可能性について検討するために，回答用の選択肢をもう少し詳しいものにして，最初のサーベイと同等のサンプルの回答者に対して調査をしてみたところ，表 4-8 のような結果が得られた。

表 4-8　前年と比べた場合のクルマの使用頻度
（回答の選択肢に変更を加えた場合）

使用頻度	パーセント
増えた	22
減った	16
ほぼ同じ	25
多分少し増えたか減ったかしただろうが，正確には分からない	30
分からない（DK）	7
合計	100

これでみると明らかに，表 4-8 に示されている「多分少しは増えたか減ったかしただろうが……」と答えた回答者は，表 4-7 で扱われている同等のサンプルの回答者中で DK を選んだ人々のかなりの部分に相当するものと思われ

る。こうして選択肢を1つだけ増やすことによって，DKの数を大幅に減らすことができたのだった。

回答者の記憶を喚起するテクニック

さらに，数字について問う質問に対して適切な答えが得られなくなってしまう，別のタイプの失敗もある。主婦に対して，たとえば「先月あなたは台所用のクレンザーを何缶買いましたか？」というような質問をした場合には，回答のうち「分からない」がかなりの数にのぼる。このDKの数は，次のように，質問を2つの部分に分ければ，かなり減らすことができる。

先月は何回くらいクレンザーを買いましたか？
缶入りのクレンザーを買う時には，普通一度に何缶くらい買いますか？

このような形式で質問すると，回答者に対して記憶を呼び覚ます際の手がかりを与えることができるし，回答者自身が計算しなければならないという手間を省いてあげられる。さらに，これに加えて，追加的なデータを得られるというメリットもある。つまり，今や，購入頻度に加えて1回の購入の際の個数についての情報を得ることもできるのである。

正当なDKの数を減らすテクニック

調査設計上のまずさによるDKは，そのすべてが望ましくないものである。もっとも，正当なDKの場合も，あまり好ましくない回答であることが少なくない。特に，回答者がいったい何について知らないので「分からない」と答えているのかが不明な場合には，そうである。

第二次世界大戦の時に，戦時情報局が戦争の展開についての世論調査をしたことがある。調査のトピックそれ自体が複雑なものであったこともあって，最初の質問の際に相当数のDKが出てくる可能性が見込まれていた。これに対処するために，調査員は聞き取りの際に，もし「分からない」という答えが返ってきた時には，次のようなフォローアップの質問をするように指示を受けていた――「分からないとおっしゃる理由についてお聞かせください」。この質問に対する回答は，次のような4つのタイプに分類することができた。

1．**一般的な情報接触不足**。忙しくてそういうことについて雑誌や本を読む時間がなかった。ラジオがこわれていた。新聞を読む機会がなかった。読むのはそんなに得意ではない。あまり本や雑誌を読まない。あまりラジオは聴かない。それについてはあまり聞いたことがない。

2．**その種の態度決定に必要な情報が一般に提供されていない**。もしそれについて知らされていたら，答えはあったのだが。情報不足。答えられるような情報提供が一般人にはなされていない。どう決めればいいのか分からない。この戦争について十分には知らない。

3．**決められない**。どちらの意見も検討してみたが，どちらとも決められない。考えるべきことがあまりにも多すぎる。考えてみたのだが，決められない。答えを決めるためにはかなり考えなければならない。前は別の意見だったが，それからある物を読んだために考えが変わってしまったので，今のところよく分からない。

4．**特に理由なし**。分からない。知るはずもない。まともな答えができない。難しすぎて答えられない。

上の2番目のグループの答えに関しては，中には具体的にどのような情報があったら自分としての見解が持てるだろうと言った回答者もいた。そのような場合には，DKが主に情報不足によるものか，それとも情報があっても意見を決められないことによるのかを見きわめるように努力すべきである。

統計的なウソ発見器

犯罪学者の主張するところによれば，ポリグラフ［ウソ発見器］を使えば，心拍数，呼吸，発汗の変化を測定することで，ウソの答えと本当の答えを識別できるのだという。統計分析でも，場合によっては，同じようなことができる。

第二次世界大戦中に，米国の主婦に対して米の購入習慣に関する郵送法によるサーベイがおこなわれた。その質問紙の最後の項目は，回答者の世帯収入について4つの経済階層の区分でどれに該当するか尋ねるものであった。回答者のうち12パーセントは，収入に関するこの質問項目に対して回答しなかったのであるが，最初はその無回答の理由がランダムなうっかりミスによる記入漏れなのか，それとも何かもっと特別な理由があるのかは明らかではなかった。

これについて明らかにする手がかりを与えてくれるのが，表4-9である。収入が多い層の主婦ほどブランド米を買う比率が高く，収入が低いほど普及品の米を買う率が高かった。ここで興味深いポイントは，収入に関する質問項目に回答しなかった主婦が示した米の購買パターンは，収入が3000ドル以上の層の購買パターンとほとんど同じだったということである。この類似性は，高い経済階層に属している主婦の場合は，自分の家族の収入の程度を明らかにしたがらなかった，ということを示唆するものである。これは，この調査への協力者に対して少額の報酬が進呈されていたことを考えれば，理解できることではある。この点については，同じサーベイから得られたもう1つの集計結果（表4-10）によっても傍証が得られた。

表4-9　主婦の米購入時の普及品かブランド品かの選択，収入区分別（1939）

	収入				
	1,000ドル以下 %	1,000ドル −1,999ドル %	2,000ドル −2,999ドル %	3,000ドル以上 %	回答無し %
ブランド品だけ	32	43	49	56	55
普及品だけ	49	34	25	15	16
両方	19	23	26	29	29
合計	100	100	100	100	100
(回答者数)	(237)	(715)	(364)	(266)	(212)

表4-10　ブランド品の米の平均価格，収入区分別

収入（ドル）	価格（セント）
1,000以下	9
1,000-1,999	10
2,000-3,000	13
3,000以上	14
回答なし	15

この場合も，収入について報告しなかったグループの数値は一番収入の高いグループの数値と最もよく似ていたのであった。

以上の例と比べればかなり込み入った無回答のパターンが見られたケースの1つに，家族関係について調べたサーベイの例がある。このサーベイでは，十代の青年たちに幼児期に親から体罰を受けた体験があるかどうかについて聞いた。その結果，「覚えていない」と答えた青年たちの比率がかなり高いものになった。無回答率の高さそれ自体は，必ずしもその背後に何か隠された動機が存在しているということを示すものではないが，その質問の性格からして，その可能性があると判断された。こういう場合に適用される標準的な手続きに従って，この「覚えていない」という回答が，子供たちの他の重要な特徴と何らかの関係があるかどうかを調べてみることになった。表 4 -11 がその結果であるが，これは実際にある種の関係が存在していることを示唆している。

表 4 -11　体罰と両親に対する信頼感

	子供の証言によれば		
	体罰を受けた経験無し %	体罰を受けた経験あり %	体罰を受けたかどうか覚えていない %
両親に対する信頼	50	45	34
両親以外に対する信頼	32	42	50
言えない	18	13	16
合計	100	100	100
回答者数	(282)	(412)	(165)

体罰を受けたことのある十代の青年たちは親に対して信頼感を示す傾向が少ない（45 パーセント対 50 パーセント）のであるが，親による体罰を受けたかどうか覚えていないと答えた青年たちの場合は，信頼感について最も低い値になっているのである（34 パーセント）。このようなパターンが生じるのは，「覚えていない」という回答の背景には，被害者が恨みを持つようになり，またおそらくは抑圧される傾向をもつ経験を意識的ないし無意識的に隠蔽しようという動機が存在することによると考えられる。この点については，サーベイのフォローアップとしておこなわれた，同じ青年たちを対象にした聞き取り調査でも確認することができた。

国勢調査で 20 万 7000 人分の DK が解消された例

以前は，米国国勢調査局が作成する人口統計表には，「年齢不詳」というカテゴリーが含まれていた。たとえば，1910 年の国勢調査報告書には，表 4 -12

表 4-12　米国における人口の年齢分布，1910年

年齢	パーセント	
5歳以下	11.6	
5-9歳	10.6	
10-14歳	9.9	
⋮	⋮	
70-74歳	1.2	
75-79歳	0.7	
80-84歳	0.3	
85歳以上	0.2	
年齢不詳	0.2	（実際には0.18% = 169,055人）
合計	100.0	

のような表が含まれている。

この年齢不詳のカテゴリーが占める比率は非常に小さなものではあるが，これがあると，煩雑でもあるし誤解を招きかねないおそれがある。煩雑というのは，年齢別に分けて集計しなければならない表に関してはすべて，もう１つ余分な欄について計算し，かつチェックした上で，印刷しなければならないからである。誤解を招くというのは，実際には年齢不詳の欄のデータと他の年齢層の欄のデータとのあいだには重複があるからである。

表 4-12 に要約したような単純な集計の仕方をする場合，その前提には，この全体の 0.2 パーセントを占める年齢不詳のグループの数値は，他の年齢区分からランダムな形で集まったものであり，また，この人数をそれぞれに対応する比率で配分すれば，それで十分なデータになる，という想定がある。しかし，この方式だと，たとえば，年齢と配偶者の有無をクロス集計した場合に，既婚者や配偶者と死別した人々の中に「５歳以下」の年齢グループの数値が入ってしまうことになる。実際，国勢調査局が調べてみたところ，年齢不詳のグループはランダムではなく，むしろ特定の年齢層に頻繁に見出された。そのうち非常に大きな比率を占めていたのは，１歳以下の赤ん坊であり，その正確な月齢による年齢が示されていなかったのであった。また，特定のタイプの住民（たとえば，間借り人やホテルの宿泊客）の場合も，年齢不詳がかなり多かった。

このような事情を背景にして，国勢調査局は 1940 年に 20 万 7211 人の年齢不詳者の一人ひとりについて，その年齢を割り出すという作業をおこなった[3]。この作業は，基本的には，国勢調査の質問票に記載されていた，それぞれの人々の年齢に関連のある情報（配偶者の有無，学歴，職業，家族の他のメンバーの年齢など）を検討することでおこなわれた。これによって，たとえば，学童については学年が分かっていれば，かなり正確に年齢を推定することができた。既婚者については，配偶者の年齢が分かっていれば，それを相関表と照らし合わせて推定した。また，年齢がある一定の範囲内でしか確定できない時には，推定値についてはその年齢幅全体に偏りのないように案分した。そして，実験的に［1回目の調査で年齢不詳だった人々に関して］この方式でおこなった4000人についての年齢の推定値と，2回目の調査で判明した実際の年齢とを比較してみたところ，約45パーセントについては正確な推定であったり実年齢とプラスマイナス1歳範囲の誤差しかなかった。また，5歳以上の誤差があったのは，わずか19パーセントだけであった。

まとめ

統計表の一番下に書かれるDKやNAについては細心の注意を払うべきである。また，それが正当な回答の一種であるかそれともデータ収集上のミスであるかなどに応じて，特別の処理が必要になってくる。もし，これらの調査上のミスがランダムに分布しているようであれば，DKやNAを統計表の項目から外してもかまわない。一方，それが特定のサブグループの場合に特に頻度が高いようであれば，別の形の対策が必要になってくる。DKが回答者にとって不快な回答を意図的に避けようとする動機にもとづいているような時には，特別な問題が生じることになる。

第５章

３次元以上のクロス集計表

Tables of More than Two Dimensions

次元の縮減の問題

これまで見てきたような２次元の表，つまり，１つの要因の頻度をもう１つの要因の頻度と組み合わせて示したクロス集計表の場合は，その表示法という点に関しては通常何の問題も生じない。これに対して，３次元以上の表を同じようなやり方で表示した場合には，明確さという点で問題のあるものになってしまう。

表５-１は，そのような３次元のクロス集計表の例であり，これはデパートの夜間営業に対する消費者の意見をテーマにしたサーベイの結果にもとづいている。この表では，回答者の意見が，夜間の買い物の頻度とそのデパートでの買い物の頻度という２つの要因によってどのような影響を受けているかを示している。表５-１は，基数以外の実数は全部省いてあるのだが，それでもかなり読み取りにくいものになっている。

たとえば，夜間営業についての意見がそのデパートでの買い物の頻度によってどれだけ影響を受けているかを知りたいと思った時には，上から５行目ごとの数値を比較していかなければならない。これでは，全体的な傾向を読み取る上で非常に厄介な作業になってしまう。

このような問題は，どのようにしたら解決できるのだろうか。解決にあたっては，幾何学的な発想が役に立つ。つまり，統計表の１つの欄に含まれているいくつかのパーセントの数値を単一の数字に縮減することによって，次元を１つ分だけカットしてしまうのである。これは，幾何学でいえば，線分を点に還元することにあたる。

通常の場合は，従属変数（結果変数とも言う）の方の次元を縮減するのが望ましい。表５-１の場合は，これが２つのカテゴリーしかないので比較的簡単

表5-1　XXデパートの夕方5時半以降の営業に対する意見，夜間の買い物の頻度およびXXデパートで買い物をする頻度別

		夜間の買い物の頻度			
XXでの買い物の頻度	夜間営業に対する意見	1ヶ月に2回以上 %	1ヶ月に2回以下 %	全くしない %	合計 %
頻繁に	賛成	90	58	20	45
	反対	10	42	80	55
	合計	100	100	100	100
	(実数)	(115)	(105)	(74)	(294)
時々	賛成	85	51	11	42
	反対	15	49	89	58
	合計	100	100	100	100
	(実数)	(105)	(103)	(171)	(379)
全くしない	賛成	41	24	9	23
	反対	59	76	91	77
	合計	100	100	100	100
	(実数)	(74)	(80)	(97)	(251)
合計	賛成	76	48	15	40
	反対	24	52	85	60
	合計	100	100	100	100
	(実数)	(294)	(359)	(568)	(1,221)

に処理できる。表5-2には，この操作をおこなう上での基本的な発想を表5-1の一番右下のセルの数値を例にとって示した。これは，1221名の回答者の意見の概略を，その購買習慣とは無関係な形で示したものである。

この表に含まれている情報は何らのロスもなく，「全回答者のうち40パーセントが夜間営業に賛成していた」という表現で言い表すことができる。このよ

表5-2　夜間営業に対する意見
(全回答者)

	パーセント
賛成	40
反対	60
合計	100
(回答者の数)	(1,221)

うに言った場合に，自動的にその40パーセントに対応する数値として「60パーセントが賛成ではない」という点について読み取れない人は，まずいないだろう。同じ要領で表5-1の16行すべての数値を縮減したのが表5-3である。これは，2次元のクロス集計表が持っている視覚上の利点のすべてを生かすことができる3次元のクロス集計表である。この表の1つひとつの数値は，それぞれのサブグループの回答者の中で夜間営業に対して賛成と答えた人々のパーセントを示している。基数を除けば，この比較的小さな規模の表は表5-1と全く同じ情報を含んでいる。表5-1と違うのは，こちらの表の方がその情報をより明瞭に伝えているということである。

表5-3　XXデパートの夕方5時半以降の営業に対する意見，夜間の買い物の頻度およびXXデパートで買い物をする頻度別*

	夜間の買い物の頻度			
XXでの買い物の頻度	1ヶ月に2回以上	1ヶ月に2回以下	全くしない	合計
頻繁に	90	58	20	45
時々	85	51	11	42
全くしない	41	24	9	23
合計	76	48	15	40

*表中の数値は，それぞれのグループで夜間営業に賛成の意見を表明した回答者のパーセントを示している

表5-3からは，要因間の重要な関連性をすべて容易に読み取ることができる。たとえば，最初の数値は，少なくとも月に2回夜間に買い物をし，またXXデパートで頻繁に買い物をする人々のうち，90パーセントが夜間営業を支持している，ということを示している。つまり，XXデパートで買い物をする頻度と夜間に買い物をする頻度という2つの要因の両方がその店の夜間営業に関する意見に対して影響を与えていることが分かるのである。容易に予測できるように，この2つの要因のうち，夜間に買い物をする頻度の方がより重要なものである。実際，表の一番下の合計を示す行の数値を左から右にみると，順に76パーセントから15パーセントにまで落ち込んでいるのに対して，右端の列の数値を上から下にみた場合には，45パーセントから23パーセントへと落ち込んでいるに過ぎない。

縮減の原理の図解表現

このようにして次元を縮減する方法を図で表現してみると，重要な関係が明らかにできる。ここでは，それを，表5-4に示された性別，収入，教育歴のあいだの3次元的な関係を例にとって考えてみよう。

表5-4　性別と収入層別の教育歴

	男性		女性	
	高収入層	低収入層	高収入層	低収入層
	%	%	%	%
高校以上	50	20	40	10
高校およびそれ以下	50	80	60	90
合計	100	100	100	100

表5-4の4つの列を直方体の形で空間的に再構成してみると，図5-1のようになる。これを鳥瞰図的に真上から見た場合，表5-5のような4つのマス目からなる表ができあがるが，この表には関連するデータがすべて含まれることになる。

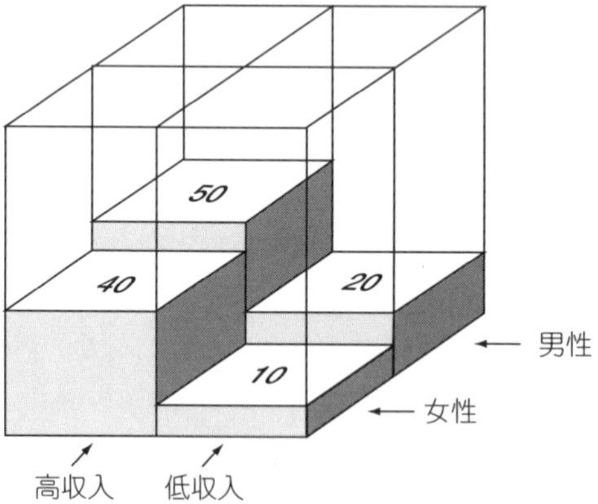

図5-1　性別および収入別に見た高校以上の教育歴を持つ人々のパーセント

表5-5に含まれるパーセントに対応する数値，つまり，高卒の教育歴ないしそれ以下の教育歴の人々のパーセント（図5-1では，直方体の上にある，何

表5-5　それぞれのグループにおける高卒以上の教育歴を持つ人々のパーセント

	高収入層	低収入層
男性	50	20
女性	40	10

もない空間として表示されている）は，100からそれぞれのマス目の数値を引いた値ということになる。

2分割する

もし1つの数値に縮減したいと思う分布が上の例とは違ってごく自然な形で2分割されていないような時には，どうしたらよいのだろうか。これに対する答えは，何らかの形で2分割してしまうというものである。これについて，コーンフレークの消費に関する調査データを整理した表5-6を例にして考えてみよう。

表5-6　コーンフレークを食べる頻度，性別および地域規模別

	都市部		農村部	
	男性 %	女性 %	男性 %	女性 %
毎日	27	35	39	31
しばしば	18	22	27	20
時々	6	11	14	10
全く食べない	49	32	20	39
合計	100	100	100	100
(回答者数)	(199)	(201)	(100)	(99)

この表については，たとえば，最初の3つのグループを1グループとしてくくることによって，多少は細かい情報が失われるが，〈コーンフレークを食べる人々〉対〈食べない人々〉という具合に2分割することができる。あるいは，〈最初の行の「毎日食べる」グループ〉対〈他の3つのグループ〉という分け方もできる。さらに最後の分け方としては，最初の2行（毎日食べる人々およびよく食べる人々）を1つのグループとしてくくり，これを3番目と4番目，

つまり全く食べない人たちと時々食べる程度の人たちを一まとめにしたグループと対比させてみることもできる。この3つのやり方をそれぞれ使って最初の分布を2分割にした場合の再集計の結果を，3通りのすべてについて並べて示したのが，表5-7である。これでみると，パーセントの数値レベルは変わるものの，相対的な関係はほとんど変化がなく，また括弧の中に示した順位も同じであることが分かる。要するに，こういう場合は，3通りの2分割法のどれを使ってもかまわないことになる。

表5-7　コーンフレークの消費データに関する3通りの2分割法（それぞれのグループにおけるパーセント）

	都市部		農村部	
コーンフレークを	男性	女性	男性	女性
毎日食べる	27	35	39	31
（順位）	(4)	(2)	(1)	(3)
毎日食べる・よく食べる	45	57	66	51
（順位）	(4)	(2)	(1)	(3)
時々食べる	51	68	80	61
（順位）	(4)	(2)	(1)	(3)

平均値で特定の列を代表させる

表5-8のように，もし表の中の列がきちんとした数値で示せる変数になっている場合には，平均値（通常は算術平均）を使って，うまい具合にその列に含まれている情報を代表させることができる。

実際，表5-8のままだと2つの都市のあいだの雑誌購読パターンの違いに関して簡単に読み取ることはできないし，2つの経済階層のあいだの違いについてもすぐには読み取れない。これに対して，それぞれの都市で1人あたり何冊くらい雑誌が読まれているかという点に関して4つのグループについて集計してみると（表5-9），変数同士の関係がはっきりとした形で浮かんでくる。

これでみると，経済的に上の層の人々の場合の平均的な購読雑誌数は，下の層の人々のそれに比べて50パーセント以上も多い。また，どちらの層についても，N市の方がM市よりも講読雑誌数がやや多い。

表 5-8　2 都市における雑誌購読の頻度，経済階層別（表中に示された数の雑誌を読む人々のパーセント）

購読雑誌の数	M市 上位の経済階層 %	M市 下位の経済階層 %	N市 上位の経済階層 %	N市 下位の経済階層 %
0	25	40	16	30
1	23	36	29	42
2	39	18	41	25
3	9	6	10	1
4	4	…	3	2
5	1	…	1	…
合計	100	100	100	100
(回答者の数)	(1,199)	(1,792)	(1,001)	(2,101)

表 5-9　2 つの都市における 1 人あたりの平均購読雑誌数，経済階層別

	上位の経済階層	下位の経済階層
M市	1.49	0.90
N市	1.58	1.03

上の例とは対照的に，ある要因の分布が自然な連続量の形になっていない場合は，その分布を 1 つの平均値で置き換えるためには特別の操作が必要になってくる。回答者が思い出しやすいような言い回しを使って質問項目を設定した時には，よくそういうことが起こる。先にあげた米の購買パターンに関する調査には，主婦に対して米を使った料理をどれだけ頻繁に作るかということを尋ねる質問項目があった。これについては，記憶を呼び覚ましやすいようにということで，次のような選択肢が使われた。

____1 週間に 2，3 回

____1 週間に 1 回

____1 ヶ月に 2，3 回

____1 ヶ月に 1 回以下

平均的な消費頻度を計算するためには，上の選択肢のカテゴリーをそれぞれ共通の分母（時間間隔）に対する頻度の数値に変換しなければならない。つまり，1ヶ月あたりの消費頻度である。実際に平均をとってみた上で1ヶ月を$4\frac{1}{3}$週に換算すると，次にあげる重みづけが上にあげた4つの選択肢にほぼ対応することが判明した―― 10.8, 4.3, 2.5, 0.5。実際，このようにすれば，どのようなグループの消費者についても，そのグループの1ヶ月あたりの平均的な米料理の頻度を計算できる。

順位の分布

時には，ある要因の分布を示す数値として順位しかない場合もある。[たとえば，次のようなタイプの質問に対する答えが，それにあたる。] テレビで一番よく見るチャンネルは，どれですか？　次によく見るのは何チャンネルですか？　最も頻繁に買う（あるいは売る）のは，どの銘柄のパンですか？　2番目は，どの銘柄のパンですか？

そのような順位に関する情報を平均値に置き換えるためには，データをもっと増やすか，あるいは何らかの仮定をおいた上で計算をしなければならない。たとえば，1位には4，2位には3などというふうにして，順位を適当に重みづけして数値に変換するというようなことも考えられる。もっとも，どのような根拠があれば，そのような重みづけと10，5，2，1というような重みづけのどちらがより適切か，という判断ができるのだろうか。これについては，手元にあるデータを元にして適切な重みづけができる場合もある。次にあげる例で，この点について解説してみよう。

表5-10　色々な銘柄のパンをトップブランド，2番手，3番手，4番手と報告した食料品店の数

銘柄	トップブランド	2番手	3番手	4番手
A	52	29	13	1
B	28	25	22	12
C	13	11	25	38
D	5	12	15	13
E	1	15	14	15
他のすべて	1	8	11	14
合計	100	100	100	100

表5-10は，あるアメリカ南部の町で食料品店100店の店主に「どのような銘柄のパンを売っていますか？　大体の売上額の順番で答えてください」という質問をしたときの答えを集計したものである。

この調査の場合，食料品店主自身にそれぞれの順位についての重みづけの値についても答えてもらうようにした。その質問は次のようなものであった——「パンの総売上額のうち，1位の銘柄のものの売上額は大体どれくらいの比率ですか？　2位の銘柄の場合は，どれくらいですか？……」。食料品店主がそれぞれの順位についてあげた比率の数値にはあまり大きな差がなかったので，順位に関するパーセント値の平均を次のように算出することができた。

順位	総売上額におけるパーセント
1	40
2	31
3	17
4	12
合計	100

このパーセントのシェアで表5-10のそれぞれの数値を重みづけすることによって，どのパンの銘柄の順位に関する情報についても，表5-11のような形でそれをおおよそのパンの売上のパーセント・シェアとして置きかえることができた。

表5-11　色々な銘柄のパンの市場シェア

パンの銘柄	おおよその市場シェア（%）
A	32
B	25
C	17
D	10
E	9
他のすべて	7
合計	100

場合によっては，順位のパターンが特殊な構造になっているために，この例よりももっと単純に，順位に関するデータを他の数値に置きかえることができることもある。放送に関する調査がまだ始まったばかりの頃，つまり現在使わ

れているような正確な視聴率データをとる方法が開発される以前に，思いがけない形で，視聴者の反応を測定するための驚くほど洗練されたテクニックが発見された。全米放送会社の調査局によって，米国のそれぞれの郡で，代表的な世帯のサンプルを使って，定期的に聴いているラジオ局のすべてについて調べるために聞き取り調査がおこなわれた。それと並行して最もよく聴くラジオ局についても質問した。これに加えて50あまりの都市では，この質問に対する回答を，それぞれの地域における放送局に対応する視聴時間のシェアについて直接測定した数値と比較することができた。表5-12は，この2つの測定値のあいだに存在する興味深い関係について示している。つまり，それぞれの放送局の視聴時間のシェアと「どの放送局の番組を最も頻繁に聴きますか？」という質問に対する回答のシェアのあいだにある関係である。この表にみるように，それぞれの放送局を「最もよく聴く」と答えた家庭数の比率の数値と全視聴者における視聴時間のシェアの数値は，ほとんど同じであることが確認されたのである。

表5-12　ニューヨーク市における日中のラジオ視聴に関する放送局ごとのシェア

	「最もよく聴く」という設問に対する答え %	独立におこなわれた調査による視聴時間のシェア %
WCBS	24	25
WNBC	17	18
WJZ	12	13
WOR	14	14
WNEW	10	10
他の放送局	23	20
合計	100	100

こういう場合は，たった1個の質問項目に対する回答データを使って，かなり正確に実際の数値を割り出すことができるのである。

3分法を縮減する

サーベイの質問文では，回答者に，ある対象に関して〈肯定的・否定的・どちらでもない〉というような三択式（3つの選択肢の中から1つを選ぶ）の判断を求めることがある。たとえば，「より多い・より少ない・ほとんど同じ」あるいは「好き・嫌い・どちらでもない」というような3つの選択肢による判断である。表5-13はその一例であるが，この表は，次のような質問項目に対する回答を集計したものである――「あなたの今年の年収は去年と比べていかがでしたか。去年よりも多かったですか，少なかったですか，それとも同じでしたか？」。

表5-13　第二次世界大戦の最初の年における収入の変化（1941～1942）
（各行の数値はそれぞれの職業カテゴリーにおけるパーセントを示し，その合計は100%）

	増えたという回答のパーセント	同じという回答のパーセント	減ったという回答のパーセント	「増えた」という回答のパーセントから「減った」という回答のパーセントを引いた差
企業の重役	29	53	18	(+11)
下級幹部（専門職を含む）	40	52	8	(+32)
他のすべての専門職労働者	42	49	9	(+33)
販売員	28	56	16	(+12)
事務員（営業および事務）	41	49	10	(+31)
熟練労働者	57	36	7	(+ 50)
未熟練労働者	45	48	7	(+38)
農民	39	52	9	(+30)
有給雇用されていない者	16	65	19	(−3)
軍隊	34	22	44	(−10)
すべてのグループの合計	40	49	11	+29

出所：“The Impact of War on American Families,” *Life*, April 1943, p. 12. 最後の行は著者が追加したもの

このような場合，3つの数値からなる分布を1つの数値に縮減してしまいたくなるものである。特に，その数値をその後のクロス集計に使いたいと思っている場合には，その種の縮減をしたくなってくる。最も単純な縮減法は，数学的な意味での正味差引残高（net balance）である。つまり，「増えた」と答えた回答者のパーセントから「減った」と答えた回答者のパーセントを引いた値

を使うというものである。この場合，真ん中のカテゴリーの重みづけの値はゼロとする。表 5-13 では，この正味差引残高に縮減した結果を右端の列に示しておいた。このようなやり方は，真ん中のカテゴリーが実際に無関連ないし影響力がない場合には妥当なものだと言える。しかしながら，このやり方だと，次のような 2 つのケースのあいだの違いが無視されてしまうおそれがある。

	分布A		分布B
+（増えた）	20%	+	50%
=（同じ）	70	=	10
−（減った）	10	−	40
合計	100%		100%
正味差引残高	（20−10）= +10		（50−40）= +10

どちらの分布の場合でも，計算上は＋ 10 という同じだけの正味差引残高になるのだが，一方では，「同じ」とする真ん中のグループが 70 パーセントを占めているのに対して，他方では，それが 10 パーセントに過ぎない[1]。

4 次元の表

サム［サムエル］・ストーファーは，第二次世界大戦中に米国の兵士に関する記念碑的な研究をおこなった。その中には，北部と南部の訓練キャンプのどちらを好むかについての兵士の回答を，次の 3 つの条件別に集計した表があった――「自分がどちらのキャンプで訓練を受けているか」「もともとの出身が南部か北部か」「白人か黒人か」[2]。

表 5-14 はその表を再現したものであり，3 つの原因（独立）変数――出身地域，人種，現在の所属キャンプ――と 1 つの結果（従属）変数――キャンプ地についての好み――のあいだの関連を示したものである。この表を見ただけでは，4 つの要因のあいだの関係を読み取ることは困難である。これに対して，キャンプ地の好みを表 5-15 のように，北部にある訓練キャンプのパーセントから南部のキャンプのパーセントを差し引く操作をおこなうことによって 1 つの数値に縮減した場合には，データの読み取りが楽になる。この縮減の仕方は，上にあげた例の場合よりもはるかに妥当なものである。というのも，「中間グループ」のパーセントのバラツキが 16 パーセントから 25 パーセントという比較的狭い範囲に収まっているからである。

表 5-14　南部あるいは北部のキャンプ地に対する兵士の好み

	好みのキャンプ地のパーセント			
	南部	どちらでもない	北部	兵士の実数 (= 100%)
北部出身の男性で現在				
北部のキャンプにいる場合				
黒人	7	18	75	(516)
白人	11	24	65	(1,470)
南部のキャンプにいる場合				
黒人	18	19	63	(1,390)
白人	28	24	48	(1,821)
南部出身の男性で現在				
北部のキャンプにいる場合				
黒人	31	25	44	(871)
白人	49	22	29	(360)
南部のキャンプにいる場合				
黒人	63	23	14	(2,718)
白人	76	16	8	(1,143)

表 5-15　北部ないし南部のキャンプ地に対する兵士の好み

	北部のキャンプ地に対する好みのスコア*
北部出身の男性で現在	
北部のキャンプ地にいる場合	
黒人	+68
白人	+54
南部のキャンプ地にいる場合	
黒人	+45
白人	+20
南部出身の男性で現在	
北部のキャンプ地にいる場合	
黒人	+13
白人	−20
南部のキャンプ地にいる場合	
黒人	−49
白人	−68

*マイナスの値は，南部のキャンプ地を好む方が多いことを示す

表 5-16　人種と地域のキャンプ地の好みの関係

	黒人	白人	パーセント・ポイントの差	
北部出身で				
北部のキャンプ地	68	54	(+14)	
南部のキャンプ地	45	20	(+25)	
すべての北部出身者				(+20)
南部出身で				
北部のキャンプ地	13	−20	(+33)	
南部のキャンプ地	−49	−68	(+19)	
すべての南部出身者				(+26)
全体の差の平均				(+23)

表 5-17　現在のキャンプ地とキャンプ地の好みの関係

	北部のキャンプ地	南部のキャンプ地	差	
北部出身で				
黒人	68	45	(+23)	
白人	54	20	(+34)	
すべての北部出身者				(+28)
南部出身で				
黒人	13	−49	(+62)	
白人	−20	−68	(+48)	
すべての南部出身者				(+55)
全体の差の平均				(+42)

表 5-16 から表 5-18 までは，この，キャンプ地の好みに関する単純化したモノサシを使って，出身地，人種的背景，現在の所属キャンプという 3 つの要因がキャンプ地の好みに対してそれぞれどのような影響を及ぼしているかを明らかにしたものである。ここで銘記すべきは，この 4 つの表（表 5-15 ～ 5-18）のすべては，内容的に等価だということである。つまり，すべての表は表 5-14 にあげられている数値を元にして算出した 8 つの数字を含んでいるのである。違いがあるとすれば，それは，単にそれら 8 つの数値をどういう具合に並べているかという点であり，その並べ方は，それぞれの表がどのような点に分析上の重点を置いているかが明確になるようにデザインされている。

表 5-16 は，他の点では同一の条件にある場合，黒人兵士と白人兵士とで，

表 5-18　出身地域とキャンプ地の好みの関係

	北部出身者	南部出身者	差
現在北部のキャンプ地			
黒人	68	13	(+55)
白人	54	−20	(+74)
すべての北部キャンプ配属兵士			(+68)
現在南部のキャンプ地			
黒人	45	−49	(+93)
白人	20	−68	(+88)
すべての南部キャンプ配属兵士			(+90)
全体の差の平均			(+79)

そのキャンプ地についての好みがどれだけ違っているかを明らかにしたものである。

これで見ると，黒人は一貫して白人の場合よりも北部のキャンプを選んでいる。出身が北部であろうが南部であろうが，あるいは現在の所属キャンプがどちらであろうが，それは同じである。そして，黒人と白人のあいだの平均的な違いは 23 ポイントである。その違いは，南部出身者で現在の所属キャンプが北部の場合に最大（+ 33）であり，北部出身で北部のキャンプにいる兵士の場合に最小（+ 14）となっている。人種による違いは所属キャンプが出身地域の中にある場合に最も小さくなっている（14 ポイントと 19 ポイント）。全体としては，平均値に対するバラツキの範囲は，比較的小さいものであり，14 ポイントから 33 ポイントのあいだに納まっている。

表 5-17 では，兵士が実際に所属しているキャンプ地がキャンプ地の好みに対して与えている影響を分析の対象にしている。

これでみると，キャンプ地の好みは，現在の所属キャンプによって影響を受けている。北部のキャンプに所属している場合は，北部のキャンプ地をより好むし，南部のキャンプに所属している場合は，南部のキャンプ地を好む傾向があるのである。この所属キャンプによる違いの平均は 42 ポイントであり，これは，人種による違いのほぼ 2 倍に及ぶ。

もっとも，キャンプ地における実際の経験の影響は，北部出身者の場合には相対的に小さなものであり，好みに関する指数で 28 ポイント分変化するだけであるが，これが南部出身者になると，55 ポイントもの違いになる。これは，南部出身者がもともと持っていた南部のキャンプ地に対する好みが実際には北部のキャンプにいることによって受ける影響の程度は，北部出身者がもともと持っていた北部のキャンプに対する好みが実際には南部のキャンプにいることによって受ける影響の程度よりも大きい，ということを意味する。北部出身者の白人が南部の訓練キャンプに来た場合に好みを変える傾向（＋34）は，北部出身の黒人が南部に来た場合に好みを変える傾向（＋23）よりも大きい。そして，南部出身の黒人のキャンプ地の好みが実際に北部で生活した経験によって変わる傾向（＋62）は，白人の場合（＋48）よりも強い。

最後に，表5-18は，兵士の出身地の影響を示している。

容易に予測できるように，キャンプ地の好みに関する最も強力な影響は，兵士の出身地である。この要因による違いの平均は79ポイントであり，これは，現在のキャンプ地による効果（42ポイント）のほぼ2倍であり，人種による影響（23ポイント）の4倍近くにもなる。北部出身の兵士のあいだの北部のキャンプに対する好みは，南部出身の兵士のあいだのそれよりもかなり高い。そして，その平均的な違いが79ポイントなのである。

しかしながら，出身地の影響は，兵士が現在南部のキャンプにいる場合（＋90）と比べて北部のキャンプにいる場合（＋68）には少ないものとなる[3]。

まとめ

表の全体を表示できて，しかも容易に読み取ることができるのは，3つ以上の変数を含んでいない表だけである。変数の数が増えてくると，3つ以上の次元を2次元的な空間上に表示することにまつわるさまざまな問題が生じてくる。この種の問題は，1つの列かそれ以上の列を単一の数値に凝縮することによって解決できる。たとえば，パーセント，平均，比率などのように，列全体に含まれている情報を何らかの形で適切に代表することができる数値である。これらの縮約法のうちのどれが最もふさわしいかは，測定値の性質，列全体における測定値の分布の状態，統計表の目的などによって決まってくる。

第6章
指　数
Indices

前章では，統計表の列に含まれる複数の数字を１つの数値で代表させるためのいくつかの方法について解説したが，このような数値は，その列全体を表す「指数」になっているのだと言える。本章では，この指数というものについてさらに詳しく，指数の多様性，指数の機能，指数作成上の問題点などのトピックを中心にして解説していく。

ここで指数と呼ぶのは，さまざまな側面を持つ概念の測定をおこなうために考案された，単一の数値のことである。たとえば，次のような例がある――生活費の変化－消費者物価指数，ある地域の健康・保健状況－幼児死亡率，若い女性の美しさの度合い－美人コンテストにおける順位，学生の知能の程度－知能指数（IQ）[1]。これらの例はそれぞれ，比較的複雑な概念について単一の値によって測定している。指数を使って要約的に表現しようとする対象が複雑なものになっている背景は，消費者物価指数の例のように分析単位が多数存在していることによる場合もあるし，美人コンテストの例のように，単一の分析単位に多くの次元が含まれていることによる場合もある。

どのような場合に指数が必要となるのであり，また１つの数値に要約することにはどのような目的があるのだろうか。当然の疑問としてわいてくるのは，たとえば美人コンテストの時には，最も足がきれいなのはＸ嬢で，最も顔が美しいのはＹ嬢だと言うだけで十分ではないのか，というような問題である。たしかに，それにも一理ある。しかし，総合評価として最も美しい女性を選びたいと思ったような場合は，どうであろうか。食費，住居費，交通費の変化を１つの数字で要約するということは，なぜ必要になってくるのであろうか。これには，いくつかの答えがある。第一に，要約的な数値は１ドルの実質的価値が今どれだけになっているかについて教えてくれる。こういう数字は，たとえば，社会保障費の調整をおこなう上で必要だし，あるいはまたいくつかの産業では，等価な協定賃金を算定するために必要となる場合だってあるかも知れない。

指数については，その有効範囲や作成手順の複雑性という点に関してさまざまなバリエーションがある。たとえば，美人コンテストの順位の有効性はそのコンテスト1回だけに限られるが，消費者物価指数はかなり長い期間にわたって有効であるように工夫されている。そして，指数作成上の手続きの複雑性という点に関しては，単純な平均を出すだけで済む場合もあれば，込み入った計算式を使わなければならない場合もある。

主観的評価にもとづく指数

指数はたいていの場合客観的な測定値にもとづいているが，中には主観的評価によるものもあるし，また，客観的な測定値と主観的評価を組み合わせたものもある。

美人コンテストの指数は，何人かの審査員が候補者それぞれに与えた順位を平均したものに過ぎないことが多いだろう。これに対して，犬や馬を対象にしたもっと切実な問題のからんだ品評会の場合には，審査員は評価基準についての詳しいガイドラインを与えられた上で審査に臨むものである。

スポーツ競技は多くの場合，最も速く走れた選手や一番高く跳べた選手が勝ちということになるので，特に改めて指数を作る必要はない。しかし，ある種の競技，たとえば，飛び込み競技，フィギュアスケート，あるいはスキーのジャンプ競技のような場合には，複数の次元で評価されることになるので，何らかの指数が必要になってくる。たとえば，スキーのジャンプ競技では飛距離点と飛型点で順位が決まる。

ここでは，飛び込み競技の指数について少し詳しく検討してみることにする。この指数は，客観的な要素と主観的評価の要素を共に含んでいる。現在では全部で72の基本的な技があって，専門家からなる国際委員会はそのそれぞれの種目について困難度によって点数を設けている。一番簡単な飛び込み技の点数は1.0点であるが，最も難しいものの点数は3.5点である。

一方，最終的な点数の評価的な次元は，飛び込み演技の正確さに関係している。それは，専門家からなる審査員団によって，1から10点（満点）までの点数で評価される。審査員が高低極端な点をつけた場合のバイアスを避けるために，最低点と最高点は除外され，その他の点数の平均値に技の難易度点をかけた値が計算される。選手1人ひとりが数種の種目の演技をすることが要求

表 6 - 1　X 選手の飛び込みについての評価点

3 名の審査員がつけた演技点	各審査員の評価点 (1)	平均値 (2)	演技の困難度についての標準化された点 (3)	重みづけしたスコア(2)×(3) (4)
前飛び込み 1メートルの板から 抱え型で飛び込み	8, 9, 7	8.00	1.0	8.00
後飛び込み 5メートルの板から	5, 7, 7	6.33	1.6	10.13
前逆飛び込み 1-1/2 10メートルの板から 走ってえび型	8, 7, 8	7.67	2.2	16.87
前飛び込み 1-1/2 3メートルの板から 3回ひねり宙返り	4, 6, 4	4.67	2.9	13.54
合計				47.80

されている場合は，その数種の種目のスコアの合計がそれぞれの選手の最終的な指数得点になる。表 6 - 1 は，ある選手が 4 つの飛び込み種目に出場した場合に，その演技の指数がどのようにして算出されるかを示したものである[訳注 1]。

指数が全面的にあるいは部分的にでも主観的評価にもとづいている場合には，その有効範囲は，非常に限られたものになる。たとえば，いろいろな美人コンテストで 1 位になった何人かの「ミス○○」を集めて改めてコンテストした場合，優劣を決めるためには，彼女たちがそれ以前のコンテストでとった点数を相互に比較すればそれで済む，というわけではない。同じように，審査員が全員同じ顔ぶれでもない限りは，違う競技大会に出場した飛び込み競技の選手や体操選手の点数を相互に比較するわけにもいかない。優劣に関して推論ができるのは，特に極端な点数の場合に限られる。たとえば，ルーマニアの若き体操選手であったコマネチが，それまで誰もとったことのない満点を獲得した時には，彼女は史上最高の選手として認定された。もっとも，実際にはその後何人かの選手が満点をとっているので，それら満点をとった選手たち同士については，点数だけでは比べられないということになる。

組織のあり方によっては，異なる時点での相互比較ができる場合もある。たとえば，ある大学においてある年度につけられた学生の成績評価をその前の年に同じ学生たちが取った成績と比べることができることもある。もっともこれは，その１年間のあいだに成績評価の規準も，また成績をつける教師の顔ぶれも全く変わらない，という条件が満たされている場合の話である。

複雑な平均値

今度は，完全に客観的なデータのみにもとづいており，したがって多かれ少なかれ異なる時点での比較が可能な指数の例として，消費者物価指数をとりあげてみよう。この指数の目的は，「市場の買い物かご」，つまり米国における典型的な世帯が消費する商品とサービスの総額の平均価格の変化を反映させることにある。

この「米国における典型的な世帯」を定義することには，概念上の難しさがある。なぜならば，どの２つの世帯をとってみても，全く同一の比率で同じ商品とサービスを購入しているということはありえないからである。この概念上の問題は，米国における典型的な世帯を，全世帯の平均ではなく，より均質な

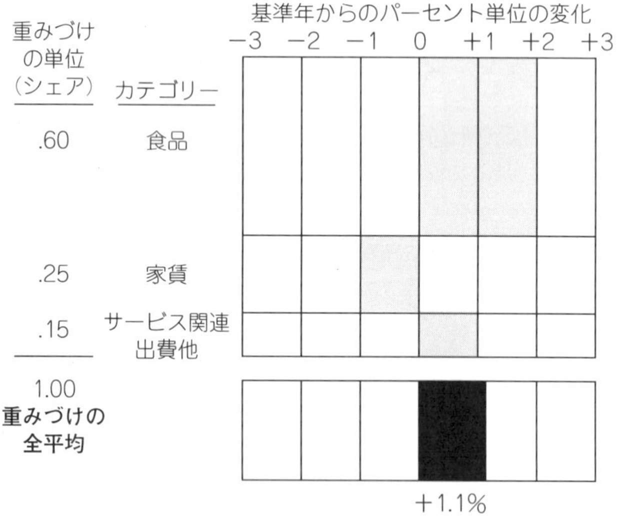

図６-１　消費者物価指数の図解表現

全勤労者世帯のグループにおける平均として定義することによって部分的に解決されてきた。

図6-1には，このような意味での消費者物価指数の算出方法を図解して示した（実際には，この種の図解法で計算するわけではない）。

主な家計項目（食費，住居費，医療費等）の相対的シェアは，調査対象のサンプルとなった家族の支出額を調べることによって決定される。そして，いくつかの広いカテゴリーとそのサブカテゴリーを代表させるために特定の食品とサービスを選んでおく。たとえば，鶏1羽と牛のチャック（首周りの肉）1ポンドあたりの値段を肉一般の価格を代表する数値として使う，というようにする。同じように，バスの一区間の乗車運賃とドレスないしスーツ一着分のクリーニング代金がサービス料金の代表になるかも知れない。こうして，最終的には，このようないくつかの対象の価格が食費，住居費，サービスというそれぞれの下位指数にまとめあげられ，最後に全体の物価指数として統合されるのである。

したがって，消費者物価指数は，多数のカテゴリーの価格変動を重みづけした平均なのだが，その重みづけにあたっては，これらの価格が代表する家計項目が家計全体でどれだけのシェアを占めているかが基準になる[2]。

指数の対象と指数の計算式

上に見たように，消費者物価指数の場合は，かなり容易に決定できるし，その定義も明快である。しかし，他の指数については，概念から指数構成までへの道のりは，それほど単純なものではない。たとえば，「結婚の幸福度」という概念についての指数を構成する作業について考えてみよう。最初におこなうべき作業は，その点での幸福がどういうことを意味しているかを明確にすることであるが，もっとマシなやり方としては，結婚の幸福というものを私たちがどのように認識しているのかという点について整理した上で明らかにしていく作業がある。結婚相談所のカウンセラーに対して聞き取りをしながら，幸福な結婚と不幸な結婚とを区別するのに使える規準のリストを作ってみてもよいかも知れない。うまくいっている結婚の判断基準としては，夫婦がかなりの時間を一緒に過ごし，頻繁に会話をし，結婚記念日にお祝いをし，離れている時には互いに手紙をやりとりする，というようなポイントがあげられるだろう。不幸な結婚は，夫婦喧嘩や不貞行為，あるいはその他の不愉快な経験が多い場合だと言えるだろう。そして，これらの規準を公式化して，たとえば以下のようにそれぞれについてプラスないしマイナスの点数を割り当てるのである。

	ほとんど常に	＋1
別々にではなく一緒に外出する	半々くらい	0
	滅多にない	－1

	いつも	＋1
結婚記念日にお祝いをする	時々	0
	しない	－1

もしどれかの規準（たとえば，夫婦喧嘩）が他の規準のどれよりも重要な指標（indicator）であると判断できたり，あるいはまた，きちんとした分析の結果ある規準が重要な指標として浮かび上がってきた場合には，それに対して他のものより大きな数値を割り当ててもよい。たとえば，次のようになる。

	しばしば	－2
夫婦喧嘩	滅多にない	0
	全くない	＋2

幸福指数は，最も単純な形としては，そのようないくつかのスコアの平均値ということになる[3]。

曖昧な名称にまつわる問題

ここで，一般的な賃金水準について測定しているとされる指数について考えてみよう。この賃金水準という用語は，厳密に定義しておかないと誤解を招きかねないものである。表6-2は，1919年と1927年における「賃金水準」を比較したものだが，これで見るように，賃金水準の変化については，どのような意味での賃金水準を扱うかによって4通りの答え方がありうる（なお，この表の数字は架空のものである）。

単位時間あたりの賃金率の場合は，25パーセントの上昇である。これに対して，1日あたりの賃金率には変化がないが，これからすると，1日あたりの

表 6 - 2　1919年と1927年の「賃金水準」を比較する*

	1919年 $	1927年 $	変化 %
時間給率	1.00	1.25	+25
日給率	8.00	8.00	…
年収	2,080	1,870	−10
1919年のドル換算での年収	2,080	1,680	−19

*Willford I. King, *Index Numbers Elucidated*（New York: Longmans, 1930）, p.29より

労働時間が減少したことによって単位時間あたりの賃金率の上昇が相殺されたという結論を下さざるを得ない。年間の賃金収入は10パーセント落ち込んでいるが，これは，それだけ年間の労働日数が減ったからである。最後に，実質的な購買力という点での賃金水準になるとさらに9パーセント落ち込んでいるが，これはインフレのせいである。実際，1919年から1927年にかけて，物価は10パーセントの上昇を示している。

表6 - 3では，賃金水準を曖昧に定義してしまった場合には，これよりもさらにややこしい落とし穴にはまってしまうことがある，という点について示してある。

表 6 - 3　2つの地域における「賃金水準」を比較する*

	労働力人口			平均日給		
地域	全労働者	男性の人数	女性の人数	男性 $	女性 $	労働者1名あたり（性別を問わず） $
A	2,000	1,000	1,000	15.00	5.00	10.00
B	2,000	1,800	200	12.00	4.00	11.20

*Franz Zizek, *Statistical Averages*（New York= H. Molt 1913）, p.35より作成

A地域における1日あたりの賃金率は，B地域の場合よりも男女それぞれ25パーセント高い。しかし，平均的な賃金率を性別を考慮に入れずに全労働者について計算すると，むしろA地域の方がB地域よりも低い。この見かけ上の逆転は，B地域の方が女性労働者数が少ないからであり，また1912年時点での女性労働者の賃金率が男性の賃金率よりもはるかに低いからでもある。この種の矛盾に関してはすべて，指数に名前をつける際に厳密に定義するように心がければ，解消するはずである。

「加齢」の影響

統計上よくおこなわれる比較の1つに，異なる年齢層のあいだで比べてみる，というものがある。これは一見単純な比較の仕方のようにも見えるが，詳しく検討してみると，実際にはかなり込み入った問題が含まれていることが分かる。この問題については，架空のデータを使って図6-2のように図解してみると理解しやすい。この図では，20代（20歳から29歳）と30代（30歳から39歳）という2つの年齢層を比較している。ここで分析の対象になっているのは，それぞれの年齢層で積極的にスポーツ活動をしている人の割合が年齢上昇にともなってどう変わるか，という問題である。ここでは，10年の間隔を置いて1970年と1980年の2度にわたって比較がおこなわれたと想定する。

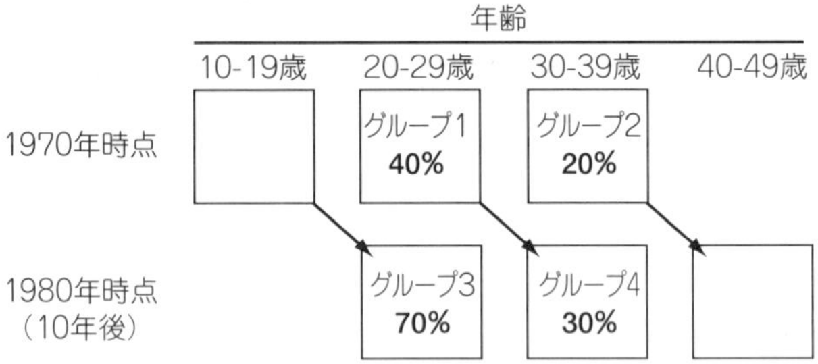

図6-2　積極的にスポーツをしている人々の割合（加齢についての2つの考え方）

加齢による影響については，一般には，グループ1をそれよりも平均で10歳年上のグループ2と比較することから推論することになる。たとえばこの例では，20パーセント・ポイントの減少，あるいは20代にスポーツをしていた人の半数分の減少が加齢の影響だとされる。

しかし年をとることによる影響は，正確には，人が年をとるあいだに経過した実際の歴史的時間にも依存するのであって，これはよく時代効果（period effect）と呼ばれる。時代効果を測る最良の方法は，グループ1をグループ3と，グループ2をグループ4と比較するというやり方である。この比較の仕方によれば，10年間のあいだにスポーツ活動への参加は20代では40パーセントから70パーセントへ，30代では20パーセントから30パーセントに上がっていることが分かる[訳注2]。

図6-2からは，さらに，年をとることと別々の時代に属していることの組み合わせによる効果を見てとることもできる。グループ1をグループ4と比較すると，この効果を数値で表すことができる。というのも，1970年にグループ1だった人たちは10年後の1980年にはグループ4になっているからである。この組み合わせの効果は，40パーセントから30パーセントを引いた値としての10パーセント・ポイントの減少ということになる。計算方法としては，次のようになる。

加齢効果	(②－①)	－20パーセント
時代効果	(④－②)	＋10パーセント

組み合わせの効果 (②－①)＋(④－②)＝(④－①)＝－10パーセント

野球に関する指数[訳注3]

場合によっては，それぞれ異なった側面を測るいくつかの指数を使って，ある1つの対象について測定をおこなうこともある。たとえば，野球選手の打撃成績を測るために使われる3つの主要指数（打率，長打率，打点）は，そのよい例である。

言うまでもなく，相手チームのピッチャーが投げた球をできるだけ多く，またできるだけ上手に打って点を稼ぐことと，相手チームの打者がヒットを打つのを防ぐというのが，野球というスポーツにおける最も重要なポイントである。安打（ヒット）を放つことによって，打者は塁をいくつか進む。その後で仲間の選手によるヒットが続けば，本塁まで生還して点をあげられるかも知れない。そしてそれぞれのチームがあげた総得点で試合の勝敗が決まることになる。

打率（バッティング・アベレージ：BA）は最もよく知られており，選手の打撃成績を測るために最もよく使われる指数である。

$$\text{打率} = \frac{\text{安打数}}{\text{打席数}}$$

打率は，選手の打撃成績を，ヒットを打った相対的な頻度によって測るものであり，必ずしも何回塁を踏んだかということを示すものではない。実際，塁を踏んだ頻度は，安打によってだけではなく，相手チームの守備エラーによっても左右される。これは，「打数」としてはカウントされるが，安打としてはカウントされない。したがって，打率の分母は増えるが，分子の方は増えない。もし打者がフォアボールや死球（デッドボール）で一塁に進んだ場合には，それは分子にも分母にもカウントされない。それは理論上選手の打撃能力のテストにはならないからである。同じ理由で，犠牲バントの数も打率の数値に影響を与えない。犠牲バントというのは，走者にさらに塁を進めさせるために，わざとアウトになるように，しかし併殺にならない方向を狙って打球を放つことである。

打率は，打者の成績を測る上での完璧なモノサシではない。というのは，打率だけでは優れた打撃が持つ他の２つの次元，つまりヒットの質と適時（タイムリー）性についてはうまく測れないからである。打撃の質は，選手が自分のヒットで何塁まで進んだかによって測られる。たとえば，１塁打の場合には，本塁までの距離の４分の１をクリアしたに過ぎない。それに対して，もっと深いところに打ち込んで２塁打になった場合には，本塁まで半分の地点にまで進んだことになる，というような具合に考える。いわゆる長打率というのは，この意味でのヒットの頻度と質の両方を測るものである。

$$\text{長打率} = \frac{\text{進んだ塁の総数}}{\text{打数}}$$

表６-４には，３人の架空の選手について，打率と長打率を比較した例を示した。

Ａ選手とＢ選手は同じ打率だが，Ａ選手の長打率の方が高い。Ｂ選手とＣ選手は同じ長打率だが，Ｂ選手の方が打率という点では高くなっている。

ヒットの適時性は，打撃に関するさらにもう１つの指数，つまり打点

表６-４　打率と長打率

		実数					
	打席数	1塁打	2塁打	3塁打	本塁打	打率	長打率
打者A	500	100	30	10	10	.300	.460
打者B	500	130	10	10	…	.300	.360
打者C	500	80	10	…	20	.220	.360

(RBIs：runs batted in）によって測定される。これは，ある選手が打席に立つ前にすでにチームメートが出塁している場合に，その選手がヒットを放つことによって何人の選手が本塁まで生還できたか，ということを示す記録である。

ここで以上の3種類の指数がそれぞれどのようなメリットを持っているかについて考えてみることには，意義がある。長打率は，この3つのうちで最も包括的なものである。球団が選手の年俸の査定をする時には，この指数を参考にするだろう。

平均打率の場合は，ヒットの頻度だけを問題にしており，ヒットの質は問題にならない。しかし，平均打率は他の2つの指数に対して1つ大きな利点がある。つまり，計算方式が単純なので，実に分かりやすいのである。ある選手が打席に立った時に，放送席から観客席に向けてその選手の打率は「3割3分」であるというアナウンスがされると，その意味は誰にとってもよく分かる。つまり，この打席でその選手がヒットを打つ見込みは3つに1つなのである。これに対して，長打率の場合には，これほど単純に確率的な数値で言い換えることができない。さらに，野球の試合では，選手がどれだけ長打を放つことができるかというよりは，むしろ，そもそもヒットを打てるか打てないかが最大の問題になる局面が多いものである。

RBI（打点）指数は，打率でも長打率でもカバーできない次元を測定している。というのも，ヒットを打ったからと言ってそれが得点に結びつくとは限らないからである。それどころか，それぞれの回の終わりに何人かの走者が残塁で終わることも少なくないが，これはそのヒットが無駄になってしまったということである。他の選手が出塁している時にタイムリーに安打を放って自分自身も本塁に生還できるというのは，野球選手に関しては何にもまして重要な資質なのである。RBI（打点）指数は，まさにこの資質を測るものであるが，この指数にはいくつか問題もある。第一に，この指数は打席数とは無関係なので，野球シーズンの後の方になるほど大きな数値になってくる。これに加えて，この指数は打順によって左右されるところが大きい。実際，打者として同じくらい優れた選手が他にいたとしても，特によく打てる特定の選手の次の打順でバッターボックスに立つことができた場合には，打点をあげられる可能性がより大きなものになるだろう。

たとえ以上の3つの指数をすべて併用したとしても，野球選手の全体としての攻撃力をカバーできるモノサシとして使えるわけではない。というのも，これらの3つの指数では，バント能力や走者としての能力，あるいは盗塁能力が測れないからである。それらの面もひっくるめた総合的な指数として「スコアリング指数」というものが提案されている。これは，選手の出塁確率（過去の成績で測定される）に本塁への生還確率をかけた値である。この指数には，選手全員の点数を平均してチーム全体としての指数を算出できるという利点もある。さらにこれに加えて，対戦相手のチームが攻撃している回では，こちらの選手は全員守備にまわらなければならないという点も考慮に入れれば，守備能力を測る適切な指数というのも必要になってくる[4]。

打撃に関する指数には，さらにもう１つの問題もある。時々話題になるのだが，往年の伝説的なスター選手の能力を現在のスター選手たちの能力とどうやって比較したらよいか，という問題である。つまり，指数の時間的安定性という問題である。この意味での安定性には，いろいろな問題がつきまとうものである。というのも，野球というスポーツにおける時代的な変化によっては，ヒットがそれまでよりも打ちやすくなったり，逆に打ちにくくなったりすることがあるからである。その変化には，たとえば次のようなものがある――ボールの材質の変化，スピットボール［投手がボールの縫い目に唾や汗をつけて投げること］の禁止，改良されたグローブや球場の整備にともなって守備がしやすくなること，投球に関するルールの変更。その種のさまざまな変化を考慮に入れるものとして提案されてきたものの１つに，すべての選手の年間平均打率に対するある選手の年間平均打率の比率によってその選手の成績を測る，というやり方がある。そして，選手の現役時代全体の点数は，現役だったすべての年の比率を通算して平均したものになる。その指数によると，タイ・カップ［生涯打率３割６分７厘。アメリカン・リーグ首位打者 12 回］は，指数比率が＋ 102 パーセントで史上最高の打者ということになる。次点は，指数比率が＋ 96 パーセントのシューレス・ジョー・ジャクソンである[5]。彼は，「ブラック・ソックス事件」と呼ばれる八百長事件の審理を受けた裁判所を出た際に，ある少年に「嘘だと言ってよ，ジョー」と言われたというエピソードでもよく知られている。そして，この不運な選手の記録は，この事件のために公式記録からは抹消されている。

オリンピックの十種競技におけるスコアの算出法[訳注４]

スポーツ競技に関する解説の締めくくりとして，ここでオリンピックの十種競技の勝者を決めるちょっと変わった採点方法について検討してみることにする。この場合，個々の種目の成績は，それぞれセンチメートルや1秒の何分の1というような単位で正確に測定される。しかし，いったいどのようにすれば単位がセンチメートルであったり秒であったりする測定値を組み合わせることができるのだろうか。ついでに言えば，走り幅跳びの成績をどのようにして走り高跳びの成績と組み合わせるのだろうか。また，A選手がB選手よりも走り高跳びでは勝っているのに短距離走では負けているような場合に，最終的にどちらを勝ちにしたらいいのだろうか。

公平な点数評価の規準にするためには，それぞれの種目で同じ程度の難しさや優秀さになる成績については同じ数値の点数で評価しなければならない。表6-5には，10種目それぞれの場合に800点，900点，1000点がつけられる成績を示した。なお，中間の点数については省略した。

表6-5　十種競技における相互に等価な競技成績

競技種目	測定単位	800点	900点	1000点
100メートル走	秒	11.0	10.6	10.3
400メートル走	秒	50.1	48.0	46.0
110メートル障害走	秒	15.5	14.5	13.7
1500メートル走	分と秒	4.02, 0	3.50, 6	3.40, 2
走り高跳び	センチメートル	194	205	217
走り幅跳び	センチメートル	690	739	790
棒高跳び	センチメートル	398	436	478
砲丸投げ	メートル	15.19	16.92	18.75
円盤投げ	メートル	45.99	51.58	57.50
槍投げ	メートル	63.17	71.81	81.00

それぞれの種目において，800点から900点までの間隔は，900点から1000点までの間隔よりも大きくなっている。たとえば，100メートル走では，この2つの間隔はそれぞれ0.4秒と0.3秒に設定されている。これは，10分の1秒だけ縮めるのは，トップレベルの競技水準に近づけば近づくほど難しくなるという事実にもとづいている。

それでは，異なる種目の点数の等価性はどのようにして決められるのだろうか？　最初の手続きは，それぞれの種目における優秀な選手の競技成績のサンプルを集めることである。この場合，「優秀選手」の定義は，たとえばハイレベルの国際大会に多数の出場経験を持っている選手ということにする。この成績の分布は，釣り鐘型の正規分布のパターンに近くなることが予想できる。この種の分布には，２つの基本的な次元がある――平均といわゆる標準偏差である。標準偏差というのは，図６-３に示したように，カーブの湾曲の方向が変わるあたりから平均値までの距離である。

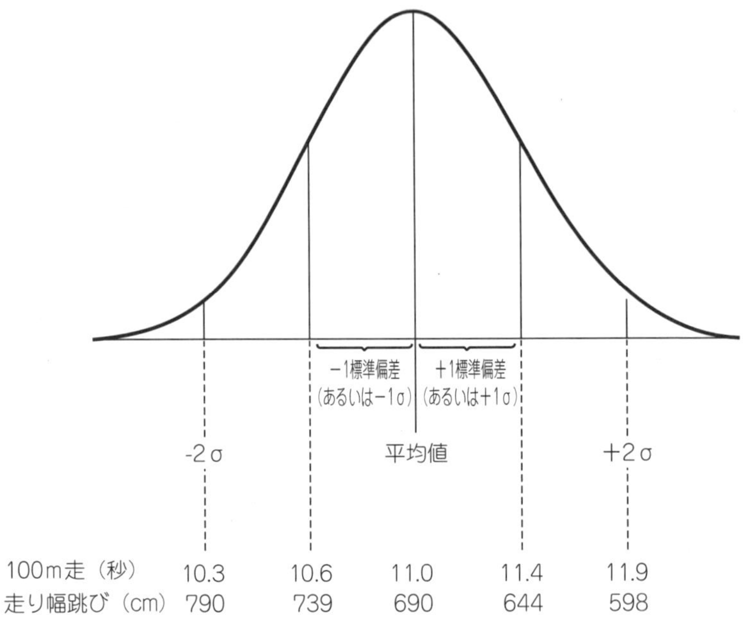

図６-３　100m走と走り幅跳びの場合の正規分布と標準偏差による尺度

図６-３の下には，100 メートル競走と走り高跳びの成績レベルをそれぞれ正規分布の該当する位置の上に示しておいた。２つの種目をそれぞれこのような分布の形で示した場合，同じ位置にある成績の数値は等価であると考えることができる。つまり，それらの数値に対しては，同じ点数が与えられるべきであるし，実際にそのようにして点数化がおこなわれる。というのも，両方ともそれぞれの分布で同じ程度の「困難さ」を示す位置にあるからである。

相互に関連性のあるパーセンテージ

以下にあげる例は読者調査の領域からとったものであるが，もしその相互関係が適切な形で明らかにできたら，かなり広い範囲の概念的枠組みをカバーできる単純な指数の組み合わせの例になっている[6]。この例では，３組の基本データから，雑誌の掲載記事の持つ編集上重要な特徴について測るために使える分数の形式による指数が開発された。これらのデータは，もともと編集者が自分の担当した記事の質を評価し，また，なぜその受けとめられ方に差があるのかを明らかにできるようにするために収集されたものである。ある雑誌の読者から 1000 人が調査サンプルとして選ばれて，特定の号に掲載された一つひとつの記事について，次のような質問項目に回答するよう求められた。

(A) この記事に目をとめましたか？
もしAにハイならば： (B) この記事を読み始めましたか？
もしBにハイならば： (C) この記事を最後まで読みましたか？

それぞれの質問項目についての回答結果は，表 6-6 に示したように，基本的なパーセンテージとして示された。

表 6-6　3つの記事に対する読者調査データ

	読者の数		
	MM記事	NN記事	OO記事
(A) 記事を目にした	900	300	800
(B) 読み始めた	800	300	200
(C) 読み終えた	200	300	100
(T) 全体の読者数	1,000	1,000	1,000

これらの回答には当然重複がある。MM という記事を最後まで読んだ 200 人は読み始めた 800 人の一部であり，またその 800 人はその記事の存在に気がついた 900 人の一部ということになる。

この 3 つの数値からは，記事の相対的な出来不出来の程度を示す 4 種類の指数を作成できるが，それはまた，その出来不出来の原因がどのようなものであるかをある程度示すものでもある。

読了率：C/T の比率

雑誌の全読者のうち，特定の記事を読み終えた人の比率。MM の場合は .20 である。これは，記事の出来不出来を示す包括的な指数であるが，この指数からは，その出来不出来の原因についての情報は得られない。その情報については，以下にあげる 3 つの指数で得られる。

注目度： A/T の比率

雑誌をめくっているあいだに特定の記事に目をとめた人の割合。あるいはもっと正確に言えば，記事を目にしたことを覚えている人の割合。この指数は，読者の注意を最初に引いた時のすべての要因（たとえば，雑誌の中での位置，タイトルの大きさ，レイアウト，イラストが使われている場合はその大きさと色など）の効果を測る指数として考えることができるかも知れない。MM の場合，この数値は.90 となる。

記事のトピックの魅力： B/A の比率

記事に目をとめた人の中でその記事を読み始めた人の割合。これは，タイトルやイラストなどを見て読者が受け取る記事内容のアピールの度合いを測る大まかな指数となる。MM の場合は，.89。

保持力： C/B の比率

記事を読み始めた人の中でそれを最後まで読み終えた人の割合。これは，記事の保持力を示す指数であり，内容の面白さ，ストーリー展開，記事の相対的な長さ，文章の読みやすさなどの要因から構成されていると考えることができる。MM の場合は，.25。

以上の 4 つの指数のとる値は，最も低い程度の出来を示す 0.0 から最も出来の良い 1.0 までのあいだで変化する。どのようなタイプの指数についても言えることだが，以上の指数も複数の対象を比較する目的で使われる時に真価を発揮する。表 6 - 7 は，表 6 - 6 のデータをそれぞれに対応する指数に変換したものである。

全体的な成功の程度を示す読了率の数値でみると，NN がベストの記事（.30）

表 6 - 7　3 つの記事についての 4 種類の読者指数

	MM記事	NN記事	OO記事
読了率（C/T）	.20	.30	.10
注目度（A/T）	.90	.30	.80
トピックの魅力度（B/A）	.89	1.00	.25
保持力（C/B）	.25	1.00	.50

であり，次がMM（.20），最後がOO（.10）という順位になる。その下の３つの指数は，なぜそれぞれの記事の読了率がそのような数値になっているのか，という理由の説明となっている。MMは，ほとんどすべての読者がその記事に目をとめているし，そのうちのほとんどが読み始めている（.89）。それは，何らかの期待を抱かせるものであったのだろう。しかし，MMは，何らかの理由によって，それ自体としては読者の関心を引き留めておくことはできなかった記事でもある。C/Bの指数は３つの記事の中で最低の .25という値となっているが，これは，編集者に対してこの記事のウィークポイントがその語り口にあることを示唆している。

NNに目にとめたのは，ごく小数の読者だったが（.30），目にした読者は全員読み始めている（1.00）。そして，そのストーリー展開は読者の期待を裏切らないものだったらしい。というのも，保持力の指数についても３記事中のトップの数値（1.00）になっているからである。つまり，読み始めた読者の全員が最後まで読み終えたのである。

OOは，かなりの数の読者（.80）が目にしている。しかし，その中で読み始めたのはごく少数であった（.25）。実際，記事の内容もあまり魅力がないものだったらしく，読み始めたうちで半数だけが読み終えている（.50）。

実際の調査では，これらの指数の数値の意味についてさらに明らかにしていくためにインタビューがおこなわれており，たとえば，次のような項目について検討された――どのような面が記事に対する注意を引いたのか，どのような点で記事の内容が面白そうであったりなかったりしたのか，いったん読み始めた後にどういう点が読者をつなぎとめたのか（あるいはなぜつなぎとめられなかったのか）[7]。

ソシオメトリック指数

以下で解説する指数は，いわゆるソシオメトリックな態度得点をもとにしている。この種の得点は，学級集団，ボーイスカウトの部隊，あるいは職場のような小集団の構造を記述するために使われる。集団のメンバーは，全員，他のすべてのメンバーに対する態度を，簡単な５点尺度で答えるよう求められる。その尺度は，最も高い受容が＋１で完全な拒否が－１，どちらでもない場合は真ん中の０となり，中間的な値が＋1/2と－1/2ということになる。表6-8には，７人からなる集団においてメンバーが互いにどのような点数のつけ方をしたかを示している。7人それぞれについてはローマ数字（時計数字）で表した。たとえば，Ⅲで示されたメンバー（一番上の行）とⅡ（左の列）との交点に出ている1という数字は，ⅢがⅡを完全に受容していることを示している。

表6-8　7人の集団における対人的態度*

各番号のメンバーから示された態度	各番号のメンバーが示した態度							受容の合計点
	Ⅰ	Ⅱ	Ⅲ	Ⅳ	Ⅴ	Ⅵ	Ⅶ	
Ⅰ	…	1	0	0	0	1/2	1	$2\frac{1}{2}$
Ⅱ	1	…	1	1	1/2	1/2	1/2	$4\frac{1}{2}$
Ⅲ	0	0	…	0	0	1/2	0	1/2
Ⅳ	1/2	0	1/2	…	1/2	1	1/2	3
Ⅴ	1/2	−1	0	1/2	…	1	0	1
Ⅵ	0	1/2	−1	−1	0	…	0	$-1\frac{1}{2}$
Ⅶ	0	0	−1/2	0	1/2	1/2	…	1/2
他のメンバーに与えたスコアの合計	2	1/2	0	1/2	$1\frac{1}{2}$	4	2	$10\frac{1}{2}$

*Leslle D. Zeleney, “Status: Its Measurement and Control in Education,” *Sociometry*, 1941, Vol. 4, p. 198.

表の中のこれらの数値からは，この7人のメンバーのあいだに存在するさまざまな関係の特徴を描き出すために使える，きわめて多くの種類の指数を作成することができる。

以下にあげるもののうちで最初の6つの指数はメンバー個人についての記述であるが，7番目のものは2人同士のペアの特徴に関するものであり，8番目の指数は集団全体の特徴を表している。

指数1：平均受容得点

あるメンバーが個人として集団からどの程度受け入れられているかを測る数値。これは，他の6人から与えられた点数の総計を示している表の右端の列の数値を，6で割った値である。それぞれのメンバーが他のメンバーに与える点数の場合と同じように，この数値も＋1から－1までの値をとる。この表で言えば，7人それぞれの指数は，次のようになる――Ⅰ（.42），Ⅱ（.75），Ⅲ（.08），Ⅳ（.50），Ⅴ（.17），Ⅵ（−.25），Ⅶ（.08）。Ⅱが最も高い受容点になっており，Ⅵが最も低い。

指数２：平均受容得点からの平均偏差

それぞれのメンバーに与えられる指数１の一致の度合い。これがゼロの場合は，そのメンバーに対して他の６名が全く同じ値の点数で評価したということになる。７人のメンバーそれぞれについて，他の６人から与えられた得点と指数１との差の平均をとると，次のようになる――Ⅰ（.42），Ⅱ（.25），Ⅲ（.14），Ⅳ（.17），Ⅴ（.50），Ⅵ（.50），Ⅶ（.28）。集団のメンバーがⅢに対して与えた評価（.14）は相対的に均一である。これに比べると，ⅤとⅥに対する評価は人によってかなりバラツキ（.50）があることが分かる。

指数３：平均表出得点

これは，個人の積極的な社交性を示す数値である。集団の他のメンバーを受容する程度を示す。これは，それぞれ次のような値になっている――Ⅰ（.33），Ⅱ（.08），Ⅲ（0.0），Ⅳ（.08），Ⅴ（.25），Ⅵ（.67），Ⅶ（.33）。Ⅵが最も他のメンバーを受容しているのに対して，Ⅲはそれが最も低くなっている。

指数４：平均表出得点からの平均偏差

他のメンバーの受容という点に関して，それぞれのメンバーがどれだけ差別的な扱いをしているかを示す数値であり，次のような値になっている――Ⅰ（.33），Ⅱ（.44），Ⅲ（.50），Ⅳ（.44），Ⅴ（.25），Ⅵ（.22），Ⅶ（.33）。Ⅵが仲間を受容する上で最もえり好みが少ない（.22）のに対して，Ⅲの場合は差が著しい（.50）。

指数５：他人に与えた表出得点と相手から与えられた受容得点の相関

スピアマンの順位相関係数［後述］で測られるものであり，どの程度他のメンバーから点数の「お返し」を受けているかという点についての数値である。各自の値は次のとおりである――Ⅰ（.17），Ⅱ（.43），Ⅲ（－.13），Ⅳ（－.51），Ⅴ（－.29），Ⅵ（－.03），Ⅶ（－.11）。Ⅱが他のメンバーに与える得点と逆に相手から与えられる得点とのあいだの一致度が最も高い（.43）。これとは対照的に，Ⅳが仲間に与える得点は，自分自身が仲間から与えられる得点とほとんど正反対になっている（－.51）。Ⅵの場合には，この指数はゼロに近く（－.03），これは，２種類の得点のあいだにほとんど関係がないということを示している。

指数６：他人に与えた表出得点と各メンバーの平均受容得点（指数１）の相関

それぞれのメンバーが他のメンバーに与えた得点がどの程度集団全体として与えられた得点と一致しているかを示す[8]。各メンバーの順位相関係数は，以下のような数値になっている——Ⅰ（.94），Ⅱ（－.01），Ⅲ（.99），Ⅳ（.84），Ⅴ（.63），Ⅵ（.34），Ⅶ（.76）。Ⅲは，他のメンバーについての集団全体の評価とほとんど同じ値の得点を与えている（.99）。Ⅱは，他の誰よりも得点という点で違った評価の仕方をしている。すべての相関係数はプラスの数値になっているが，これは全体としてみれば，メンバーのあいだに見解の一致があるということを示している。

指数7：2人のメンバーのあいだで相互にやりとりした得点間の平均。2人のあいだの親和性を示す

21組（6×7÷2=21）の組み合わせの中でⅠとⅡという1対だけが最高値（＋1.00）を示している。この集団の場合の最低の値（－.25）は，ⅡとⅤ，ⅢとⅥ，ⅢとⅦそれぞれのペアで見られる。この集団では－.25よりも低い数値はなかった。

指数8:全得点の平均

集団の凝集性（まとまり具合）を示す。この指数を使うと，複数の集団の凝集性を相互に比べることができるし，また特定の集団における凝集性の時間的変化を測定することもできる。表6-8の場合には，他のメンバーに与えた得点（他のメンバーから受けた得点でもある）の全部を平均すると .25（10.5÷42＝.25）になる。理論上の最高値は1.00（全員が他人を完全に受け入れている場合）であり，一方最低値は－1.00（全員が他人を完全に否定している場合）となることを考えると，この集団の凝集性は中程度であると判断できるだろう。

スピアマンの順位相関係数

ここでは，スピアマンの順位相関係数という，一見全く解説の必要がないようにも見える指数について検討していく。実際，これは，かなり以前に考案されたものであり，どの初等統計学の教科書でもとりあげられている指数である。この係数は，同じ対象についての2通りの評価の類似度ないし相違の度合いを1つの数値で測るものである。ここでは，指数作成の練習をする最初の手がかりとして，表6-9に示す，5人の選手に対する3人の審査員によるランキン

表 6 - 9　3 名の審査員による 5 人の選手の順位づけ

選手	審査員A	審査員B	審査員C
K	1	2	3
L	2	1	2
M	3	3	1
N	4	5	5
O	5	4	4

グの例をとりあげることにする。

特に改めて計算しなくても，審査員 A の順位づけが C より B に近いことが分かるが，B の順位づけが A に近いか C に近いかについては，直観的には分からない。順位相関係数の目的の 1 つは，複数の順位づけのパターンが相互にどの程度似通っているかを見分ける目安となる指数を提供することである。

こういう，類似性の度合いを測るための指数を作るためには，手始めとしては何をすべきだろうか？　この場合も最初にやるべきなのは，指数の両極端の数値を定義することである——つまり，完全な一致と完全な不一致を示す数値である。表 6 -10 では，この両極端の数値が表 6 - 9 と同じような形式で 1 位から 5 位までの 5 項目からなる尺度で示されている。

この表であげた 2 通りの順位づけのパターンのペアには，どのようなサイズの尺度についても成立する数学上の性質がある。つまり，それぞれのペアにおける順位をかけ合わせた数字の合計は，順位のつけ方が完全な類似性（同一性）を示す場合には最大値になり，完全な不一致となっている場合は最小値になるのである。表 6 -10 では，このかけ算と足し算の結果を 3 列目の「(a) × (b)」という列に示している。完全な一致の場合の積の合計は 55 であり，これに対して完全な不一致の場合は 35 である。最大値と最小値のあいだの差は 20 にな

表 6 -10　5 項目の順位相関

同一の場合			違いが最大の場合		
(a)	(b)	(a) x (b)	(a)	(b)	(a) x (b)
1	1	1	1	5	5
2	2	4	2	4	8
3	3	9	3	3	9
4	4	16	4	2	8
5	5	25	5	1	5
		55			35

っている。また，5つの項目に関する他のどのような組み合わせでも，かけ算の値の合計は，35と55のあいだの数値になるはずである。

もちろん，このような両極端の値は，尺度の長さによって違ってくる。4項目［1位から4位までの順位づけのケース］の場合は，最小が20で最大が30となり，6項目の場合は56と91などといった具合になる。私たちの目的は，どのようなサイズの尺度についても当てはまるような指数の計算式を作り上げることにあるのだから，どんな尺度の場合でも最大値（順位づけの完全な一致）が＋1.0で完全な不一致が－1.0になるような数式が望ましいということになる。また，真ん中の値（これは，たとえば5位までの尺度では45で4位までの場合には25になる）は，どんな場合でも0.0，つまり無相関になるようにしなければならない。

これ以降の手続きは，比較的単純である。まず最大値と中間値のあいだの間隔を決める。これは，4位までの尺度の場合は，5（30－25＝5）ということになる。次に，＋1と0.0のあいだの指数の間隔を等間隔に5つに分けた上で，それを30から25までの点数に対応させる。したがって，29は＋0.8，28は＋0.6という具合になる。図6-4には，このような仕方による計算方法の結果を，4位までの尺度，5位までの尺度，6位までの尺度について，それぞれ示した。

図で各尺度の右側に示した指数値は，それぞれスピアマンの順位相関係数の値になっている。もちろん，以下にあげるスピアマンの公式を使えば，これらの数値をもっと簡単に算出することができる。スピアマンの公式は，この本で解説した計算方法に比べれば，はるかに洗練された計算方法ではあるが，私たちの計算方法は，その原理を知るのにかなり有効であると思われる[9]。

$$p = 1 - \frac{6 \sum D^2}{N(N^2 - 1)}$$

Σ（シグマ）は，「…の合計」という意味であり，Dは特定の項目に与えられた2通りの順位の差にあたる。Nは各尺度における順位の総数を示している。

本節での最後の作業は，この公式を先にあげた，3人の審査員によって順位づけされた5人の選手のケースに当てはめて相関係数［p］を算出することである。表6-11には，3人の審査員を2人ずつ3通りに組み合わせた場合のpの値をあげた。

これで見ると，審査員AとBの見解が最も近い（＋.8）のに対して，AとC

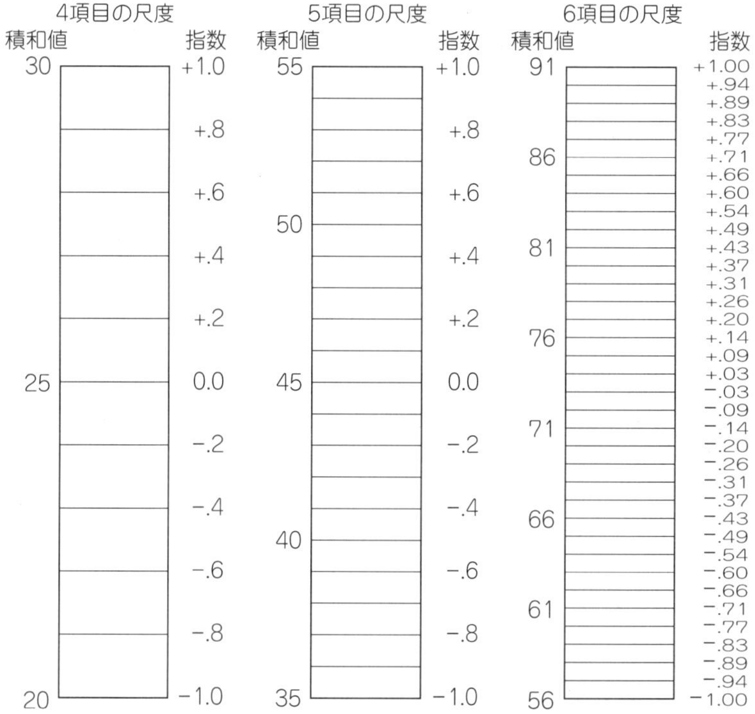

図 6-4　スピアマンの順位相関係数の算出法

表 6-11　3 名の審査員の評価の順位相関

審査員の組み合わせ	順位相関係数
A と B	+.8
A と C	+.5
B と C	+.7

は最も遠く（+.5），B と C はその中間（+.7）ということになる。

カスタムメイドの指数

時には，指数を作ろうと思う対象が非常に特殊で，従来の計算方法では処理できないために，独特の計算方法を編み出さなければならないこともある。

かつて，ある地域における主要なマスメディア（新聞と放送局）の集中の度合いを測定する必要が生じた。これは，連邦コミュニケーション委員会に持ち込まれた係争事件に派生して生じた問題であった。これに関連して，コロンビア大学の応用社会調査センターに対して，特定地域において同じ会社がいくつかのメディアを所有している場合に，どの程度の集中があるものかを測定する方法を開発して欲しいという依頼があった。最終的に開発された計算方法に盛り込まれたデータは，次のようなものである。

1．地域におけるメディアユニット（放送局あるいは新聞社）の数
2．複数のメディアユニットが共同所有である程度

たとえば，ある地域に２つの新聞社と２つの放送局があり，そのうちの１つの新聞社と１つの放送局を同じ会社が経営しているとする。計算方法を考案する際には，いくつかの条件が設定された。そのうちのいくつかは，独占状態という概念に関わるものであり，他のいくつかは指数を明快で実践的なものにしなければならないという形式的な要請にもとづく条件であった。

1．指数上では，放送局と新聞社を区別しない。指数計算上は，両方とも１つのメディア（M）として定義する。
2．指数がとりうる値の幅は，全く共同所有がない場合の 0.0 からすべてのメディアが１つの会社によって所有されている場合（完全な独占）の 1.0 までとする。
3．指数の値は互いに競合するメディアの数が減少していくにつれて増えていくようにする。たとえば，ある都市に４つのメディアユニットが M-M［２つのメディアが同じ会社によって所有されている状況］，M-M というような形で存在している場合の指数値は，M-M，M，M という状態である場合の指数値よりも大きくなるようにする。
4．競合するメディアユニットの数が等しい場合でも，競合するメディアのあいだの独占格差が大きければ大きいほど，指数値が大きくなるようにする。たとえば，M-M-M，M は M-M，M-M という状態よりも指数値が高くなる。

最終的に考案された計算式は，次のようなものであった[10]。

この式で，Nは地域におけるメディアの総数である。X_1，X_2，・・・X_nは，個々の共同所有グループにおけるメディアの数を指す。もしある企業が2つの

$$I = \frac{\sqrt{X_1^2 + X_2^2 + \cdots + X_n^2}}{N}$$

メディアを傘下に所有していたら，Xの値は2になり，3つのメディアだったら3，というような具合に考えるわけである。1つの企業が1つのメディアしか所有していない場合，それは分子には算入されない。したがって，もしすべてのメディアユニットがそれぞれ1つの会社によって所有されているような場合には，指数値はゼロになる。

この計算式では，最初にすべてのメディアユニットの数に対する共同所有の比率を算出しているが，共同所有の数については2乗したものの合計値の平方根をあてている。これは，たとえば，同じように2つのメディアグループが地域に存在している場合でも，M-M-M，Mという状態の場合の指数値がM-M，M-Mという状態の場合の指数値よりも高くなるようにするためである。この計算式を使うと，4つのメディアユニットがある場合の5つの共同所有のパターンについては，それぞれ次のような指数値になる――（1）M-M-M-M：$\sqrt{4^2}/4 = 1.00$（完全な独占），（2）M-M-M，M：$\sqrt{3^2}/4 = .75$，（3）M-M，M-M：$\sqrt{2^2+2^2}/4 = .71$（4）M-M，M，M：$\sqrt{2^2}/4 = .50$，（5）M，M，M，M：$\sqrt{0}/4 = 0.00$（完全な競争状態）。

まとめ

指数の作成という作業は，多様な次元からなる対象を1つの数値で表現することを意味する。もし対象それ自体が全体として測定できたとしたら，その指数はそれらの複数の測定値を単純化して要約したものだと言うことができる。しかしながら，指数で表そうとする対象が概念的なものであり，指数の計算式はその概念を明確に示そうとするものである場合も多い。ある意味では，指数によって測られるものは何かという問題には，トートロジカル（同語反復的）な側面がある。というのも，指数によって測られるのは，他ならぬその指数の計算式が示すものでもあるからである。しかしながら，概念というものには，計算式それ自体を越えて，単に計算式で表現される数値に関係する特質だけに

還元されないものが含まれていることもある。

［訳注］

［1］飛び込み競技に関する現行のルール等については，日本水泳連盟の公式ホームページにおける解説（http:/www.swim.or.jp/06_info/index.html）参照。

［2］実際には，時代効果とコホート効果（cohort effect）の合成によるものと考えられる。これについては，たとえば，N. D. グレン（藤田英典訳）『コーホート分析法』（朝倉書店，1977）参照。

［3］野球関連の指数についてのより新しい情報については，J. アルバート他『メジャーリーグの数理科学　上・下』（シュプリンガーフェアラーク東京，2004）参照。なお，本訳書の90ページで言及されている「スコアリング指数　scoring index」については，『メジャーリーグの数理科学』の上巻（p.194）では，「得点インデックス」と訳されており，略語はDXとなっている。

［4］十種競技の最新の採点基準については，（財）日本陸上競技連盟監修『混成競技採点表2004』（あい出版，2004）参照。なお，次にあげるフィールドハウス社のウェブサイトには，十種競技に関する自動計算フォームがある——（http://www.athleteranking.com/column/contents. php?id=6, http://www.athleteranking.com/combined.html）。

※以上にあげたスポーツ関連の指数に関する最新の情報については，一橋大学大学院商学研究科岡本純也助教授のご示唆をいただいた。

第Ⅱ部 因果分析の方法

社会科学の分野における研究のかなりの部分は，未だに，ある社会現象がどのような性格を持つものであるかについてや，どのような社会現象が起こっているのかについて**記述**する，という比較的単純な課題を扱っている。たしかに，この世には，まだ私たちがあまり正確には把握していない領域が数限りなくあるものだ。しかしながら，最近では，なぜある種の社会現象が発生し，またそれがどのような影響を与えていくのかという問題について解明しようとする研究がますます盛んになってきている。実際，近年社会科学が達成してきた成果の中でも，なぜ人々がある仕方で行動するのかということについての**説明**が可能になってきたという点や，人々の社会的行為がもたらす影響についてある程度正確に**予測**できるようになってきたということほど，目覚ましいものはない。

第Ⅱ部の最初の章である第7章では，因果分析のごく初歩的な手続きについて解説する。ここでは，特定の因果関係が母集団中のあるサブグループと別のサブグループではどのように違っているか，という点について検討することによって，統計データをより精密なものにしていく作業について解説する。たとえば，若い年齢層と年配層，男性と女性，若い女性の層と年配の女性の層などのあいだでどのような違いが見られるか，というような分析の仕方である。

第8章では，以前からよく知られてはいるものの，[社会調査の分野では] 滅多に使われてこなかった，因果関係解明のための方法，つまり，無作為化対照実験法について解説する。この実験法を用いた例としては，医薬品開発の分野における効果判定に関する分析レポートが最もよく知られている。実験法を使えば，特定の治療法が実際に期待されたとおりの効果をあげているかどうかについて，かなりの正確さで確認することができる。対照実験という方法は，それ自体が有効な調査法の1つであるだけでなく，準実験デザイン，あるいは実験以外のデザインにもとづく調査によって得られたデータを分析していく際にも，有力なヒントを提供する。

第9章では，無作為化対照実験法**ではない**調査デザインで得られた，異なるタイプの措置による結果を示すデータを分析する際に生じる問題について解説する。その種の，実験以外の調査によるデータ（観察データとも呼ばれる）[訳注1] は，通常の状況下で行政規則の変更などがあった時にその副産物として生まれることが多い。準実験的状況の特徴は，理想的な実験デザインが持つ特徴とほとんど同じようなものであるが，1つだけ違う点がある。つまり，何らかの事情によって，準実験では，実験群と対照群とのあいだで対象を無作為（ランダム）に振り分ける手続きがとられていないのである。

第10章では回帰分析について解説するが，この章では，特に，対照実験によるデータに対して回帰分析を適用した場合に見られる格段に優れた分析力について，それを通常の観察データに回帰分析を適用する場合の分析力と対比させながら，明らかにしていく。この点に関して言えば，回帰分析は，もっと初歩的な分析テクニックが抱えているのと同じ種類の問題を抱えているのだと言える[1]。

第11章と12章では，10章まで扱ってきたものとはかなりタイプが異なる，因果関係の解明のための調査方法について解説する。この場合は，対照実験とは解明の方向が逆になる。つまり，対照実験では原因から結果という方向であるのに対して，ここでは結果を出発点にして，そこからさかのぼってその結果を引き起こしたさまざまな原因を探っていくのである。この方法は理由分析という名称で知られるようになってきているが，別の呼び方は「なぜについて聞く技術」である。この別称は，ポール・ラザースフェルドによる同名の論文タイトルにちなんでいる[2]。ラザースフェルドは，この論文で，理由分析の適用範囲とこの分析法特有の難しさについて概説している。理由分析に対応するのが理由のアセスメントである。これは，たとえば交通事故にいたるまでの出来事の連鎖を再構成しようとする試みである。そういう出来事というのは，複数の原因がネットワークのようになって特定の行為とその動機とを結びつけており，これについては，目につきにくい手がかりを通してしか解明できない。

観察の対象になっているプロセスがかなり長期にわたるもので

あるような場合には，通常の調査方法であるサーベイによって得られたデータだけでは不満足な分析しかできない場合も多い。これは，何回かにわたって繰り返されたサーベイの場合でも同様である。そのような場合には，通常，それぞれの分析単位が時間とともにどのような経過をたどったかを記録するのがよいだろう。たとえば，選挙における投票の際の意思決定プロセス，病歴，消費者の購買パターン，犯罪歴についての追跡調査のような場合である。そのような分析にあたっては，同じ個人あるいは他の分析単位（ここではパネルと呼ぶ）の対象に対して，かなり長期にわたってインタビューや観察を繰り返すことによって，有効な分析ができる。これが第 13 章で扱うパネル法による調査である。

第 14 章では，この本の締めくくりとして，「トライアンギュレーション（方法論的複眼）」という呼び方で知られるようになった方法，つまり，同一の調査目的に対してさまざまなアプローチを適用することが持つ利点について解説する。どのような社会調査にも不完全なところがあるものだが，トライアンギュレーションの発想を生かしていろいろな調査技法を組み合わせていけば，留保条件付きで認められるに過ぎない調査結果と，かなり確実なものとして認められる調査結果とのあいだの区別を，より明確にできる場合も多くなるだろう。

[訳注]

[1] 本書での「観察データ」という用語の使用法は，やや特殊なものである。現在では，観察データと言う場合には，普通，実験的観察や現場観察の作業の結果得られたデータをさす。なお本書での「観察データ」の用法に近いものとしては，第 8 章の注 2（p.260）であげられている Wold（1956）参照。

第7章

クロス集計は分析を精密化する

The Cross-Tabulation Refines

クロス集計の目的

統計分析の出発点は，いくつかのグループのあいだの分布を示す単純な1次元の表である。その最も単純な形は，表7-1に示したような，2つのグループのあいだの分布である[1]。この表からは，世論調査がおこなわれた段階では絶対数でみれば共和党の大統領候補への支持者が多く，したがって状況に変化がなければ共和党の候補がその選挙区で勝利をおさめるだろうということが読み取れる。この例にみるように，この種の表は記述的ではあるが，ある程度は物事の予測にも役立つ。

表7-1　大統領選挙の前にX郡でおこなわれたサンプル世論調査の結果

投票しようと思っている候補	パーセント
共和党候補	52
民主党候補	48
合計	100
(実数)	(5,160)

もっとも別の角度から見れば，この種の表は，もう少し進んだ分析をおこなっていくための出発点にしか過ぎない。そのような分析では，サンプルをさらにいくつかのサブグループに分けていくことによって，それぞれのグループの投票パターンが，属する母集団によってどのような違いを示すかという点を明らかにしていくことになる。そして，これが，クロス集計の持つ機能である。

もし新たに2次元に分けてみた時の分布パターンが最初の1次元的なものと違っている場合には，次のステップとしては，このような分布の違いを規定する要因を明らかにするための手続きをとることになる。たとえば表 7-2 は，有権者を経済階層別という点で分類して世論調査の結果を再集計してみたものである。

表 7-2　経済階層別に見た，X 郡での選挙前の世論調査

	経済階層	
	上層	下層
投票予定	%	%
共和党	60	45
民主党	40	55
合計	100	100
(実数)	(2,604)	(2,556)

この表は，共和党候補に投票すると回答した人々には裕福な層の割合が多く，一方民主党への支持は裕福ではない層に多いことを示している。したがって，一般論として，経済階層は共和党か民主党かという投票比率を規定する 1 つの要因なのだと言える。

表 7-3 には，クロス集計によって明らかになるもう 1 つの例をあげた。これは，交通事故に関する数多くの調査報告の中からとったものである。

表 7-3　自動車ドライバーの事故率

	パーセント
運転中に事故に遭ったことは一度もない	62
少なくとも一度は事故に遭ったことがある	38
合計	100
(実数)	(14,030)

事故を起こしやすいタイプの人たちの特徴がどのようなものであるかについて知ろうとする際には，事故率に違いがあると思われる母集団をいくつかのサブグループに分けて検討することから始めるというやり方がある。たとえば，表 7-4 は，この点について，ドライバーの性別で分類して調べたものである。

この表は，男性ドライバーの方が女性ドライバーよりも事故を起こしやすいことを示している。このようにして，性別というもう 1 つの要因を考慮に入れ

表7-4　性別に見た事故率

	男性 %	女性 %
運転中に事故に遭ったことは一度もない	56	68
少なくとも一度は事故に遭ったことがある	44	32
合計	100	100
(実数)	(7,080)	(6,950)

ることによって，最初の集計結果をより精密な分析にかけ，また最初に見出された分布パターンを規定している要因に対して新たな光を投げかけることができるようになるのである。

クロス集計のタイプ

以上のような手続きは，集計に際してさまざまな要因を次々に考慮に入れていくというやり方によって，さらに幅広く展開していくことができる。そのような形での一連の**逐次的**分割――性別，年齢層，経済階層等々――は，統計調査の結果を示す時によく見られるやり方である。しかし，これから見ていくように，その種の逐次的なクロス集計は，往々にして不満足なものであることが多く，また時にはとんでもない誤解を招くことさえある。本来採用すべきなのは，個々の追加要因を逐次的に一つひとつ個別に検討していくのではなく，むしろ個々の要因を他のすべての要因と同時に組み合わせて，すべての可能な相互関係が目に見えるようにしていく分析法である。

追加的な要因を同時に考慮に入れることによって，次にあげるいくつかの効果が期待できる。

1．単純クロス集計による分析結果をさらに**精密なものにする**。
2．分析を精密化するわけではないが，第3の要因が**独自に持つ**影響を明らかにする。
3．最初の解釈を**補強する**ことによって，単純クロス集計の結果について**説明する**。
4．最初の解釈が**見かけ**のものであることを**明らかにする**ことによって，集計結果について説明する。

以下本章では，1と2，つまりクロス集計のもつ，精密化機能について解説していく。第9章では，クロス集計の説明機能［3と4］について解説する。

第3の要因の導入は分析を精密化する

クロス集計の結果，ある種の朝食用食品を食べるのは，40歳以上よりは40歳未満の人々の方が多いことが判明したとする（表7-5）。

表7-5　朝食用食品XXの消費，年齢別

	調査対象	
	40歳未満 %	40歳以上 %
XXを食べる	28	20
XXを食べない	72	80
回答者の総数（＝100%）	(1,224)	(952)

その調査の実施者は，性別が，その商品名XXという朝食用食品の消費に影響を与える追加要因だと考えた。表7-6には，この新しい要因を考慮に入れる際の適切なやり方を示しておいた。なお，単純化するために，この表では，XXを食べない人々のパーセンテージの数値は省略しておいた。

表7-6　朝食用食品XXの消費，性別および年齢別

	男性		女性	
	40歳未満	40 歳以上	40歳未満	40 歳以上
XXを食べる	36%	23%	20%	17%
(基数（＝100%）)	(619)	(480)	(605)	(472)

この表は，年齢とXXの使用との関係を2つの異なる条件で，女性と男性の場合に分けてそれぞれ別個に示している。表7-5では，年齢とXXの消費のあいだに一定の関係が存在していることが示された。これに対して，表7-6は，最初に得られたこの年齢と食品消費との関係が男性と女性で異なっているかどうかを明らかにすることによって，これをさらに詳しく分析している。つまり，年齢による差は，女性の場合（20%対17%）よりは男性の場合（36%対23%）の方がより目立ったものになっているのである。図7-1は，表7-5に

示されたパーセンテージ値が表 7-6 のものとどのように関係しているかを明らかにしている。これに加えて，図 7-1 では表 7-6 の性別→年齢という順番を逆にして示しているが，これによってこの図は表 7-6 の持つもう 1 つの側面を強調するものとなっている。つまり，この図では男性と女性それぞれの場合について年齢による違いを示すかわりに，年齢別に見た時の男性と女性のあいだの違いが強調されているのである。

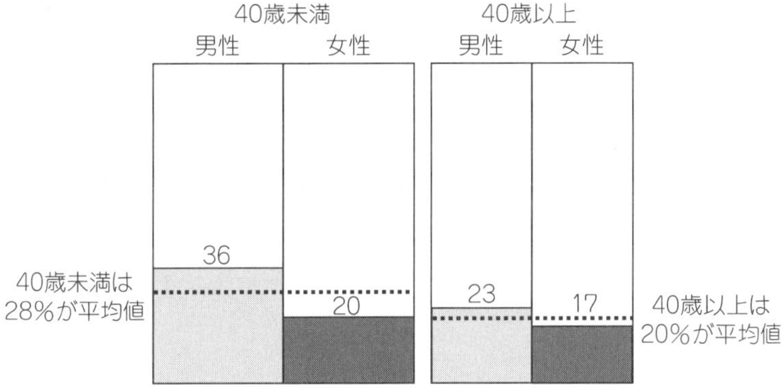

図 7-1　年齢別および性別から見た朝食用食品XXの消費

図 7-1 では，それぞれの棒の高さは特定のサブグループに含まれる回答者の全体（100 パーセント）を表している。一方，それぞれの棒の横幅の長さはそれぞれのグループに含まれる人々の相対的な人数の多さを示している。点線は男性であるか女性であるかを問わず，それぞれの年齢層で XX 食品を使用している人々の加重平均を示している。これは，若い層の人々については 28 パーセント，年上の人々の場合には 20 パーセントである。これに対して実線は，それぞれの年齢層で XX 食品の使用者が女性よりは男性の方に多いことを示している。さらに，性別による違いは年上の人々（23% 対 17%）よりは若手の層の場合（36% 対 20%）の方が大きいことが分かる。

ゼロに近い相関関係

最初の集計の結果として得られた相関がゼロないしそれに近い場合は，特に注意が必要である。というのも，このような場合に第 3 の要因を考慮に入れてみると，最初の集計では隠されていた相関関係が明らかになることがあるからである。たとえば，表 7 - 7 は年齢層別に見た場合のクラシック音楽を聴く人々の頻度である。

表 7 - 7　クラシック音楽の聴取，年齢別*

	40歳未満	40歳以上
クラシック音楽を聴く	64%	64%
(基数（＝100%))	(603)	(676)

*Paul F. Lazarsfeld, *Radio and the Printed Page* (New York: Duell, Sloan & Pearce, 1940), p. 98より作成

大方の予想には反しているだろうが，この表で見る限り，年齢とクラシック音楽の聴取とのあいだに相関関係はなさそうである。しかし，表 7 - 8 に見るように，教育歴を追加要因として考慮に入れた場合には，もう少し複雑な状況が浮かんでくる。これについては図 7 - 2 のように図示してみると，いくつかの関係についてもっと簡単に読み取ることができる。

表 7 - 8　クラシック音楽の聴取，年齢別および教育歴別

	40歳未満	40歳以上
大卒	69%	79%
(基数（＝100%))	(224)	(251)
大卒未満	61%	56%
(基数（＝100%))	(379)	(425)

教育歴を考慮に入れてみると，実際には年齢とクラシック音楽の聴取とのあいだには相関関係があることが明らかになってくる。大卒者は年齢が上である場合にクラシック音楽を聴く可能性が高い―― 79% 対 69%。これに対して，それより低い教育歴の人々の場合には，逆のパターンが見出される。つまり，その人たちの場合は，逆に若い層の方がクラシック音楽を聞く傾向が強いのである―― 56% 対 61%。しかしながら，人々を教育歴を考慮に入れずに年齢だけで分類すると，この 2 つの傾向が違いに打ち消し合ってしまって，結果として全体の相関はゼロになってしまうのである。

この種の誤解を招きやすい無相関のように見える状態に関する非常に興味深い例を，頭痛薬の効果を検証することを目的としておこなわれたある実験に見ることができる。

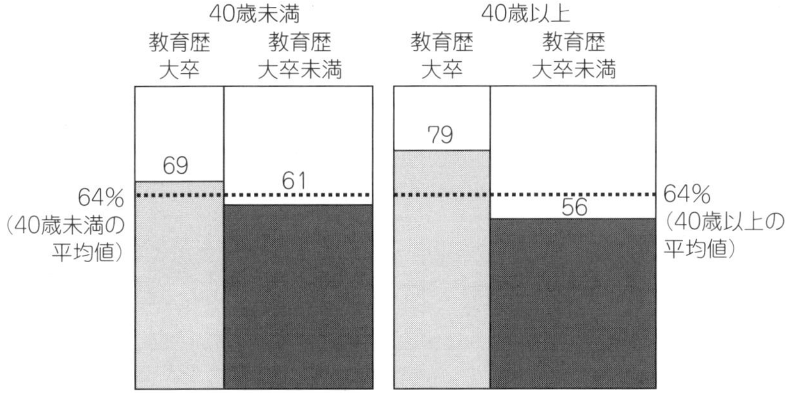

図7-2　年齢別および教育歴別に見たクラシック音楽の聴取

Aという鎮痛薬のメーカーが，その成分の1つであるxに不足をきたしてしまった。そこで，xを除いた場合にその鎮痛薬の薬効に影響があるかどうかを調べるために，たまに頭痛を感じる200人の被験者に対して，3種類の錠剤を順番にそれぞれ2週間ずつ与えることとなった。通常の鎮痛薬A，xを成分から除いた薬品，偽薬［プラシーボ：薬品に似せてはいるが，何も薬効もない錠剤］。この3種類の錠剤の効果については，頭痛が緩和したと報告した被験者のパーセンテージで測定された（表7-9）。

表7-9　3種類の薬品の効果

	症状の緩和を報告した被験者のパーセント
A	84
成分xが含まれないA	80
偽薬	52

出所: E. M. Jellinek, "Clinical Tests on Comparative Effectiveness of Analgesic Drugs," *Biometric Bulletin of the American Statistical Association*, October 1946, pp. 87-91.

偽薬の場合は，2種類の鎮痛薬と比べて明らかに低い効果しかなかった。しかし，Aとxを除いたAとのあいだの違いは，目立ったものではなかった。もっとも，さらに詳しく調べてみた結果，成分xは実際には重要な成分であることが判明した。この実験の結果を分析した人は，次のように正しく推論したのである――〈偽薬で頭痛が治らなかったと報告した人たちは薬の作用に対してより敏感な人々であり，したがって，この実験に関して言えば，偽薬によって頭痛が治ったと報告した人々よりも適切な被験者であった。〉そこで分析者は，この２つのグループのそれぞれについて治療効果があったと報告した人の比率を別個に計算して，表７-10のような，薬の作用に関する集計結果を得たのである。

表７-10　頭痛の症状を持つ４つのグループの人々の内，症状緩和を報告した人々の比率

	偽薬で症状緩和を報告	偽薬で症状緩和を報告せず
薬品Ａで症状緩和を報告した人のパーセント	82	88
成分ｘ抜きの薬品Ａで症状緩和を報告した人のパーセント	84	77

偽薬の効き目があったと報告した人たちは，従来のＡとｘが含まれていないＡとのあいだの違いに気がつかなかったのだった。一方，偽薬に反応しなかった人たちの場合には，ｘが入っている時とそうでない時とで11パーセントの違いが見られたのである。そして，この違いは，最初の集計の時には，それを打ち消すようなデータ，つまり偽薬の効果があったと報告した，この実験にとっては適切ではない被験者の回答傾向によって，見えにくくなってしまっていたのであった。

追加要因は限定条件を明らかにする

第３の要因の導入による精密化の効果の中には，特定条件下ではある相関が消えてしまうこと，つまり逆に言えば，その特定条件が存在していない場合には相関の程度が増えるというものもある。たとえば，1881年から1890年のあいだにおけるスイスのフランス語圏の年間自殺率を見ると，カトリック教徒の場合は10万人あたり19.9であった。これは，プロテスタントの39.6という数値の約半分であった。この２つの宗派別のデータを，さらに都市居住者か農村部居住者かで分けてみると，表７-11が得られた。

都市部ではこの２つの宗派のあいだの違いは相対的に小さなものであった

表 7-11　スイスのフランス語圏における1881-1890年の人口10万人あたり自殺率，地域の規模別および宗教別

地域	カトリック	プロテスタント
都市部	30.9	37.8
農村部	8.8	41.4
合計	19.9	39.6

出所：M. Halbwachs, *Les Causes du Suicide* (Paris: Felix Alcan 1930), p. 282.

―― 30.9 対 37.8。ところが，農村部の場合には，その差はかなり大きなものであった―― 8.8 対 41.4。さらに，表 7-11 ではもう 1 つの比較の仕方が可能である。プロテスタントの自殺率は，都市と農村の違いによってほとんど影響を受けることがないのに対して，それとはきわめて対照的に，カトリックの場合には相当の違いがある。図 7-3 は，この 2 つの比較の仕方を図解で示したものである。

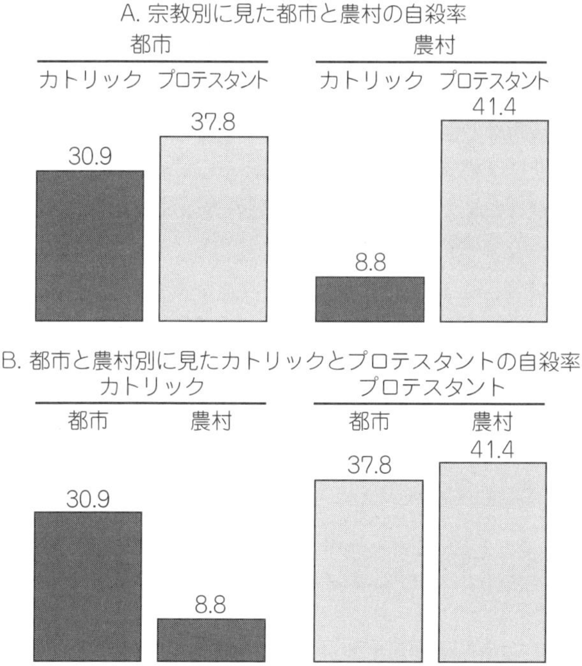

図 7-3　地域規模と宗教から見たスイスのフランス語圏の自殺率（10万人あたり）

追加要因が独自の影響を及ぼす

時には，第3の要因が当初の相関に何の影響も与えず，したがって分析を精密化することにはならないケースもある。しかしこの場合でも，その要因が当初のクロス集計においては結果であると考えられていた要因に対して，実は独自の影響を与えていたという事実が判明する場合もある。

表7-12は，大統領選挙前の世論調査の結果を経済階層で分類した表7-2に，宗派別の分類を加味したものである。

表7-12　X郡における共和党への投票者のパーセント，経済階層別および宗教別

	上層の経済階層		下層の経済階層	
	パーセント	（基数（=100%））	パーセント	（基数（=100%））
カトリック	27	(547)	19	(538)
プロテスタント	69	(2,057)	52	(2,018)
合計*	60	(2,604)	45	(2,556)

*表 7-2参照

どちらの経済階層の場合も，カトリックはプロテスタントに比べて共和党候補に対して半分以下の支持しか示していない（縦方向に比べてみよう）。そして，それぞれの宗派においては，より裕福な層の方が共和党支持が多い（横方向に比べてみよう）。

これについては，これまでと同様，この4つのセルのあいだの関係を図7-4のように図解してみると分かりやすくなる。この2つのグラフによって明らかになるのは，経済階層と宗派という両方の要因のどちらもが，政党の選択に対して互いに独自の影響を与えている事実である。したがって，共和党に投票する人々の比率は裕福なプロテスタントで最も高く，貧しいカトリック教徒の場合に最も低い比率になる。

まとめ

クロス集計，つまり集計結果の分布をサブグループに分割していくというやり方は，サーベイデータの分析において最も頻繁に見られる分析法である。こ

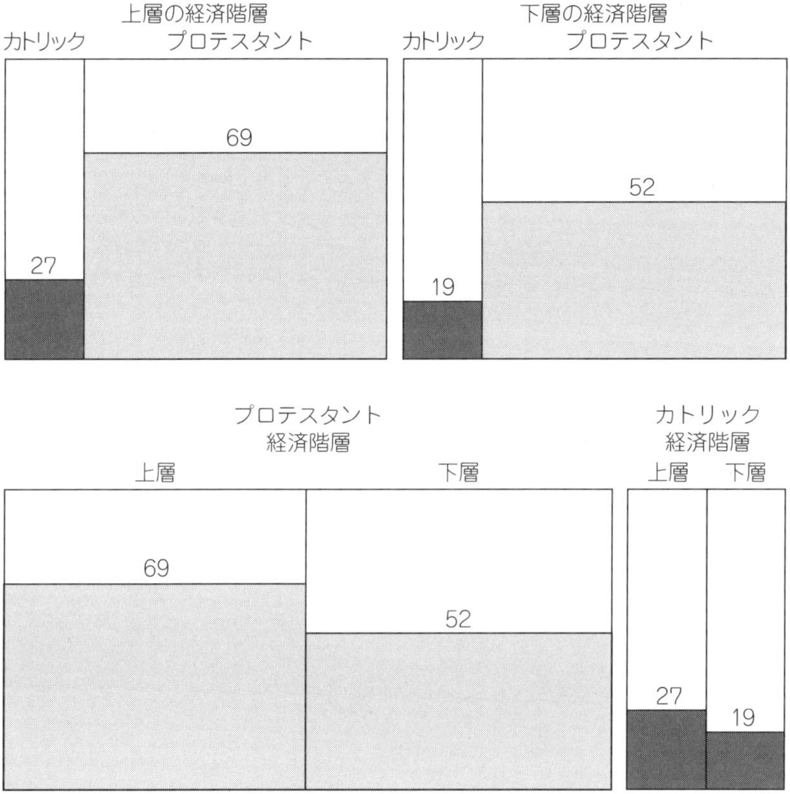

図 7-4　経済階層別と宗教別に見た投票予定

の章では，クロス集計が持つ基本的な機能について解説した。つまり，ある測定値で極端な値を示すサブグループが存在することを明らかにすることによって，分布に見られる違いをはっきりさせるという機能である。[たとえば，次のような問いを発してみよう――]　共和党支持者が最も多い母集団の層はどのようなものか?　最もクラシック音楽を好むのは誰か?　自殺率が最低なのは，どの人口層か?　このような精密化の作業は，次の章で解説する手続きにとっての準備段階となる。つまり，この精密化の手続きでサブグループ同士の違いが明らかになった次の段階として，今度は，なぜそのような違いが生じるのか，という理由について探っていく上での手続きである。

第 8 章

実験による証明

Experimental Evidence

問　題

少し考えただけでは，新しい治療法や教育法，あるいは法律上の新制度が当初の期待どおりその目的を果たしているかどうかについて確認するというのは，それほど難しい作業ではないように思えるかも知れない。たしかに，それについて確かめるためには，その治療や教育上の処遇を受けた人々と受けなかった人たちとを比べさえすればよいのだとも思える。しかし，次のような比較について考えてみよう。運転に関する講習を高校時代に受けた青年層とそうでなかった青年層を比べるという比較の仕方である。運転講習を受けた層でクルマの運転を始めて 1 年以内に事故を起こした者の割合が 5.5 パーセントだと仮定する。これに対して，講習を受けなかった者の場合は 8.5 パーセントだったとする（図 8 - 1）。

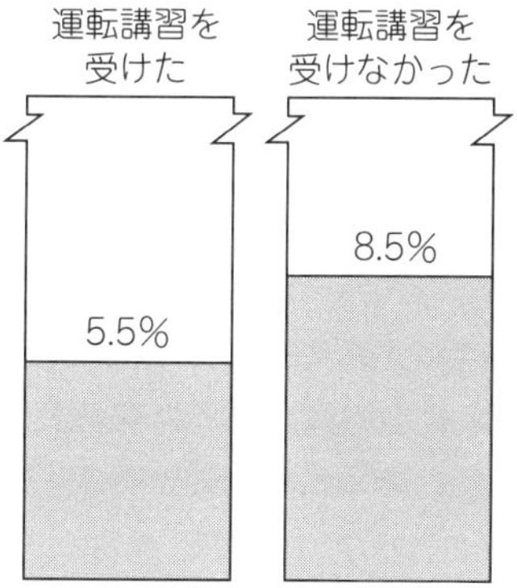

図 8 - 1　運転歴 1 年目の青年の事故率

このようなタイプの統計データは，その種の講習の受講を勧めるパンフレットなどでよく見かけるものである。こういうデータというのは，講習を受けた青年たちはそうでなかった青年たちと比べて運転を始めた時に事故を起こす率が3分の2程度になるということを示そうとしており，事実，私たちはおそらくそういうふうに読むだろう。ところが，多分パンフレットを書いた人が重要な情報だと考えていなかったからなのだろうが，このデータに関して私たちに与えられていない情報は，運転講習を受けるかどうかという選択がそれぞれの青年たちの意思に任されている，という事実なのである。実際ありそうなことでもあり，また特に無理のない想定だと考えられるのだが，真面目で慎重な青年たちがその種の講習を受ける確率は，向こう見ずな青年たちの場合よりも高くなると思われる。また，たとえ講習を受けたことがなくても，前者のグループの青年たちが事故を起こすことは少ないだろうと思われる。図8-2に示された図解による分析は，このような事情について明らかにしている。

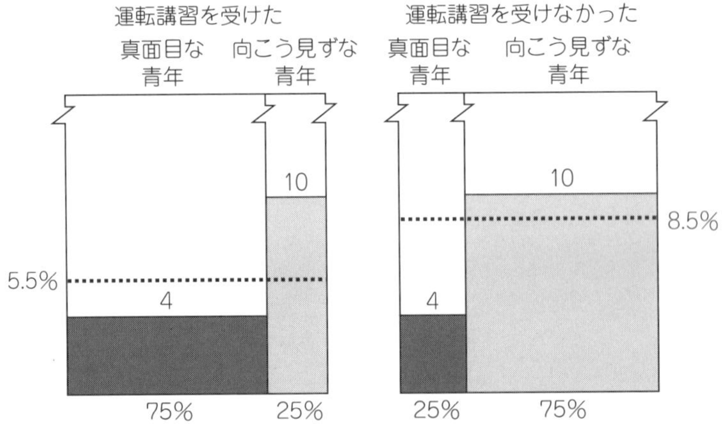

図8-2 「向こう見ずな青年」と「真面目な青年」に対する講習の効果

この分析図式が示すように，たとえ講習を受けたことがなくても，真面目な青年たち（4パーセント）は，向こう見ずな青年たち（10パーセント）よりも事故を起こすことが少ない。それに対して，向こう見ずな青年たちはたとえ講習を受けていたとしても事故を起こすことが多い。この点からすれば，図8-1は誤解を招きやすいものである。というのも，講習を受けた青年たちは，受けなかった青年たちとはもともと違ったタイプの青年たちだったと考えられるからである。つまり，はじめから慎重なドライバーとしての素質を持っていた層の青年たちが運転講習を受ける一方で，向こう見ずな青年たちは講習を受けなかったのである。慎重だったから講習を受けたのだとすると，少なくともこの例に関して言えば，講習の効果はゼロに等しいとさえ言える。

このような見かけだけの比較を避けるための確実な方法は，1つしかない。いわゆる無作為化対照実験（controlled randomized experiment）をおこなうことである。

無作為化対照実験

対照実験（controlled experiment）というのは，もともとは，栽培学の分野［農作物の効果的な栽培方法に関する研究分野］で開発された方法である。現在ではこの実験手法については広く知られているが，これは，この実験法がマスメディアの報道などでよくとりあげられる，新薬や薬以外の手段による新治療

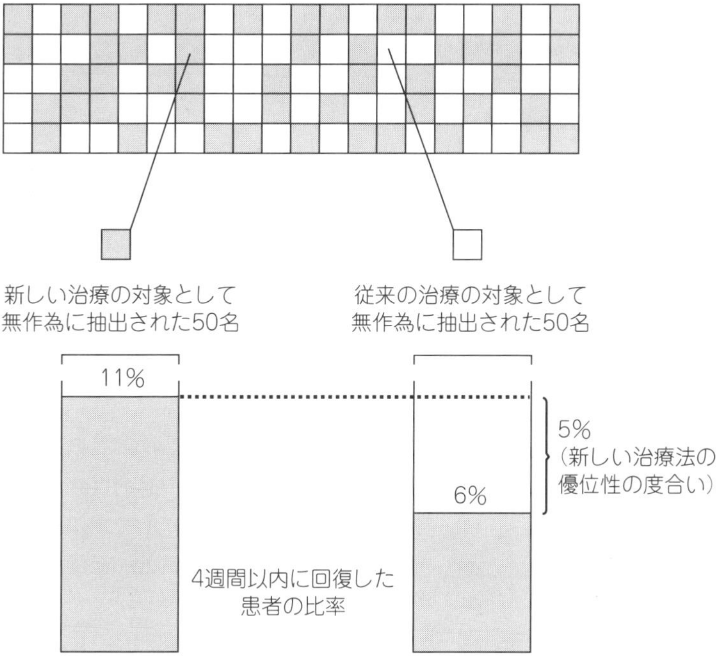

図 8 - 3　無作為化対照実験の例（2 種類の異なる治療を受けた後の回復率）

法の効果を判定するための手続きとして頻繁に使われているからである。特定の病気にかかっている患者が実験への参加を求められた後で，ランダム（無作為）に，（つまり何らかのクジ引き選考によって）２つのグループに分けられる。一方のグループは新しい治療法を受けるが，他方は従来の治療法を受ける。もし新しい治療法の効果の方が高かったり，早期の症状改善が見られたり，あるいは副作用が少なかったとしたら，その治療法は従来の治療法よりも優れたものとして評価されることになる。図８-３に示したのは，そのような発想にもとづく，対照実験の基本的な枠組みである[1]。

実験法には，「朝鮮あざみ原理」[2]と従来呼ばれてきた原理を生かすことができるという利点がある［朝鮮あざみ（アーティチョーク）は，がくを１枚ずつはがした上で，さらに食用部分についている繊毛を取り除いたりしてから食べなければならない］。つまりこの実験法の場合には，因果推論にまつわる複雑な問題をワンステップずつ解決していくことができるのである。その中でもより単純なものとして，次の２つのものがある――（１）統制された要因のうち，一度に変化させるのは１つないしごく少数のものに限定し，他の要因は一定にしておく，（２）統制された変数を追加的に１つずつ変化させることによって，それぞれの変数の影響を個別に分析していくようにする。

無作為選択という奇蹟

ある集団やリストの全体から分析単位をランダムに，つまり何らかのクジ引きのような手続きによって選び出すということは，一人ひとりのメンバーが選び出される確率が等しいということを意味する。その結果として，２つのグループ――選ばれた方とそうでない方――のあいだで実質的な差がほとんどなくなることになる。グループ間にはわずかな違いがないわけでもないが，その違いがどの程度のものであるかは，統計的に推定可能である。

たとえば図８-４は，大量サンプルを対象にしておこなわれたある有名な実験において設定された５つのグループである。その実験の目的は，元受刑者に対して刑務所からの釈放後に経済的援助をすることが再犯率を下げたり，あるいは少なくとも再犯に至るまでの時間を延長する効果があるかどうかを調べるというものであった[3]。

図８-４が示しているのは，容易に確認できるいくつかの人口統計学的な特性に関しては，無作為選択の手続きによってほとんど等質なサブサンプルが構

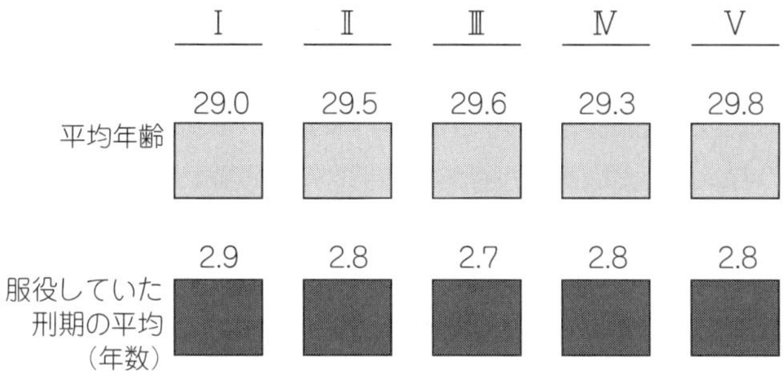

図 8 - 4　元受刑者を5つのグループに無作為に割り当てた結果

成できた，という点である。さらに，このほぼ完璧な等質性というのは，およそ考え得る限りの**すべての**特性に及んでいると考えることができる。その特性の中には，あらかじめ認識されかつすでに記録されたものだけでなく，選択（振り分け，割付）が終わってからはじめて明らかになるもの，あるいは決して明らかにならないものも含まれている。たとえば，これらの元受刑者の髪の色や手術歴の有無，あるいは悪夢にさいなまれている比率などについて調べ，記録することが重要になった場合でも，それぞれのパーセンテージはほとんど同じようなものであると考えられる。

無作為選択が持つこのような効果については，日常生活でも比較的なじみがある。たとえば，狂いのないルーレット盤は，赤の目か黒の目かあるいは偶数の目か奇数の目かなどに関して多かれ少なかれ等分に目が出る。この点に関して言えば，投票に関する世論調査は，無作為選択の効用という点でおそらく最も驚くべきものだろう。実際，有権者から無作為に抽出した 1500 人くらいの人々に聞き取り調査をすることによって，聞き取りをしなかった残りの 60 万人あまりの有権者の意向についてかなりの精度で知ることができる。これも，ランダム・サンプリング（無作為抽出）によって，1500 人と 60 万人の両方のグループのあいだの類似性が保証されるからに他ならない。たしかに今ではよく知られているように，この方法でも ± 3 パーセント・ポイントくらいの誤差はある。それでも，私にとっては未だに奇蹟のようにさえ思える。

実験における無作為割り当ての話題に戻ることにする。実験のはじめの段階で実験群（experimental group）と対照群（control group）の 2 群を実質的に互いに等質なグループにするということには，次のようなはかり知れない利点がある。つまり，もし実験操作を受けた群がその実験の後で，対照群には見出せないような効果を示した場合，その結果を生み出したのは，その実験操作による影響だと結論づけて差し支えないのである。何しろ実験以前の段階では，2つのグループは「実験操作を受けるか受けないか」という点以外に関しては同じだったのだから，実験操作の有無が効果における違いを生み出した原因であることは間違いないのである。

このような理由から対照実験は，医薬品産業だけでなく農業や工業の分野でも広く用いられており，最初は動物についておこなわれていたが，ついには人間に対してもこの種の実験がおこなわれるようになった。もっとも人間を対象にした対照実験は，いくつかの理由によって非常に例が少ない。その理由の1つは，人間というのは実験の間中じっとしていないことが多いからである。もっとも，より本質的な障害は，人間を対象にした実験というものには，定義上どうしても差別的処遇が含まれる，という点にある。その問題が深刻な場合には，差別的処遇は人権上の問題さえ引き起こしかねない。

差別的処遇

もっとも，この差別的処遇という問題については，いろいろな点を考え合わせてみると，実際にはそれほど深刻ではない場合も多い。実際，必要とされる処遇が十分には確保できないことがある。たとえば，薬品が初期の開発段階にあるために，それを必要としている人たち全員に行き渡らないような場合である。小児マヒ予防用のソークワクチンがその典型的な例である。処遇の中には，常に不足気味のものもある。たとえば，元受刑者が釈放後の生活に適応する準備段階として入る半開放施設や，かつては巨額の費用を必要とした人工透析による治療である。そのような場合に，絶対的な供給量が不足している治療や処遇を受ける対象者をクジ引きで決めるというのは，それがもともとは実験デザインの一部ではなかったとしても，最も公平なやり方だと言える。

もっとも，実験的な治療が不快感あるいは生命の危険すらともなう場合，たとえば競合する2種類の外科手術の治療効果について検証するといった場合には，また別の問題が生じてくる。実験的治療の参加者に対して，その治療について十分に情報を提供し，また参加者から同意を得ておかなければならない。もっともこの場合でも，実際には問題は最初の想定よりは深刻なものではない。実験的治療が必要とされるのは，従来の治療法と新しい方法のどちらがより優れているか明らかではないからこそなのであり，したがって対照群あるいは実験群のどちらに入るのがより望ましいかは，その時点では確実ではないのである。そして，実験の結果として差別待遇的であったことが明らかになったとしても，その問題は実験が終わってしまえば解決されることになる。というのも，最終的により優れた治療法であることが明らかになったやり方が一般的な治療法になるだろうし，それによって一時的な差別待遇は解消されるだけでなく，その後は患者全員に対する治療法の改善が期待できるからである。

もちろん，医学的な実験は，たとえば教育方法についての実験よりもさらに深刻な問題を含んでいる。なお，教育の分野でおこなわれた初期の対照実験のいくつかは陸軍でおこなわれたものであるが，これは従来それほど大きな話題にはならなかった。その実験は，あるグループには［戦意昂揚を目的とした］教育用の映画を見せ，対照群にはその映画を見せないで，その2つのグループそれぞれについて映画視聴後の戦意の状態を測定して比較する，というものであった[4]。

実験結果の一般化

対照実験は，以上のように基本的にきわめて単純な構成になっているので，このようにして適切な手順で実施された実験をおこなえば相当量の知識が生み出されるのではないか，という印象を受けるかも知れない。しかし，実際には，実験によって得られる知識や情報量は期待されるほどではないケースも多い。というのも，どのようなタイプの実験であれ，特定の被験者を対象として，特定の場所で，特定の時間幅の範囲内で実施されるものだからである。そのような特定の出来事から得られた知見をどれだけ一般化できるものかという点に関しては，実際問題として，解決不能な側面がある。たとえ1本の教育用映画が顕著な効果をあげたとしても，その結果を一般化することは難しいかも知れないのである。なぜならば，別の映画が同じように効果的であるとは限らないからである。

これまでおこなわれた対照実験の中には，家宅侵入事件に関する精神異常を理由にした無罪の申し立てに関して裁判官が陪審員たちに対して2通りの異なる説明をする，という設定のものもあったが，この例では実験群と対照群とで明白に異なる評決が出た[5]。これは，問題となっている容疑がたとえ殺人の場合であっても，裁判官の指示次第で似たような陪審評決における違いが生じるということを意味するのだろうか。この種の問題は，自然科学についても存在する。しかし，自然科学の場合には学問体系としてもっと一貫した構造になっているので，社会科学に比べてその実験の結果はより一般性を持つと言える。社会科学では，ほとんどの場合，まだそのような一貫性は持ち得ていないので，より広い範囲の対象について一般化することはできないのが普通である。

実験結果の適用範囲がどれだけかという問題は，実験それ自体の知見によっては答えられない面がある。実験そのものだけでは，その結果が他の場所や異なる状況下でおこなわれた場合に同じになるかどうかが保証できないのである。実験がおこなわれた特定の時間や場所を越えてその結果がどれだけ一般化できるかということは，実験以外の知識によってしか確認できない。たとえば，ある薬品が1983年の時点でコロラド州の患者に対して効果的であった場合，もしその効能が地域性とは無関係であることが明らかであったならば，その薬品はどの場所でも，あるいはその後のいつの時点でも，効果的であると推論してかまわないだろう。しかし，実験的治療が地域性に依存しているという事実に関して何らかの情報がある場合は，話が別である。固茹で玉子をつくるために必要な時間の長さが高度［気圧］によって変わることはよく知られている。もちろんこの種の高度による影響に関する既存の知識をあらかじめ実験デザインに入れることもできるのであり，そうした場合には，実験結果の妥当性は増すに違いない。

いずれにせよ，実験の結果を一般化する際にはきちんとした理由づけをしておく必要があるし，またその性質上リスクがともなうものであることについても承知しておかなければならない。というのも，別の状況下では実験をおこなった段階ではまだ知られていなかった要因が作用する可能性があるからである。過度の一般化が持つリスクを少しでも少なくするための最善の方法は，実験する際にあらかじめそのデザインに多くの条件を入れ込んでおくか，あるいはまた，いろいろな状況で実験を繰り返していくことである。

実験群と対照群の設定

ところで実際問題として，実験群と対照群をどうやって分けたらよいのだろうか。最初のステップは，実験の対象となる人々や分析単位に関するリスを入手することである。**サンプリング・フレーム**と呼ばれるこの種のリストは，既存のものを使うこともあれば，実験を実施しているあいだに作成していく場合もある。たとえば，実験が実施されている期間のあいだに釈放される予定の囚人を対象とした実験の場合は，後者の手続きをとる。次の段階では，実験群と対照群のあいだの振り分けが確率的なものになるように，何らかのクジ引きのような手続きが必要となる。どんな統計の入門書にも載っている乱数表の１～２ページ分は，まさにこれにうってつけの道具である。もっとも，いわゆる系統的抽出で足りることも多い。特に実験群の数がリスト全体のごく一部分でしかない場合は，そうである。これは，最初の分析単位をランダムに選び，次にリストの上でその最初の対象から n 番目の分析単位を選び，それからまた n 番目を…という具合に順に選んでいくやり方だが，これでもランダムな抽出をおこなうという条件はクリアできる。それに対して，元囚人を対象にした実験の例のように，リストそれ自体が実験をおこなっている最中にできあがる場合には，細心の注意が必要である。というのも，こういう場合には，実験アシスタントが自分の好みから特定の対象者に対して便宜をはかりたくなって無作為の割り当てを台無しにしてしまう，というようなことが起こりかねないからである。

もしもリストが存在しないのだったら，新たに作らなければならない。たとえば，肥料の効果に関する実験の場合には，広い畑をまず無数の小さな区画に分け，その上で乱数表を使って実験用の区画と対照群用の区画とに振り分けていかなければならない。

どのようなサンプリング手続きの場合であっても，実験群を対照群と分ける方法の効率は，いわゆる層化（stratification）という手続きで向上させることができる。これは，リストに含まれる対象全体に対して無作為抽出法を適用するかわりに，全体の対象を実験操作に対して異なる反応を示す可能性のある，より等質な部分に分割していく，という手続きである。たとえば，元囚人に関する実験に男女両方の参加者がいる場合は，男性，女性それぞれについて別のリストを作ることになる。そのような層化無作為抽出をすると，実験群と対照群とのあいだである属性（この場合は男性と女性）に関する比率を全く同一にすることができる。このような操作をおこなえば，性別が実際に違いを生み出す要因になっている場合には，実験結果に関する統計的な検証力が向上するかも知れないのである（必ずしもそうであるとは限らない）。性別が違いを生み出す要因でない場合には，層化法によるグループ分けは適切ではないかも知れないが，少なくとも有害ではない。

統計的誤差

一般的には無作為抽出によって相互に比較可能な集団を構成することができるが，これがいつも可能だというわけでもない。場合によっては，それができないこともある。問題は，特定の実験のケースでこれが起こったかどうかについて知る手段がないということである。サンプルを使った実験の場合には，もしリストの全体が実験に参加していたら現れたかも知れない影響が，実験状況では出てこない可能性がある。統計学者は，これをタイプⅡのエラーと呼んでいる。その反対に，実際には存在しないはずの結果が実験で現れることもあるが，これはタイプⅠのエラーと呼ばれる。

無作為割り当てが実際にうまくいったかどうかを特定のケースについて知ることは不可能であるが，統計理論を使えば，そのような事態が起こる確率についてはかなりの正確さで計算することができる。概して言えば，その確率はサンプルのサイズに依存する。つまり，サンプルのサイズが大きければ大きいほど，間違った結論を出してしまう確率は小さくなるのである。

自然実験

時には，無作為化対照実験をおこなおうと思っていた研究者が，実はその意図がすでに半ば達せられていたということに気がつく場合がある。たとえば行政上のルーチン的手続きやその他の多かれ少なかれ自然な原因によって，さまざまな処遇に対して，必要だと思っていた無作為の割り当てがなされてしまっているような場合である。

裁判官によって刑期の評価がどれだけ違うかを調べた最初の研究は，そのような事態の恩恵を被っている。1933年にゴーデットは，ニューヨーク市裁判所では刑事事件が数人の判事に対して無作為に割り当てられているということに気がついた。したがって，彼は，判事ごとにどのような量刑パターンの違いが見られたとしても，それはそれぞれの判事の量刑に関する方針の違いによるものだと考えることができると確信したのである。というのも，それぞれの判事が担当する刑事事件は，事実上同質のものであったからである[6]。

このケースに比べれば少し分かりにくいが，実質的に同じような意味を持つのは，月経周期と交通事故とのあいだの関係に関するある研究の例である。事故頻度と月経時の関係をプロットしてみると，驚くべき曲線パターンになった。

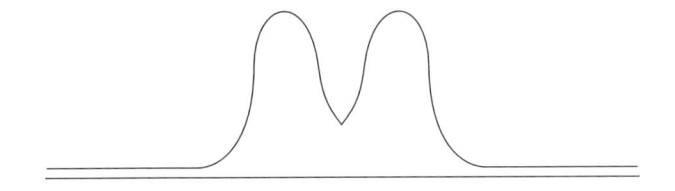

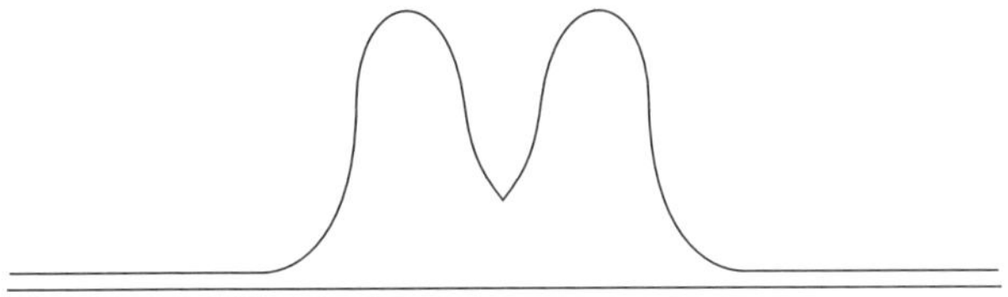

これについてよく調べてみると，このカーブは明確に異なる２つのカーブが合成されたものであることが分かった。一方は経産（子供を産んだことがある）婦人のものであり，他方は未経産婦人のものであった。一方は月経期の直後に事故にあい，他方は直前に事故にあっていたのである[7]。

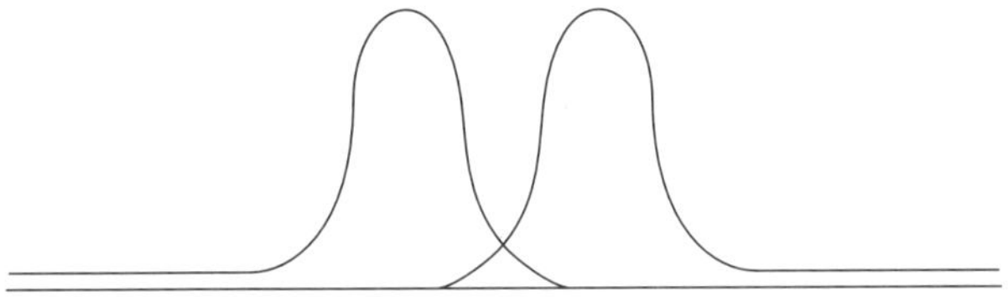

この例では，事前の無作為割り当ては単に実質的にそうなっていただろうと推測されるだけであり，決して自明ではない。したがって，それほど確実なものではない。推論できるのは，女性は月経期には運転自体を控え気味にしたり，運転しても危険性の高いルートは避けるのでないか，ということである。

他の例では，性格がどの程度遺伝子によるもの（自然）であり，どの程度生後の経験（養育）によるものであるかという問題に対する答えを求めようとしておこなわれてきた研究がある。この場合，科学者たちは一卵性双生児が同一の遺伝子を持っているために被験者として恰好の対象であると考えてきた。もっともこの場合は，遺伝子以外の差別的「処遇」は，実験者が計画して与えたものではなく，人生そのものによって与えられるものなのだが。

折半法による実験

現実的な問題や法律上の問題があるために，理想的な無作為化対照実験がおこなえない場合も非常に多い。

たとえば，陪審員によって事件が審理された場合と陪審なしで判事だけで審理された場合とで違いがあるかどうかを調べたいと思ったとする。この場合，それぞれの事件を２回，つまり１回は陪審つきで，別の時には陪審なしで審理したくなってくるが，それは事実上不可能である。同じように，たとえば喫煙がガンによる死亡率を増加させるかどうかについて調べたいと思ったとする。この場合は，現実上実施できるわけではないが，試したくなってくるのは，無作為に選んだ中で一方のグループの青年たちにはそれ以降の人生においてずっと無料のタバコを無制限に提供し，他方のグループには喫煙を禁止する，というやり方である。

以上のように理想的な実験をおこなうのには無理がある状況でも，当初のデザインに変更を加えることによって実験が可能になることがある。もっともこの場合は，通例，実験の証明力という点では弱くなってしまうことを覚悟しておかなければならない。

陪審制の効果判定に関する実験をめぐる困難を解決するための試みの１つとして，陪審判決を指揮する判事に対して，陪審なしで同じ事件を審理していたらどのような判決をしていただろうか，と質問した例がある。陪審員も判事も同じ事件を審理しているのだから，実験は実際に統制されていると考えることができる。この実験デザインは，判事の「判決」が現実のものではないという弱点を抱えているが，これは無視しうる程度の問題であることが判明している[8]。

理想的な喫煙実験に含まれている，人の生き死にに関わる問題に関して言えば，違ったやり方，つまり実験操作の方向を逆にすることで取り除くことができる。すなわち，ランダムに選ばれた半数の若者たちに喫煙を勧めるのではなく，逆に，ランダムに選ばれた青年たちに禁煙を勧めるのである。もしその試みがうまくいけば，それぞれのグループの疾患率と死亡率のデータを元にして，禁煙の効果について知ることができるだろう。

時には，実験的状況それ自体が実験結果に対して一定方向の影響を与えるため，理想的な実験が実現できない場合もある。そういう場合は，「操作」を対照群にも施すことによって問題が解決できるかも知れない。たとえば，テレビコマーシャルの効果について検証しようと思って視聴者に特定のコマーシャルのある番組を見るように依頼した場合には，視聴者は意識過剰になってしまって，それがコマーシャルに対する反応に影響を与えてしまうかも知れない。このバイアスを避けるための１つの方法としては，対照群に何らかの説明をして，その時間帯で放送されている他の番組を見るように依頼するというやり方がある。その唯一の意図は，実験用コマーシャルを見るのを防ぐということにある[9]。

民事訴訟の場合には，公判前協議という手続きがある。これは，判事が裁判に先立って双方の弁護士と依頼人を呼んで和解の方向で訴訟を解決できないかどうか協議するというのものである。かなりの数の訴訟案件が実際にこの種の協議で和解にいたっているのだが，実は公判前協議の有無に関係なく，和解できる場合も多いのではないかとも言われている[10]。

この仮説を検証するために，私たちはニュージャージー州の裁判所に対して，次のような対照実験を実施するよう提案した。訴状が提出された民事事件からランダムに半分を選んでそれについては事前協議をおこない，残りの半分については事前協議を許可しないことにした上で，この２つの群でそれぞれ和解にいたった事件の比率を比べるという実験である。裁判所は実験の実施そのものについては了解したが，そのやり方については修正を要求してきた。訴訟当事者に対して公判前協議の権利を与えないということは，憲法上認められた権利の侵害にあたる可能性がある，というのである。裁判所が提示した代替案の実験デザインは，対照群に対して事前協議の権利を与えないのではなく，要求があった場合には認めるようにするというものであった。しかし，この権利の行使を選択制にしてしまうと，対照群の大半ないし全部が事前協議を申請し，それによって実験が成立しなくなってしまうというリスクがある。つまり，双方のグループの事件全部が事前協議の対象になりかねないのである。もっとも実際には，対照群の半数だけが公判前協議を要求し，その結果は図８-５のようなものになった。

ところで，このような場合は，実験群を対照群のうちで公判前協議を経ていないサブグループ（つまり，図８-５の右端の柱）と比べたくなってくるが，この誘惑には抵抗しなければならない。というのも，当初の想定では，無作為割り当てによる区分はあくまでもグループⅠとグループⅡのあいだに設定されていたからである。したがって，比較の対象にすべきなのはⅠの和解率とⅡ全体の和解率の平均なのである。要するに，無作為で選ばれた人や分析単位がいったんどちらかのグループに割り当てられたら，そのグループが特定の処遇の対象であろうがなかろうが，その後もそれについては変更を加えないようにすべきなのである。

現実上の制約から理想的な形では実施できない実験デザインをより実行可能なデザインに変えて実施することには，さまざまな代償がともなう。たとえば，

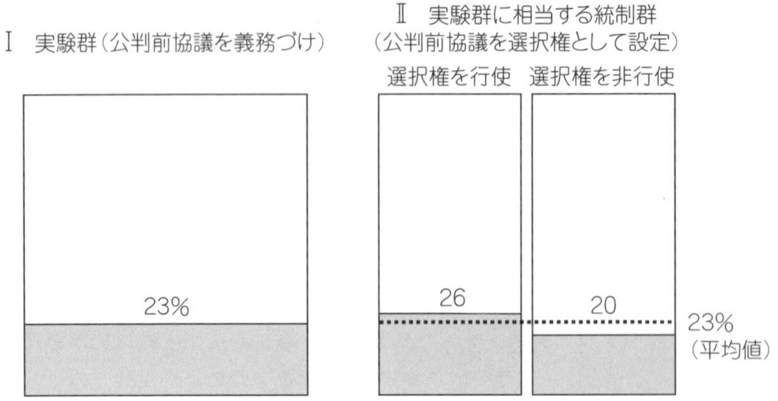

図 8-5　公判前協議がある場合とない場合に民事訴訟が公判前に和解した割合

（喫煙実験の場合のように）ある処遇を受けることを対象者が自発的に了解することが必要になる場合には，実験そのものが無効になる危険性がある。しかし，本質的な点でそれよりも深刻な代償は，実験デザインの変更にともなって，検証すべき仮説それ自体が再構成され，それによって実験の証明力が弱まってしまう，というものである。たとえば，公判前協議に関する実験では，実際に検証されることになったのは，事前協議の有無によってもたらされた影響ではなく，選択制の事前協議による影響である。同じように，喫煙実験では，喫煙の影響ではなく，実は禁煙の効果が検証されたのかも知れない。また，仮説の再構成にともなって，当初の実験デザインのうちのいくつかの要素をそのままではなく，それらに類似したもので置き換えることになるが，そうすることによって実験の説明力や証明力が落ちてしまうことも少なくない。先にあげた陪審員についての実験は，その一例だと言える。

まとめ

無作為化対照実験には，相当大きな利点がある。処遇を与える条件をコントロールし，また実験群と対照群を無作為に振り分けることによって，処遇の効果性や無効性についてかなりの程度正確な推論がおこなえるようになるのである。しかしながら，人間を対象にした対照実験には，それを実施する上での現実的な制約や人権上の問題がつきものである。さらに，その種の実験の適用範囲は相対的に狭いものになりがちでもある。もっとも，ある種の問題に関して正確な判断が要求される時には，無作為化対照実験は，どうしても必要になってくる調査テクニックだと言える。したがって，もし事前の無作為割り当てという，より本質的な必要条件を満たすために必要だというのであれば，多少は実験デザインを変更してもよいだろう。また，いかに対照実験の精度が高いとはいっても，実験結果の解釈をめぐる本質的な問題を見逃さないようにすべきである。つまり，実験で得られた結果が他の場所や時点における現象に関してどれだけ一般化可能か，という問題である。この問題に対する答えは実験それ自体からは出てこないものであり，検証の対象となる因果関係に関する，実験以外の方法によって得られる知識や情報によってしか判断できない。

第9章
実験以外のデータの分析
Analysis of Nonexperimental Data

問題の違い

対照群を設定した実験以外の状況で操作がなされた場合には，分析の方法は第8章で述べたものとは非常に違ったものになる。というのも，実験操作がおこなわれる以前の段階で実験群と対照群が等質なものであったと想定することができないからである。それどころか，実験操作の対象になったグループとそうでないグループ（あるいは全員が実験操作の対象になっている場合もある）のあいだに見出される，実験後の時点における違いは，実験操作自体の効果と実験群と対照群のあいだで実験操作がおこなわれる以前の時点ですでに存在していた違いとが合成された結果によるかも知れないのである。

サーベイ調査で得られるクロス集計表は，表面上は，実験結果を示した表と見分けがつかない。クロス集計表の場合も，実験結果を集計した表と同じように，原因となりうる要因の影響にさらされた人々とそうでない人々とを比較している。しかし，クロス集計表の場合には，その比較は事後的なものである。つまり，事前に2グループに無作為的に割り当てることなく，グループ間の比較をおこなっているのである。これによって，大きな違いが出てくる。事前の無作為割り当てがない場合には，実験操作以前の段階で2グループが等質であり，したがって相互に交換可能であったと断言できる根拠はないのである。このポイントは，実験の場合には，結果の段階において見られる違いの原因を実験操作の有無という要因に帰する上で不可欠の条件となっている。したがって，サーベイのクロス集計表の場合は，事前の無作為割り当てがなくても2グループがもともと相互に交換可能であったという点を保証するための操作が必要になってくる。

統計にまつわる中国の古いジョークに，医者の往診を受けた人々は往診を免れた人たちよりも死ぬ確率が高い，というのがある。このような一種の極論は，統計的推論に関する問題とその問題の解決法の双方について明らかにしていく上で参考になる。当然のことだが，この場合に必要なのは，往診という出来事以前の時点で何らかの病気にかかっていた人々とそうでない人々とを分けて比較することである。後者のグループは分析の対象から外しても一向に差し支えないだろう。というのも，そういう人たちは，もともと医者の往診を受ける必要がなかったからである。この例をもとに一般的なルールとして言えるのは，クロス集計表をいくつかの部分に分けた上で，全体の対象者のうちのサブグループのそれぞれについて，何らかの処置を受けたグループとそうでないグループとを分けて比べる，というやり方である。ここで問題になってくるのは，サブグループに分けていく際の規準をどのように設定したらよいか，というポイントである。この点についても，中国のジョークであげられている往診の例が参考になる。つまり，対象者を分類する時には，処置を受ける前の，2つの群のあいだの交換可能性に支障があるような条件はすべて排除するようなやり方でおこなわなければならないのである。往診のケースで問題になっていたのは，往診を受けた人々のグループのほとんど全員が何らかの病気にかかっていたと考えられ，それに対して，往診を受けなかった人々の中にも何人かは病人がいたかも知れないが，その他は全員もともと医者に診てもらう必要がなかったと考えられる，ということである。病人と健康な人とを分けて比較をおこなうことによって，最初のグループに含まれていた，調査結果に対してバイアスを生じさせる可能性を持つ不均一性を取り除くことができるようになる。ところで，必ずしもすべてのタイプの不均一性が結果におけるバイアスに結びつくわけではない。たとえば，往診を受けた人たちの中に赤毛の人たちが多く含まれているグループがあったとしても，このような不均一性はおそらく結果に関係していないだろう。しかし，もし特定のグループが他のグループよりも年齢層が高かったら，それは結果に対して大いに関係してくるだろう。というのも，高齢者は若年層の人々よりも早く死亡する確率が高いからである。

このようにして全体の対象を小分けにしていくやり方の難点は，どんなに小さな単位に分割していっても，問題が完全に解決される保証はない，という点にある。なぜならば，このようなやり方だと因果関係についての推論を見かけだけのものにしかねない，隠された要因のすべてが排除されていることを確認できないからである。これは，結果自体がいかにも妥当なものに見える場合ですら，そうなのである。したがって，統計学的な信頼性についての検証は，サーベイデータに関しては慎重な留保条件をつけて考えなければならない[1]。結局のところ，マイケル・ポランニーが「個人的知識」と呼んだものがこの点について重要な意味を持つ[2]。しかし，このような分析上の難しさがあるからといっても，それでサーベイ一般が実験よりも劣ったやり方だとするのは，単なる誤解に過ぎないだろう。1つには，実験とは違ってサーベイの場合には，データはごく自然な状況で，つまり調査をする科学者の介入がない状況で収集されるということがある[3]。

仮釈放された犯罪者がすべての刑期をつとめあげた犯罪者に比べて再犯率が低いという事実が仮にあったとしても，この違いの原因を仮釈放という矯正処遇の有無に求めることは**できない**。というのも，仮釈放された犯罪者はもともと再犯の危険性がない**から**こそ，そういう処遇を受けることができたのかも知れないからである。通常の行政記録あるいは企業活動に関する記録にもとづくこの種のデータは，無作為化対照実験から得られる**実験**データと区別するために，**観察**データと呼ばれることがある［107 ページの訳注参照］。

時には，何らかの新しい処置が「実験的に」導入されることがある。つまり，新しい処置が試行を目的として導入されるのであるが，この場合は，無作為割り当てや対照群の設定のような，確実な因果推論をするための予防措置はとられていない。この種の「準実験」と呼ばれる手続きで得られたデータは，サーベイの場合と比べて扱いはより楽ではあるが，観察データと同様の問題点が含まれている。したがって，処置の有無それ自体による効果と，処置を受けたグループとそうでないグループとのあいだにもともと含まれていた違いとを，慎重に見きわめて区別した上で考慮していかなければならないことになる。

本章ではこれ以降，この見きわめの作業の根底にあるロジックと，実際の手続きについて解説していく。

完全な説明

まず最初に第7章で検討した表7-4の分析から始めることにしよう。この表は，女性ドライバーの方が男性ドライバーに比べて事故を起こす確率が低いということを示しており，男性諸氏にとってはいたくプライドを傷つけられるデータである。たしかに単に女性の方が男性に比べて運転がうまかったり，あるいは少なくともより慎重な運転をするという可能性もある。しかし，ここでの分析上の課題は，女性の事故率を他の要因で説明することができるかどうかという点にある。たとえば，女性は男性に比べて運転する機会が少ないので，事故率が低くなるという可能性がある。

表9-1は，このような分析の最初のステップとして，現実に女性が男性よりも運転する機会が少ないかどうかを検証したものである。この表には，男女のドライバーを年間1万マイル以上運転するか，それともそれ以下の距離しか運転しないかで2つのサブグループに分けた結果を示している。これで見ると，男性は実際問題として女性よりも運転する機会が多いことが分かる。男性ドライバーでは，71パーセントが1万マイル以上運転するグループに含まれている。これに対して，女性ドライバーの場合，その割合は28パーセントに過ぎない。

表9-1　運転距離，ドライバーの性別

	男性 %	女性 %
年間の運転距離数		
1万マイル以上	71	28
1万マイル未満	29	72
合計	100	100
(運転者の実数)	(7,080)	(6,950)

表9-2は，分析の次のステップを示している。つまり，男性が女性よりも運転する機会が多いという事実がどの程度，男女間の事故率の違いの説明になっているか，という点についての検証作業である。

表9-2　男性と女性ドライバーの事故率，運転距離数別

	男性ドライバー		女性ドライバー	
	1万マイル以上	1万マイル未満	1万マイル以上	1万マイル未満
それぞれのグループで少なくとも1度は事故に遭った人のパーセント	52	25	52	25
(ドライバーの実数 = 100%)	(5,010)	(2,070)	(1,915)	(5,035)
	(7,080)		(6,950)	

この表で男性と女性のそれぞれについて年間同じくらいの距離を運転するグループに分けた上で比べてみると，事故率における男女差が消えてしまう。1万マイル以下しか運転しない場合には，男女とも事故率は25パーセントであり，1万マイル以上の場合には両方とも52パーセントなのであった。単純化したこの例でみると，男性の方がより長い距離を運転するという事実によって，男性の方が女性よりも交通事故を起こしやすいという事実が十分に説明できる。つまり，男性ドライバーの方が女性よりも運転が下手なのではなく，男性の方が運転する機会が多いからなのである。

もし運転距離という要因を考慮に入れても男女間の事故率の違いが説明できなかったとしたら，他の対立仮説を検証してもいいだろう。たとえば，男性の方がラッシュアワーで混雑している道路で運転する確率が高いから事故にあいやすいのだ，とか。このような対立仮説によって男女間の事故率の違いが説明できない限りは，性差別的な説明が有利な位置を占めることになる。つまり，女性の方が運転が上手だから，という説明の仕方である。

図9-1には，表9-1と9-2を図解してある。

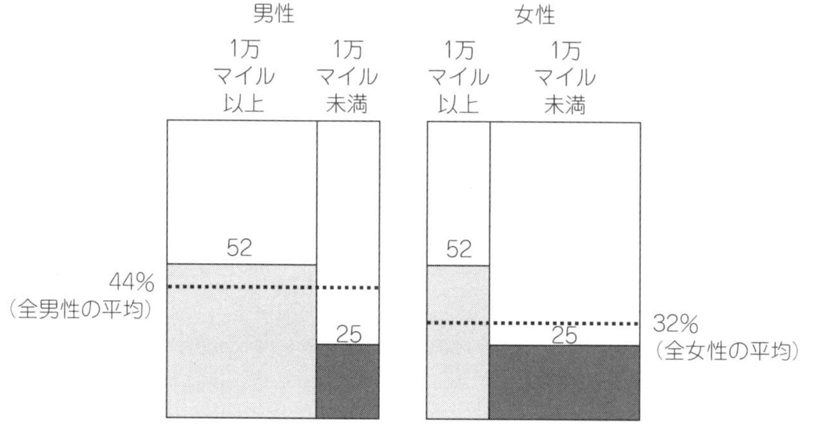

図9-1　運転量から見た男性・女性別の自動車事故の頻度

このような図解は，第3の要因を考慮に入れることによる説明機能の本質を明らかにする上で有効だろう。この点は，**説明**の基本的なパターンを示している図9-1を，**精密化**の基本パターンを示している図7-1から7-3と比較するとよく分かる。

これらの図解表現に関して言えば，**精密化**と**説明**の違いは，図9-2に示したように（a_1とa_2）における第3の要因を示す柱（c_1とc_2）の相対的な幅によって規定される。

もし図9-2の2番目の図のように，（a_1）におけるc_1/c_2の比率が，（a_2）におけるものと同じであるならば，第3の要因である（c）はもともとの相関を**精密化**するに過ぎない。これに対して，3番目の図に示したように，c_1/c_2の比率が（a_1）と（a_2）とで違う場合，第3の要因である（c）は，（a）と（b）のあいだの相関関係を**説明**することになる。これは，（c）が（a）とだけでなく説明されるべき要因である（b）とも関係がある場合に，そう言えるのである。

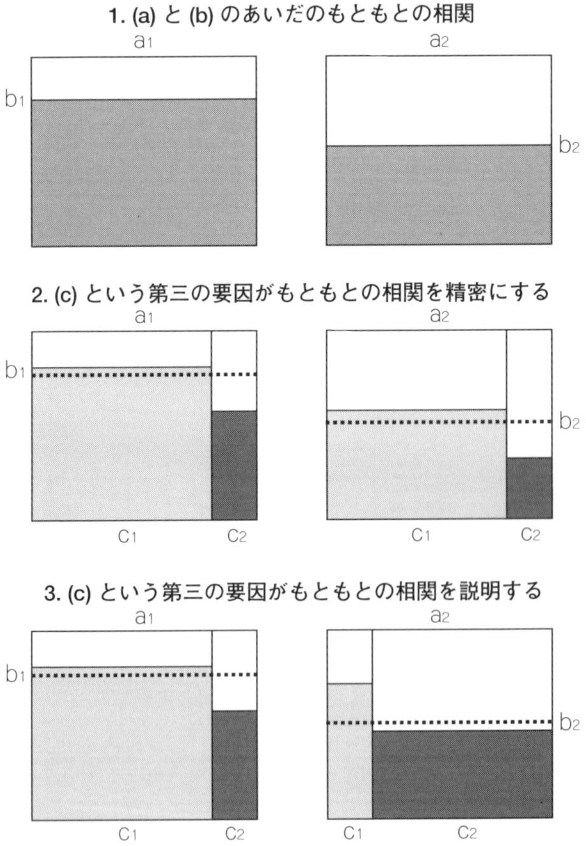

図9-2　第3の要因は，相関を精密にしたり説明したりする

部分的な説明

第3の要因によって完全な説明が可能になるというのは，例外的であることの方が多いだろう。現実の世界では，第3の要因では部分的な説明しかできないことの方が多い。たとえば，工場における欠勤率についてのサーベイで，表9-3に示したように，既婚女性の方が独身女性よりも欠勤率が高いという結果が出た。

表9-3　配偶者の有無別に見た女性労働者の欠勤率（全就業日のうち欠勤した日数のパーセント）

	既婚	独身
	6.4	2.3
（人数）	(6,496)	(10,230)

そのサーベイをおこなった研究者は，既婚であることに含まれるどのような要因が独身女性との違いに結びついているのかという点を明らかにしたいと考えた。要因になっているのは，家族に他の働き手がいるということだろうか，それとも既婚女性の方が平均的に年齢が上であり，また独身女性よりは疲労度が高いこと，あるいは家事負担がより多いことなのだろうか，などと考えた。表9-4は，この最後の要因についての仮説を検証したものである。

表9-4　配偶者の有無と家事負担

	既婚女性		独身女性	
	実数	パーセント	実数	パーセント
家事負担多	(5,680)	87	(1,104)	11
家事負担少 あるいは，負担なし	(816)	13	(9,126)	89
合計	(6,496)	100	(10, 230)	100

この表で見るように，調査の結果は，既婚女性の方がより多くの家事を負担していることを示している。表9-5では，さらに表9-4に示された4つのグループの主婦の欠勤率を示している。

表9-5は，実際問題として，既婚女性の欠勤率の高さは単に結婚という事

表 9 - 5　女性労働者の欠勤率，配偶者の有無別および家事負担の程度別

	総労働日の内の欠勤日の%	
	既婚女性	独身女性
家事負担多	7.0	5.7
家事負担少あるいは，負担なし	2.2	1.9
全体の平均*	6.4	2.3

*表 9 - 3 の 1 行目の数値参照

実だけでなく，既婚女性の抱える家事負担によるところが大きいということを示唆している。実際，家事負担が少ないかあるいは全くない場合には，既婚女性と独身女性とのあいだで欠勤率にはほとんど差がなかった。また，独身女性が相当量の家事を負担している場合には，その欠勤率は家事負担の多い既婚女性の欠勤率とほとんど同じくらいの大きさだった。

もちろん，ある意味では結婚が実際に欠勤率の増加をもたらしたのだとも言える。なぜならば，表 9 - 4 が示しているように，結婚にともなって家事負担が増えているからである。もっとも，この説明だけでは不十分である。というのも，家事負担が多い女性の場合でも，あるいはそうでない女性の場合でも，既婚女性の方が独身女性よりも欠勤率が高いのである。もっとも，家事負担だけでは説明できない違いは，表 9 - 3 に示した最初の集計方法で算出された違いの，何分の一かに過ぎない。まだ説明されないままに残されているこの違いは，おそらく家事負担以外の理由によるものだろうが，やはり既婚であることと関係している要因であると思われる。読者は，その理由がどのようなものであるかについて，いろいろ考えてみるとよいかも知れない。

見かけの相関

ここで，少しばかり違ったタイプの例をいくつか考えてみることする。これらの例でも，第 3 の要因が最初の集計で見られた相関を説明するのではあるが，この場合はそれと同時に，第 3 の要因が最初に見られた相関の存在を否定することになる。

ここでもまず，配偶者の有無が行動面での違いと関連しているという相関関係の例をとりあげる。この場合は，キャンデーの消費量に見られる違いという例である。表 9 - 6 は，3009 名を対象にしておこなわれた，キャンデー消費についての聞き取り調査から得られた結果にもとづいて作られたものである。この場合も，結婚というのはどうやら何か不思議な作用を及ぼす要因であるらしい。

表 9-6　女性のキャンデー消費，配偶者の有無別

	独身	既婚
キャンデーをよく食べる	75%	63%
(基数（＝100%）)	(999人)	(2,010人)

同じサンプルを既婚・未婚の別でなく，年齢層で分けて分析したのが，表9-7である。

表 9-7　女性のキャンデー消費，年齢別

	25歳未満	25歳以上
キャンデーをよく食べる	80%	58%
(基数（＝100%）)	(1,302人)	(1,707人)

表9-6は，既婚女性はキャンデーを食べる率が低いことを示しているのに対して，表9-7は，より年齢が上の女性はキャンデーを食べる率が低いことを示している。平均的に言えば，普通は既婚女性の方が未婚女性よりも年齢が上であるが，ここで1つの疑問がわいてくる。既婚女性が未婚女性よりもキャンデーを食べる率が低くなるのは，彼女たちが**結婚**したからなのだろうか。つまり，彼女たちの夫がすでにガールフレンドを見事獲得して妻にしてしまったので，もうキャンデーをプレゼントとして進呈しなくなったからなのだろうか。それとも，既婚女性があまりキャンデーを食べなくなるのは，年をとったからなのだろうか。つまり，甘党の時期を卒業し，また肥満についてそれ以前よりも心配するようになったからなのだろうか。どちらの推測もできそうだが，表9-6や9-7からは本当のところは見えてこない。ここでやらなければならないのは，表9-8のようにデータを分割して，キャンデー消費と年齢と既婚・未婚の別を同時にチェックできるようにすることである。

図9-3には，この3つの項目の関係を図解しておいた。

表9-8と図9-3から明らかになるのは，既婚者があまりキャンデーを食べなくなるのは，既婚者が平均して年齢層が上であり，また年齢層が上の人たち

表9-8　年齢別，配偶者有無別に見た女性のキャンデー消費

	25歳未満		25歳以上	
	独身	既婚	独身	既婚
キャンデーをよく食べる （基数（＝100%））	79% （799人）	81% （503人）	60% （200人）	58% （1,507人）

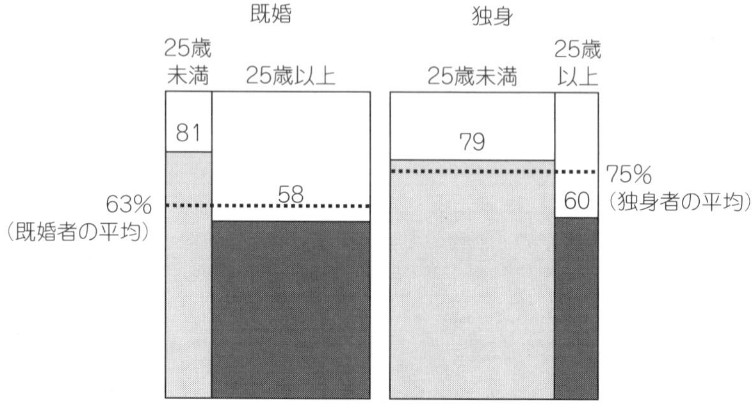

図9-3　年齢別，配偶者の有無別のキャンデー消費

はあまりキャンデーを食べなくなるという事実によって完全に説明できるということである。実際，既婚者と未婚者を同じ年齢層について比べてみると，既婚・未婚の別とキャンデー消費の関係は消えてしまう。こうして，データの数値は，世の夫たちが無罪潔白であることを証明してくれる――少なくともこの問題についてだけは，であるが……。

部分的に見かけの相関

キャンデー消費の例では，既婚者は未婚者と比べて年齢が上であることについては誰もが知っているので，真の相関を解明するのはそれほど難しいことではなかった。しかし，何を第3の説明変数にしたらよいかについて答えを見つけるのは，いつでもこれほど簡単なわけではない。

1930年代の大恐慌の時の失業者の特性について調べたある調査では，就学年数と失業期間とのあいだにかなり高い相関があった[4]。

表9-9は，その中でも特に関係性が強かった，未熟練の黒人男性のサブグループに関するデータを示している。

表9-9　就学年数と失業期間の長さ（未熟練の黒人男性の場合）

	就学年数	
	5年未満	5年以上
失業期間の長さ	%	%
2年未満	47	52
2年以上	53	48
合計	100	100
(実数)	(6,054)	(6,039)

この表からは，就学年数が多い労働者の場合には失業が短期間のみに限定される確率がかなり高いことが読み取れる。これは，就学年数の長さは長期の失業を防ぐ要因になる，ということを示唆している。しかし，分析に際して年齢を考慮に入れてみると（表9-10），予想していなかった別の関係が浮かんできた。

表9-10　失業期間の長さ，年齢別および就学年数別（未熟練の黒人男性の場合）

	就学年数			
	5年未満		5年以上	
	35歳未満	35歳以上	35歳未満	35歳以上
失業期間の長さ	%	%	%	%
2年未満	58	42	60	44
2年以上	42	58	40	56
合計	100	100	100	100
(実数)	(1,823)	(4,231)	(3,241)	(2,798)

表9-10が明らかにしているのは，就学年数が少ない労働者は全体として年齢層も上であるという事実である。こうして，教育と失業の関係はほとんど消失してしまい，かわって就学年数の如何にかかわらず，年齢が，失業の長さを決める主要な規定因として浮かび上がってくるのである。教育と失業のあいだの関係は，単に教育程度が高い労働者が平均して若い世代に多いからにすぎな

いということだったのであった。実際，これは，教育レベルが高くなる傾向にあるすべての国において，よく見られる傾向なのである。

もっとも，この場合でも，年齢によってすべてが説明できるわけではない。この他にも就学年数が多い者ほどある程度有利になる傾向が見られるのだが，これは教育が持つ他のタイプの恩恵を示しているのかも知れない。

相関が逆転される場合

表 9-11 は，分割払い購入におけるクレジット・リスク〔支払い不能に陥る危険性〕に関しておこなわれた，ある研究の結果を示したものである。

表 9-11　購入した商品の価格別に見たクレジット・リスク*

	60ドル未満の価格 %	60ドル以上の価格 %
大きなクレジット・リスク	13	10
小さなクレジット・リスク	87	90
合計	100	100
(実数)	(4,303)	(4,088)

*David Durand, *Risk Elements in Consumer Installment Financing* (New York: National Bureau of Economic Research, 1941.) より作成

これを見ると，低額商品を買った者よりも高額商品を買った者の方がクレジット・リスクが低いように思える。しかし，頭金の額を第3の要因として考慮に入れた場合には，表 9-12 に示されるような，より複雑な状況が浮かんでくる。

表 9-12　商品の価格と頭金の額から見た，大きなクレジット・リスクの割合

	低額商品		高額商品	
	頭金		頭金	
	小	大	小	大
大きなクレジット・リスクのパーセント	14	6	15	8
(実数)	(3,655)	(648)	(890)	(3,198)

相関自体は，より明確なものになっている［14 対 6 と 15 対 8］。しかし，この表から明らかになるのは，クレジット・リスクの主たる規定因は商品の価格

ではなく，頭金の額だという事実である。頭金の額が大きい場合には，クレジット・リスクは小さくなっているのである。これに加えて，同じ頭金のカテゴリーに入っている購買者の場合は，両方とも，低額商品を購入した層の方が高額商品を買った層よりも，むしろクレジット・リスクが小さくなっている［14対15と6対8］。

見かけの無相関

牛乳の消費に関しておこなわれたある調査では，最初，世帯収入と牛乳の消費量のあいだには何の関係もないように見えた（表9-13）。

表9-13　世帯収入別に見た牛乳の消費量

	平均以下の収入	平均以上の収入
クォート[0.946リットル]単位の1週間の牛乳消費量	10.8	11.0
(世帯の実数)	(503)	(498)

この無相関のパターンはかなり意外なものであるが，家族の人数を第3の要因として考慮に入れてみると，十分に説明できるものとなった（表9-14）。

表9-14　世帯収入と世帯規模から見た，牛乳の消費量

	平均以下の収入		平均以上の収入	
	3名以下の家族	4名以上	3名以下の家族	4名以上
クォート[0.946リットル]単位の1週間の牛乳消費量	6.2	14.4	8.0	17.1
(世帯の実数)	(222)	(281)	(334)	(164)

容易に予測できることだが，牛乳の消費量は家族の人数によって影響されているのである。大家族の場合は少人数の家族の2倍以上の牛乳を消費しているのである。同じ世帯規模の家族同士を比べてみると，より高収入の家族は，低収入の家族に比べてより多くの牛乳を消費している。もっとも，平均してみると，高収入の層では世帯規模が小さくなる傾向がある。このようにして，きちんと分析してみると，最初の集計では無相関に見えていたものが，実は見かけ

上の傾向に過ぎないことが明らかになった。つまり，家族の人数と収入のあいだの相関が収入と牛乳消費のあいだの関係を見えなくしてしまっていたのである。

真の相関と見かけの相関

本章ではこれまで扱ってきた相関に説明のうちのいくつかを「見かけ」のものと呼んできたが，この辺でこの言葉についてもう少し正確に定義しておいた方がよいだろう。そこで，ここでは，先にとりあげたものの中から，既婚であることがある種の行動と相関しているように見える２つの例をとりあげることにする。１つはキャンデー消費量が少なくなるという例であり，もう１つは欠勤が多くなるという例である。

1．どうして既婚女性は独身女性と比べて欠勤率が高くなるのだろう——既婚女性は家事負担が多くなるが，家事負担が多くなると，結果として欠勤率が高くなるからである。
2．どうして既婚女性のキャンデー消費量は独身女性のよりも少ないのだろう——既婚女性は平均して年齢層がより上であるが，年齢が上がるとキャンデーを食べなくなる傾向があるからである。

どちらの例も，第３の要因を考慮に入れることによって，最初の集計で見られた相関関係の説明が可能になった。しかし，一方の例では説明を真のものとして受け入れたのに対して，他方の例では，既婚であることとの相関は「見かけ」のものだという結論を下した。後者の例では，結婚それ自体は行動面での違いと無関係であると考えたのである。

この違いは，２つの例で第３の説明要因が果たしている役割の違いから来ている——１の例では，それは家事負担の増加という要因であり，２では加齢という要因である。１の場合には，家事負担の増加は結婚という要因によって引き起こされた結果であり，また，それ自体が今度は欠勤率の上昇の原因ともなっている。これについて記号を使って表現すると（２つの矢印は両方とも原因から結果へと向かっている）次のようになるだろう。

結婚　→　家事負担の増加　→　欠勤率の上昇

ここで重要なポイントになるのは，家事負担の増加と結婚とのあいだの関係は逆転させられないということである。実際の話，家事負担が増えたからといって結婚する確率が増えるわけではない。

これに対して，２の場合の説明要因になっている年齢の上昇という要因の位置づけは，１の場合とはかなり違っている。年齢が上がることは，一方では既婚である確率を上昇させ，他方ではキャンデーを食べる確率を減少させるのである。これを記号を使って表せば，次のようになる。

結婚 ← 年齢の上昇 → キャンデー消費量の減少

１と２とでは最初の矢印の向きが逆であることに注目してほしい。年齢の上昇は単にキャンデー消費量の減少の原因であるだけでなく，結婚することの原因（結果ではない）にもなっている。

相関が真となるのは，説明要因となる第３の要因が最初の集計に出てくる２つの要因に対して，非対称的な関係を持っている時である。これに対して，第３の要因が最初の２つの変数に対して対称的な関係にある時には，相関は見かけだけのものになる。たとえば，１の例では，真ん中にくる説明要因が一方の要因の**結果**であるとともに，他方の要因に対しては**原因**になっている［第３の要因は，２つの変数に対して非対称的な関係］。２の例では，説明要因は両方の変数にとっての**原因**になっている［第３の要因は，２つの変数に対して対称的な関係］。

真の相関と見かけの相関とを区別することの意義を確認する上での最終的な検証は，実践的なものである。たとえば，工場長は既婚女性が仕事に出ないで家庭にいることが多いという事実をよく知っているので，女性従業員が結婚しないようにするための対策を考えるかも知れない。そのような経営方針は，もしその目論見どおりうまくいったらとしての話だが，欠勤の減少に結びつくだろうか。答えはイエスだろう。独身のままでいれば，平均して家事負担が少ないだろうし，家事負担が少なければ欠勤率が低くなるだろう。

あるいはまた，ここで紹介した調査結果についての知識を持っている菓子会社が，似たような考えを持ったとしてみよう。つまりキャンデーの消費は結婚しないようにアドバイスしたら増えるだろうと考えるのである。こういう目論見は，（またしてもうまくいったらの話なのだが）キャンデー消費量の増加に結びつくだろうか。この場合，答えはノーである。女性を結婚させないからといって女性が歳をとらないわけではない。そして，歳をとらないという条件だけがキャンデーの消費水準を維持していく上で効果的なのであり，結婚するかしないかでは何の違いも生じないのである。

ここで注意しなければならないのは，真の相関であるか見かけの相関であるかは，３つの変数のあいだの**統計的**な関係によって明らかになるのではない，ということである。図解で示した２つの矢印が同じ方向を向くか，正反対の方向のものであるかは，統計の領分の外に属する知識からしか導けないのである。私たちは，結婚することは女性の年齢に影響を与えるわけではないが，家事の量には影響を与えるということを知っているが，これは統計データによって知るのではなく，私たち自身の経験によって知っているのである。

こうして，真の相関と見かけの相関を区別することの理論的および実践的な理由が明らかになった。真の相関だけが実際の因果関係を反映しているのであり，見かけの相関はそうではないのである[5]。

「事前」と「事後」の比較

これと同じようなタイプの分析が，ある種の制度的な介入が実際に期待どおりの効果をあげているかどうかについて確認したい時に必要になってくる。介入前の状況と介入後の状況を比べることによって，介入の効果を知ることができると考えるのである。この，「中断時系列デザイン」という呼び方でも知られる調査デザインは，準実験的な調査デザインの中でも最も頻繁に採用されるものである。もし何らかの新しい処置以外のすべての条件が介入の前後で不変のままであったならば，その時系列内で観察された変化は新しい処置の実質的な影響を反映するものであると考えることができる。しかし，実際に介入前後の時点で他の条件が変わらなかったかどうかは，無条件の前提として仮定すべきではなく，それぞれのケースについてチェックしなければならない。何年か前のフロリダの法廷における聴聞会で，著者は，死刑に対する処罰としての終身刑を死刑に変えたとしても，犯罪抑止効果の改善は見られず，したがって殺人発生率を減らすことにならない，ということを示す証拠をいくつか提出した。フロリダ州の検事長は，私のこの主張に対する反対意見として図９-４のようなデータを示した。このデータによれば，死刑を復活したことによってフロリダの殺人発生率が急激に減少したと言うのである。［米国連邦最高裁は，1972年に死刑を違憲とする判断を示した（４年後の 1976 年には一転して「合憲」とい

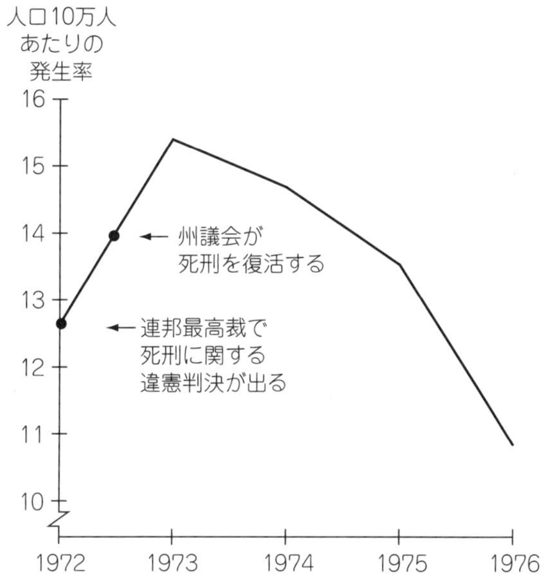

図 9-4　フロリダにおける1972年から76年にかけての殺人事件の発生率

う判断を出した)。]

これに対する再反論として著者が提示した答えを，図 9-5 に示しておいた。このグラフは，死刑を復活し**なかった**州における殺人発生率の推移の記録である。

これらの州の殺人発生率も，フロリダ州の場合と同じような下落傾向を見せている。これは，殺人発生率の低下は死刑の有無というよりもっと一般的な原因によって引き起こされたものであり，死刑復活とは無関係であることを示唆している。このような推論は，州を分析単位にして対照群を設定した準実験的な比較からしか得られないものである。

中断時系列デザインには，介入があったあたりの時点で，介入以外の何らかの要因が作用してグラフの形状に影響を与えたのではないか，という疑問が常につきまとう。そのような予期しなかった要因による介在が，必ずしも上でみた死刑復活のケースのように，見かけの結果を生み出すわけではない。なかには，逆に分析の対象になっている原因の影響を打ち消すような働きをする要因によって，実際の影響が見えなくなってしまう場合もあるだろう。

介入前後の状況をこのように時系列的に比較することから導かれる誤った判

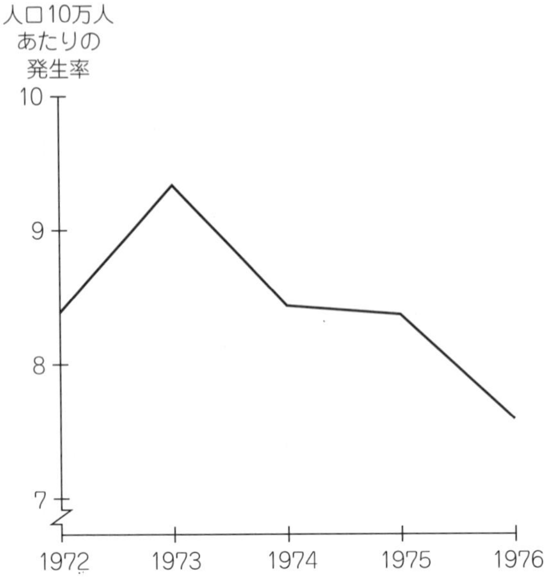

図 9-5　死刑のない州における1972年から76年にかけての殺人事件の発生率

断は，どうやったら防げるのだろうか。図 9-5 が 1 つのやり方を示している。つまり，介入の存在以外については分析対象とかなりよく似たケースをとりあげて，それら複数のケースの，同じ時期に生じた比較可能な時系列的変化に注目するというやり方である。もう 1 つのやり方では，まず測定の対象になった変数（私たちの例では殺人発生率）に影響を与えるということが知られている要因をリストアップする。殺人は圧倒的に男性，しかも若い年齢層の男性によっておこなわれることが多い。もし人口全体においてこの層の男性の比率が「介入」があった前後の時点で何らかの変化を示していたなら，――たとえば，戦争が終わって大勢の兵士が帰国したなど――それだけでも殺人発生件数の増加に結びつく可能性がある。このような場合には，人口全体における 10 万人あたりの殺人発生率を測定するよりは，16 歳から 40 歳までの男性人口における発生率について集計してみた方がよいだろう。

もし観察された変化が相当急激なもので，しかもこの影響関係を見えにくくしてしまう要因がごく少ないかあるいは全く存在しないと想定できる場合には，事前事後比較による検証には説得力があるだろう。たとえば，小児マヒはワクチンの一斉実施によってほとんど根絶された。しかし，この場合も，ワクチンの効果が十分に顕著で永続的なものになり，ワクチンの効果分析にあたった人々が十分に確信を持つにいたるまでには，かなりの時間を必要としたのである。時には，自然実験の結果が時系列的変化から得られる証拠を補強する場合もある。たとえば，小児マヒにかかった者の大半がワクチンを接種されなかった人々であれば，時系列的変化から得られる証拠の信頼度が上がることになる。

横断的比較分析

主として関心のあるのが時系列的な変化ではなく，むしろ横断的な比較にあるような場合でも，同じような分析方法が役立つことが多い。死刑の犯罪抑止効果に関しておこなわれた別の調査で焦点になったのは，時系列的な変化ではなく，死刑を実施している州とそうでない州とで殺人発生率を比較することであった。

殺人による死亡率はミシガン，インディアナ，オハイオの3州でほぼ同じくらいだった。調査期間をかなり長期にとってみると，10万人あたり3.5件という，全く同一の数値になっていた。しかし，ミシガンには死刑がなく，隣接する2州にはあった。しかし，このように殺人発生率が同じだからと言って，死刑には殺人抑止効果がないと判断することには問題がある。というのも，3つの州のあいだには死刑の有無以外にいくつかの点で違いがあって，それが本来は殺人発生率の違いを生み出すはずであった要因の影響を打ち消しているのかも知れないからである。この点に関して検討しているのが，表9-15である。この表は，死刑の有無による影響を見えにくくしてしまうかも知れないいくつかの要因について調べてみた結果を示している。

死刑のないミシガン州で，隣のインディアナ州より殺人発生率が高いわけではない。ミシガン州の方が検挙率と有罪判決の率が低く，失業率が高く，人口の中に占める黒人の比率が高く，しかも人口密度が高いという，殺人発生率の上昇に結びつきそうな要因を抱えているにかかわらず，同じような比率になっているのである。もっとも，一方ではミシガン州の方が人口比でみた場合の警察関係の予算額が多い。オハイオ州は，殺人発生率が低いが，検挙率が高い。他のほとんどの属性に関しては，オハイオ州はミシガン州とインディアナ州の中間くらいの数値になっている。したがって，このような検証の結果は，全体的にみて死刑の影響がないというのは，見かけだけの傾向ではないことを示している。

表 9-15　隣接する 3 州の人口統計学的プロフィール*（1960 年のデータ）

	ミシガン州	インディアナ州	オハイオ州
死刑の有無	無し	有り	有り
殺人発生率	4.3	4.3	3.2
検挙率	.75	.83	.85
有罪率	.25	.55	.33
労働力参加率（%）	54.9	55.3	54.9
失業率（%）	6.9	4.2	5.5
15-24歳人口（%）	12.9	13.4	12.9
1人あたり実質収入（ドル	1,292	1,176	1,278
非白人人口（%）	10.4	6.2	9.8
一般市民人口（千人）	7,811	4,653	9,690
1人あたり地方政府支出（ドル）*	363	289	338
1人あたり警察予算額（ドル）*	11.3	7.6	9.0

*D. Baldus & J. Cole, "A Comparison of the Work of Thorsten Sellin and Isaac Ehrlich on the Deterrent Effect of Capital Punishment," *Yale Law Journal*, Vol. 851, 1976, pp. 170, 178.
*州および市町村

まとめ

観察データから因果関係を推論することもよくある。この場合は，実験の場合とは違って，無作為割り当てによって分けられた，相互に等質な複数のグループに対して，分析対象である原因が適用されているわけではない。このような分析方法を用いる場合には，比較した対象のあいだの違い，あるいは違いのなさを引き起こしたのは，実際には，分析対象である原因による影響が生じる以前の時点ですでにグループ同士のあいだに差をもたらしていた，何らかの他の要因によるものではないか，という懸念が常につきまとう。

このような分析方法をとる場合には，調査対象となっている複数のグループのあいだの等質性が保証できるような形でそれらのグループを分割するよう，可能な限りのことをしなければならない。

このような分析は，それだけでは，どうしても根拠という点で弱い。しかし，これがより大がかりな調査プロジェクトの一部分になっており，また別個におこなわれたいくつかの調査結果がすべて同じ結論を支持している場合には，証明力が増してくる。

第10章
回帰分析
Regression Analysis

回帰分析は，年齢，身長，収入，世帯規模などの特徴を表す数値変数同士の関係を扱う上で，最も有効な統計処理の方法である。この分析法によって，1つの変数（「従属」変数と呼ばれる）の平均的な値を，その変数と相関のある他のいくつかの変数（「独立」変数と呼ばれる）の既知の値から推定することができる。

散布図

最も単純な形式の回帰分析の場合には，まず最初に2つの変数のあいだにどの程度の関係性があるか，つまり2変数がどの程度相関しているかについて確認することから始める。これに関しては，データをいわゆる散布図にプロットすることで大体の状況が分かる。図10-1に散布図の一例を示したが，これはあるサンプルの男性を対象にして，彼らの父親の身長と彼ら自身の身長をプロットしたものである[1]。図に示された点の1つひとつが1人の男性を表している。縦軸の目盛りで読み取れる，横軸の直線からの距離がそれぞれの男性自身の身長を示している。一方，横軸の目盛りで測られる縦軸からの距離はその男性の父親の身長を示している。この図によれば，一般的には父親の身長が高い場合は，子供自身も身長が高いことが分かる。これを，正の関係ないし正の相関と言う。これに対して，もし一方の変数が増加するにつれて他方の変数が減少する時には，負の関係ないし負の相関と言う。

相関係数

2つの変数のあいだの関係性ないし相関の程度は，いわゆる相関係数（略記号はr）によって測定される。相関係数は正の場合にはプラス（+）の値にな

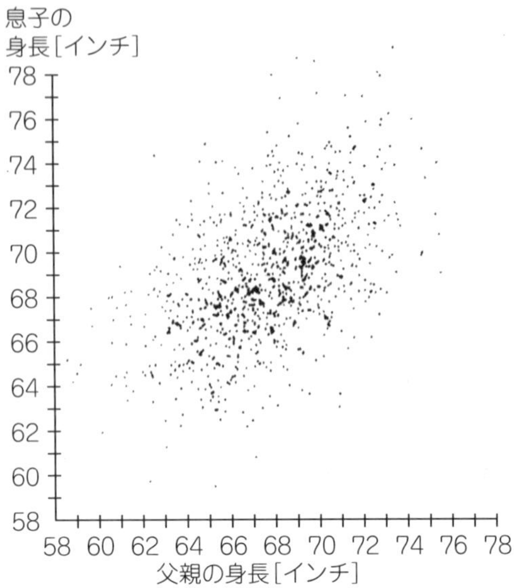

図10-1　2つの変数の散布図――息子の身長と父親の身長

り，負の場合にはマイナス（−）の値になる。相関係数のとりうる値の範囲は＋1.0から−1.0（完全な正の関係と完全な負の関係）までであり，真ん中の0の値は，2つの変数のあいだに相関がないことを表している。

図10-2には，多数の点からなる散布図の雲形パターンが大体どれくらいの相関係数になるかを示すために，4つほど例をあげておいた。相関係数の場合には，散布図の点が1本の線のまわりにどれだけの密度で散らばっているかを測定することになるが，この線は散布図から容易に読み取れたり，あるいは読み取れなかったりする。左上の図は，同じ環境で育った一卵性双生児の知能指数を相互に比較しているが，この図の場合は，この線がかなりクッキリと現れている。それに対応して，相関係数もかなり高い（＋0.95）ものになっている。その右の図は，図10-1と同じものである。この場合はまだ「線」が見えるものの，それほどはっきりしたものではない。この場合の相関係数は，0.5である。残りの下の2つの図の相関係数は0.3とゼロである。ゼロというのは，相関がないことを示している。

次に図10-3を見てみよう。この図も図10-1に示したのと同じデータにもとづいているが，これにはいくつか別のマークも書き込んである。これらのマークは，回帰分析がどのようにして，独立変数についての情報を元にして従属

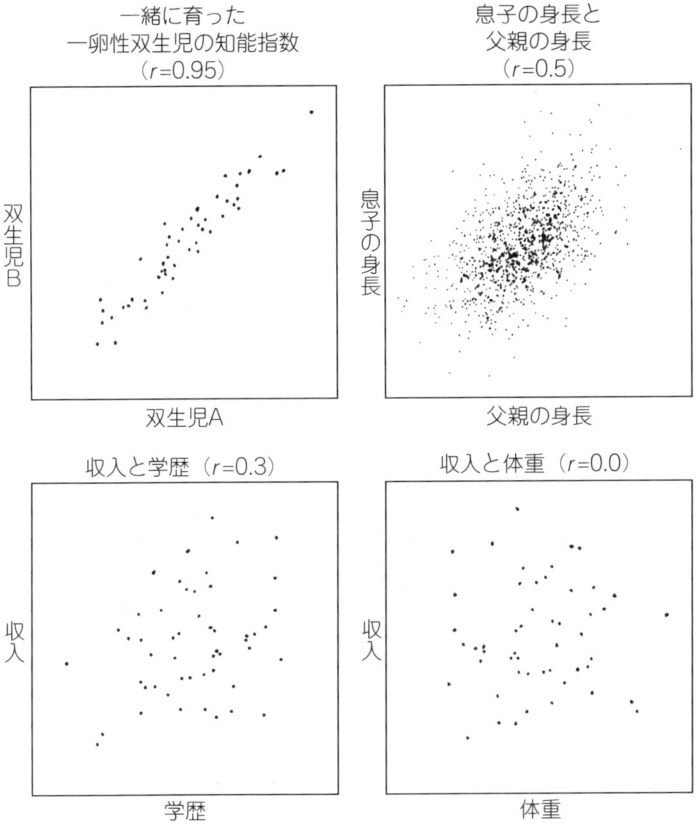

図10-2　対応する相関（*r*）の数値を示した４つの散布図（平均と標準偏差について規準化）

変数の平均的な値を推定するのかを示している。図10-3は，何本かの垂直の帯で区切られているが，これらの帯はそれぞれ父親の身長に一番近いインチ数を示している。一方，縦の帯の中の点は，その特定のインチ数の身長の父親たちの息子たちを示している。そして，それぞれの縦帯の中の横線は，それらの息子たちの身長の平均を表している。これらの平均値は，全体としてほとんどまっすぐの右肩上がりの線を形成している。この線は，すぐ後で解説するいくつかの理由から**回帰直線**と呼ばれている。父親が将来自分の息子がどれくらいの身長になるかをできるだけ正確に推測したいと思うならば，次のようにすればよい。まず図10-3の横軸で自分自身の現在の身長の数値を見つけ，そこから縦線を上にたどって回帰直線までたどり着いたら，そこから左に移動して縦軸の目盛りを読み取れば，それが息子の最終的な身長の高さに関する最良の推定値ということになる。

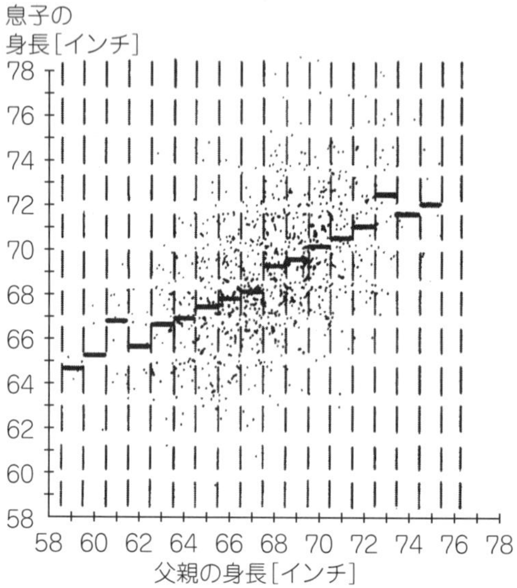

図10-3　父親の身長から息子の身長を推定する

平均値への回帰

表10-1は，以上の情報を別の形で示した例であり，父親の身長に最も近いインチの値と，それに対応する息子の身長の数字を示してある。

この表で最初に分かることは，昔からよく知られている，「父親の身長と息子の身長とのあいだには，正の相関がある」という事実である。実際に，(a)列にあげた父親の身長の値が下から上にいくにつれて増えていくのに対応して，(b)列の息子の身長の数字も増えている。この増加パターンには1つの注目すべき傾向がある。つまり，表10-1の一番右の列に示したように，平均よりも身長が高い父親の息子の身長についての最良の推定値は，すべての場合について，父親の身長よりも相対的に小さなものになっている。これに対して，平均以下の身長の父親の場合には，その息子の身長は父親よりも相対的に高い数値

表10-1　父親の身長と$r = 0.5$という情報にもとづいて息子の身長を推定した結果

(a) 父親の身長 ［インチ］	(b) 息子の身長の 最適推定値 ［インチ］	(a)−(b) 父親の身長と息子の身長の 最適推定値との差 ［インチ］
76	73	−3
74	72	−2
72	71	−1
70	70	−0
68	69	+1
66	68	+2
64	67	+3
62	66	+4
60	65	+5
58	64	+6

になっている。したがって，父親の身長が平均値よりも上であれ下であれ，息子の身長は父親に比べて平均に近くなっていると言える。

この例でみるように，平均値への回帰という，この種の現象全体の中でも解明が困難な一面が存在しているために，この現象を最初に発見したイギリスの科学者のフランシス・ゴールトンは，最良の推定値を示す直線のことを**回帰**直線と名付けたのであった。また，これに対応して，平均値への回帰のことを，**回帰効果**と呼ぶことがある。この現象を簡単な形で表現すれば，「調査対象の中で独立変数の平均値よりもかなり上の値を示しているものは，従属変数においても平均以上になる傾向があるが，その程度はあまり大きなものではない」というものになる。そして同じように，独立変数の平均値よりもかなり下の値を示しているものは，従属変数においても平均値以下になる傾向がある。しかし，これについても，その程度はあまり大きなものではない。

回帰の誤謬

回帰効果についての注意を怠ると，間違った推論をしてしまう可能性がある。間違いの元は，物事の一面だけを見て全体像をとらえていないところにある。ここで例として，何人かの学生を対象にして彼らがある特定の技能をどれだけ発揮できるかに関して２回続けてテストし，２回のテスト得点のあいだの相関を検討する場合について考えてみよう。その結果，図 10-4 のような相関が得られたものとする。

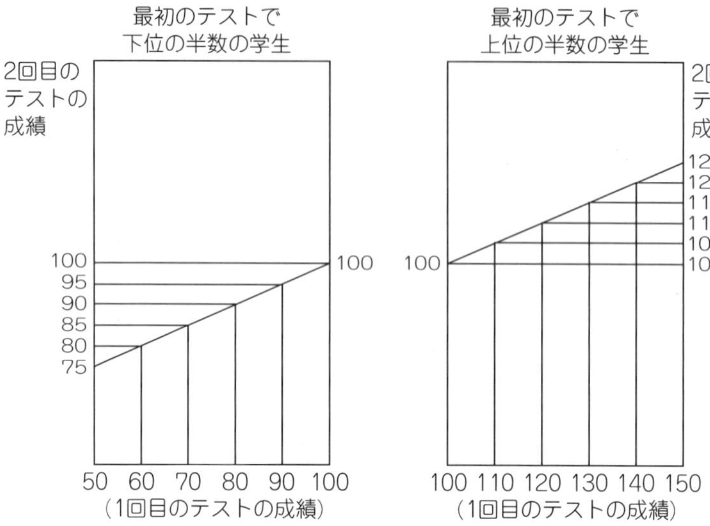

図10-4 回帰の誤謬――全体の半分しか見ない場合

ここで，もし図の右半分の部分，つまり，最初のテストの点数が高かった（つまり 100 点以上の）学生だけに注目したとする。この場合，どのような傾向が見られるだろうか？ 1 回目のテストで 150 点をとった学生たちは，2 回目のテストでは平均で 125 点しかとれていないが，その他の学生についても多少の違いはあれ，平均的なパターンとしては 1 回目よりは 2 回目のテストの成績が低くなる傾向がある。これに対して，もし図 10-4 の左半分だけを見たら，正反対の結論を下したに違いない。つまり，平均的な傾向としては，こちらのグループの学生たちは，全員，1 回目よりも 2 回目のテストで高い点数をとっているのである。もちろん，この場合に問題になっているのは，ここで言う「学生たちは全員」というのは，実際には，すべての学生たちではないということである。つまり，全学生のうちでも一定方向のバイアスがかかったサンプルになってしまっているのである。

このような場合，それぞれの学生がとった 2 回のテストの成績は，2 つの部分からなっていると考えることができる。1 つは，学生の能力を反映する部分であり，もう一方の部分は，テストごとにバラツキのある偶然的な要素を反映している。後者の部分は，学生の実力とは無関係である。この後の方の部分のバラツキが，回帰効果を生む元になっているのである。

変化の大きさはどれくらいか？

回帰直線は，図 10-5 に示したように，さらにもう 1 つの問いに対する答えを提供してくれる。つまり，独立変数がある量だけ変化した時に，それに対応する従属変数の値の変化はどれだけの量になるか，という問題である。

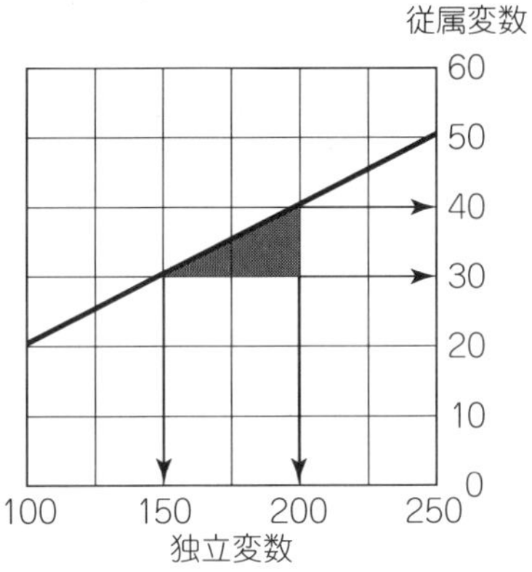

図10-5　回帰直線の傾斜の意味について解釈する

たとえば，独立変数の値が 150 から 200 になった時に，従属変数の値は 30 から 40 に変わったとする。図 10-5 では回帰の傾向が直線で要約的に示されているために，この変数の値同士の関係を一般化することができる。独立変数の値が測定単位にして 50 だけ動くと，従属変数の値は平均して 10 単位だけ動く。つまり，変数の値同士の動きの関係は 5 対 1 だと言える。もし元になっている相関が負であれば，値の動きの向きは，これと逆方向になる。

どの程度の説明力があるか？

相関係数によって 2 つの変数のあいだの相関の程度が分かった段階で，今度は次のような点に関して知りたくなってくるかも知れない――「従属変数のバラツキの量のうち，どれだけがそれと相関している独立変数のバラツキの量で『説明』されるか？」。独立変数の値によって従属変数の値をどの程度正確に推定することができるかは，回帰直線のまわりのデータの散らばり具合に左右される。この散らばり具合には，図 10- 2 や 10- 3 で見たように，いろいろなものがある。ここで問題は，次のようになる――「従属変数のバラツキの量のうち，どれだけがそれと相関している独立変数のバラツキの量で『説明』できるか？」。

図 10- 6 と 10- 7 は，解説のために単純化してあるが，都市における 10 万人あたりの年間殺人発生率と都市の規模とのあいだの実際の関係を示したものである。

図 10- 6 にあげたのは，10 都市（A から J までの記号で示した）における殺人発生率であるが，その平均値（算術平均）は 10 万人あたり 8.0 というものである。そして，少なくとも部分的に，ここで各都市の規模との関連で説明しようとしているのは，その平均と 10 都市それぞれにおける発生率の偏差である。

図 10- 6 は，この偏差を，10 都市全体の平均値を示す線とそれぞれの都市の点を結ぶ縦の線によって示している。表 10- 2 には，それぞれの数値をあげている。図 10- 6 では，表の左側の 2 つの欄の数値しか扱っていない。ここでは議論しないが，いくつかの理由で表の 3 つ目の欄には，偏差を 2 乗した数値をあげている。そして，この 2 乗した差の平均は 2.0 である。この測度は**分散**と呼ばれている。そして，図 10- 7 からは，相関によって説明される分散の総量をどうやって測ればいいかが分かる。ここでとりあげている例では，相関は殺人発生率とそれぞれの都市の規模の関連である。図 10- 7 は，10 都市を横軸上の適切な位置になるように並べ直してある。この図では，回帰直線が右肩上がりになっているが，これは殺人率と都市の規模には正の関係があることを示している。

「どの程度説明しているか」という点に関する計算方法の意味を理解するためには，まずその計算手続きにはどのような実践的意義があるかを理解しておかなければならない。もし図 10- 6 で示されたデータしか手元にないのに，全くデータが与えられていない都市の殺人発生率を予測するよう要請されたなら，私たちにとってできることといえば，10 万人あたり 8 という率，つまりデータが存在している 10 都市の平均値をあげることぐらいのものであろう。このような予測だと，明らかに誤差の範囲がかなり広いものになってしまい，平均で ± 1.2，分散は 2 パーセント・ポイントである。

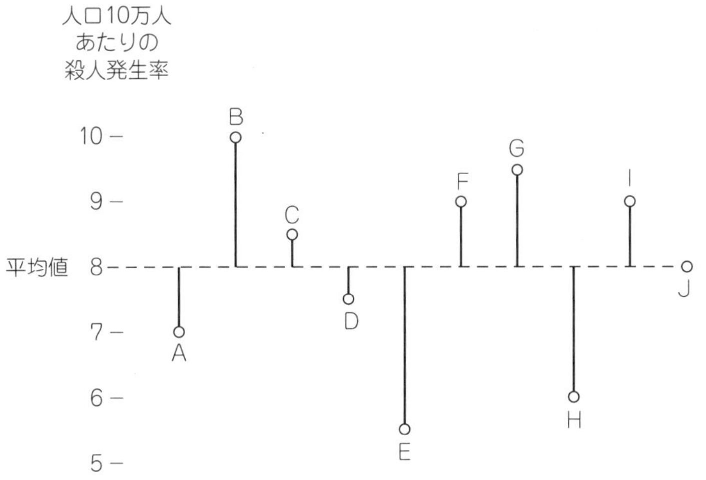

図10-6　10都市における殺人発生率

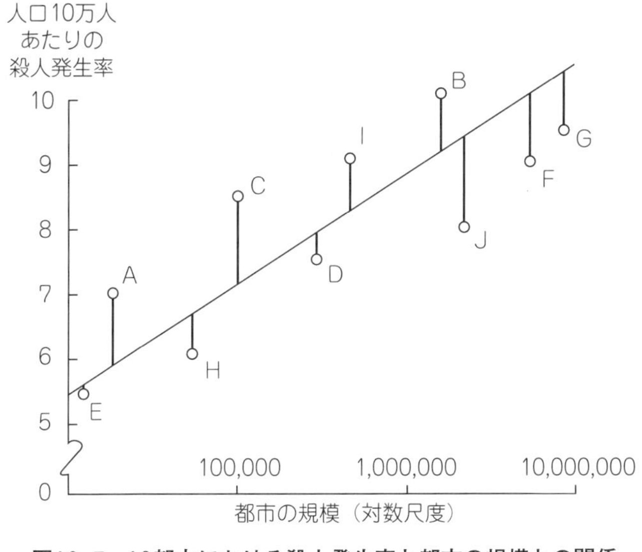

図10-7　10都市における殺人発生率と都市の規模との関係

表10-2　各都市の殺人発生率の平均値からの偏差

都市	殺人発生率	8.0からの偏差	偏差の2乗
A	7.0	−1.0	1.00
B	10.0	+2.0	4.00
C	8.5	+0.5	0.25
D	7.5	−0.5	0.25
E	5.5	−2.5	6.25
F	9.0	+1.0	1.00
G	9.5	+1.5	2.25
H	6.0	−2.0	4.00
I	9.0	+1.0	1.00
J	8.0	0	
合計	80.0	12.0	20.00
平均値	8.0	1.2	2.00
		パーセント・ポイント	分散

これに対して，殺人発生率の平均だけでなくそれぞれの都市の規模についての情報も与えられている場合には，図10-7で示されているように，もっと正確な予測が可能になる。図10-6のような情報しかない場合には，私たちは平均値を持ち出すしかないが，図10-7の場合は，回帰直線を参考にすることができるのである。図10-7に示された情報が使える場合，各都市の殺人率の回帰直線からの平均偏差は，図10-6の場合の平均偏差よりも小さい。表10-3は，上に述べた2つの予測方法でそれぞれどれだけの分散（偏差の2乗の平均）が生じるかを比較しているが，これは「都市の規模を回帰分析の独立変数にすることによって，最初の分散のうちのどの程度の量が説明されるか」という問いに対する答えになっている。都市の規模は最初の分散のうちの59パーセントを説明している。この（a）−（b）の値を**決定係数**と呼ぶが，その平方根をと

表10-3　回帰によってどの程度説明できるか

	パーセント・ポイント	
(a) 説明されるべき分散の大きさ（図10-6と表10-2から）.	2.00	(100%)
(b) 説明されなかった分散，都市の規模による回帰を用いた後で残った残差	.82	(41%)
(a) − (b) 上記2項目のあいだの差，つまり分散のうち説明された部分	1.18	(59%)

った値が一般によく使われている**相関係数**，つまり r である。ということは，決定係数は r^2 だということになる。

表 10-4 には，r と r^2 の関係を示しておいた。この表ではごく単純な計算結果をわざわざあげているが，これは，相関係数 r を使おうと思っている非専門的なユーザーが，相関係数の説明力を過大評価しないように警告するためである。

表10-4

相関係数 (r)	決定係数 (r^2)
±1.0	1.00
±0.9	0.81
±0.7	0.49
±0.5	0.25
±0.3	0.09
±0.1	0.01

実際，この表で上の部分にあげてある数値の場合は 2 種類の係数の値はかなり近いものになっているが，その下にいくと，0.7 という比較的高い相関係数ですら，最初の分散の半分以下しか説明していない，ということが分かる。さらに，0.3 という係数の場合は r^2 は 0.09 になるが，これは，最初の分散の 10 パーセントも説明できていないということを示している。

重回帰分析

ここまでは，回帰分析の基本構造を最も単純な形で理解するために，2 つの変数のあいだの相関と回帰について見てきた。しかし，この分析方法は，2 変数以上の関係を分析する場合でも拡張して適用することができる。その場合は，反応変数［従属変数］の分散を予測したり説明する上で，**いくつか複数の**刺激変数［独立変数］がどのように組み合わされているのか，という点について調べていくことになる。

たとえば，ある作物の収穫量に対して肥料の使用量と降雨量が同時にどのように影響を与えているかを明らかにしたいと思った時には，重回帰分析をおこなわなければならない。図 10-8 に，その種の分析で得られる結果を 3 次元的な図で示した。

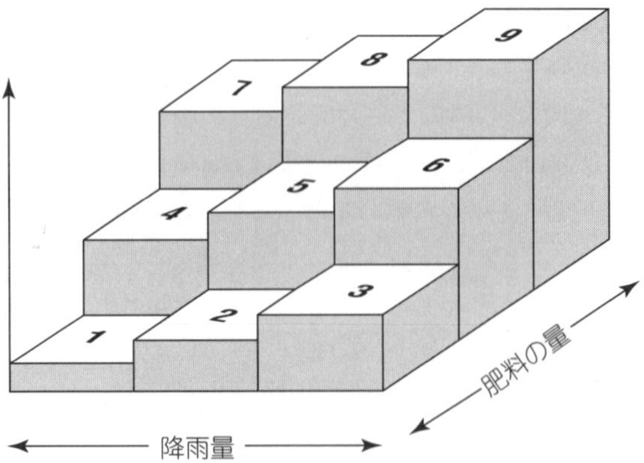

図10- 8　さまざまな肥料の量と降雨量の条件における収穫量

図 10- 8 を真上から見れば，図 10- 9 と同じもののように見えるだろう。図 10- 9 は，3 変数間の関係を通常の方法で図解したものであり，降雨量が 1 単位分だけ増えれば収穫量もそれにつれて 1 単位分だけ増えている。実際，図の一番下にあげた数字に見るように，左のマス目から右のマス目に移るたびに降雨量が 1 単位分だけ増えていくと，収穫量は，肥料の量とは無関係に 1 単位分ずつ増えていく。同じように，図の右端の数字で見るように，下のマス目から上のマス目に移るたびに肥料の量が 1 単位分だけ増えていくと，収穫量は，降雨量とは無関係に 3 単位分ずつ増えていく。

この例では，2 つの原因因子である降水量と肥料の量は，収穫量に対して加算的に影響を及ぼしている。2 つの要因の合成効果は単にそれぞれの要因の影

			肥料の量の単位
7	8	9	2
4	5	6	1
1	2	3	0
1	2	3	
降雨量の単位			

図10- 9　さまざまな肥料の量と降雨量の条件における収穫量――単純化した視点

響を足し合わせたものになっている。たとえば，〈降雨量１単位・肥料０単位〉の組み合わせ（最下段の左端のマス目）から〈降雨量２単位・肥料１単位〉のマス目に移動すると，降雨量の１単位分の増加に対応する収穫量１単位分の増加と肥料１単位の増加に対応する３単位分の収穫量の増加が得られることになる。したがって，この組み合わせでは（1＋1＋3）＝5 単位分の収穫量が得られることになる。最初のマス目からそのマス目に対して右斜め上にあるマス目に移ると，たしかにそういう数字になっている。

もちろん，[現実は，これほど単純なものではなく] 特定の組み合わせの場合には，個々の要因の効果がさらに増進されて（逆に低減されることもある），降雨量と肥料の量のある種の組み合わせがこれよりももっと多いかあるいは逆に少ない収穫に結びつくことがありうるし，実際にそういうこともよく起こる。４変数以上の関係になると，もはや図 10-9 のような図解で表すことはできなくなり，そのかわりに代数式で表現することになる。しかし，基本的な原理そのものは３変数以下の場合と同じである。

回帰分析の目的

回帰分析の主な目的は，従属変数の大きさを独立変数の大きさで予測することである。たとえば，通信販売をしていたシアーズ・ローバック社は，１日あたりの通信販売額を推定する方法として，注文書の入った郵便物の重量を基準にする，という単純なやり方を採用していた。シアーズは，郵便物の重量という情報が，その日のうちに発送準備をしておかなければならない商品の値段と量を早い段階で予測し，またそれに対応して人員配置をする上で十分に使える情報になっていることを発見していたのである。同じように，機械工具に関する書籍の注文数は，その後のある時点での経済全体における一般的な製造業のレベルを予測する上で役に立つ。入試の成績は，入学後の成績について予測する上で有用なものであり，したがって，どの受験生を合格させるかという意思決定をする際の有力な資料の１つになりうる。変数のあいだに何の因果関係がなくても，一貫して高い相関を示していれば，予測がうまくいくものである。

もっとも，回帰分析が因果関係についての推論をおこなうのに使われることも少なくない。つまり，独立変数における変化が従属変数における何らかの変化を**引き起こす**だろうと結論づけるのである。そのような推論は，対照実験によるデータを使う場合には比較的無難なものだと言える。しかし，これが観察データを元にしたサーベイ調査の場合になると，原因と結果の関係について確実な推論をおこなうのはかなり困難な作業になる。もっとも，実験とサーベイのどちらでも，回帰分析を適用する際の表面上の形式は同一である。

図10-9のような，対照実験についての回帰分析の場合は，2つの実験要因によって生み出される影響に関してかなり正確な情報を得ることができる。その場合，明確に定義された刺激（原因）変数を出発点として，それが反応（結果）変数にどのような影響を与えるかという点について，実験状況で観察することになる。

観察データにもとづく因果分析

一方では，「観察データが実際の因果関係を反映している」とかなり確信を持って言えるような状況も，たしかに存在する。先にみた，父親の身長と息子の身長のあいだの関係は，その一例である。何しろ，時間的な順番において明らかに一方は他方に先行しており，その逆の因果関係はありえないからである。もっとも，たとえば，今私たちが分析しようと思っているデータが，あるサンプルの男性に関する，日頃の運動量と健康状態についての記録である場合には，それほど明快な議論はできない。いくら一方の変数によって他方の変数をかなりの精度で予測できたとしても，運動が健康の原因であるとは確証できないからである。もしかしたら，逆の因果関係になっているのかも知れない。つまり，健康であればあるほど運動をする，というようなことも考えられるのである。

観察データに対して回帰分析を適用する場合には，第8章の「真の相関と見かけの相関」という項目で検討したすべてのタイプの問題点やリスクがつきまとうことになる。最初に直面する問題は，従属変数の変化に影響を与える可能性のある，独立変数以外の変数が何であるかを明らかにし，またその実際の影響の程度について測定することである。

たとえば，交通事故の死亡率に対してクルマのスピードが与える影響の程度について調べたいと思ったとする。たとえこの2つの変数に関していくつかの場所における数年にわたる，信頼性の高いデータが得られたとしても，私たちは，死亡率に影響する他の要因を排除していかなければならない。たとえば，小型のクルマであればあるほど危険だし，中年のドライバーよりは特に若いドライバーや年配のドライバーの場合は，事故死のリスクが高い。また，路面の状態や天候条件，酒酔い運転の影響なども考慮に入れていかなければならない。

これらの要因の影響は，場所によっても違うだろうし，時間の経過とともに変わっていくこともあるだろう。

あるいは，死刑執行の頻度が殺人発生率に影響を与えるかどうかを検討することによって，死刑の抑止効果について調べようと思ったとする。よく知られているように，殺人発生率は，特に犯罪が多発する15歳から40歳までの年齢にある男性の人口数，その地域の経済的，社会的，文化的要因など，実に多くの条件によって左右されるものである。実際に死刑の執行状況が殺人発生率に何らかの影響を与えるかどうかを知るためには，死刑執行という要因による影響と，これら他の複数の要因による影響とを区別した上で分析しなければならない。

たとえ考慮に入れるべきさまざまな要因が確定できたとしても，今度は，別の問題が生じてくる。いかにしてそれぞれの要因についての信頼できるデータを入手したらよいかという問題である。高速道路における事故死亡率に関するデータは，かなり良質のものである。しかし，この場合でも，事故の被害者が死亡した病院の所在地は実際に事故があった場所とは違っているかも知れないという問題がある。また，現在では運転スピードのデータは定期的に通行車両がサンプリングされてそのデータがとられている。しかし，死亡事故率を計算する際の分母となる運転の総マイル数については，通常，特定地域におけるガソリンの売上にかかる税収額にもとづく推定に頼らなければならない。

また，収入の分布についての何らかのデータが必要になるようなこともある。もし直接的なデータが入手不能であるならば，たとえば，それぞれの世帯で仕事を持っている人の職種に関するデータでそれを代替させなければならないかも知れない。職業の種類と収入のあいだには関係があるので，職種によって収入額を推定することができるのである。

このように，回帰分析にもとづく因果推論がどの程度正確なものであるかは，第一に他の原因や条件の影響を考慮に入れたかどうかという点や，それらの原因や条件に関する信頼のおけるデータが入手できているかどうかという点に依存しているのである。

回帰分析の落とし穴

第8章と9章では，相関分析を元にして原因と結果の関係を推論することに含まれているさまざまなリスクについて，詳しく検討した。そこでは，相関が見かけのものである場合に，いかに因果関係に関する間違った推論を引き起こしかねないかについて見てきた。その議論でとりあげた単純なカテゴリーの例で指摘したのと全く同じことが，回帰分析の対象になるような本格的な変数の場合についても言える。図 10-10 は，散布図の見方によっては，見かけの因果関係を真の因果関係として誤認することになりかねない可能性があることを示している[2]。

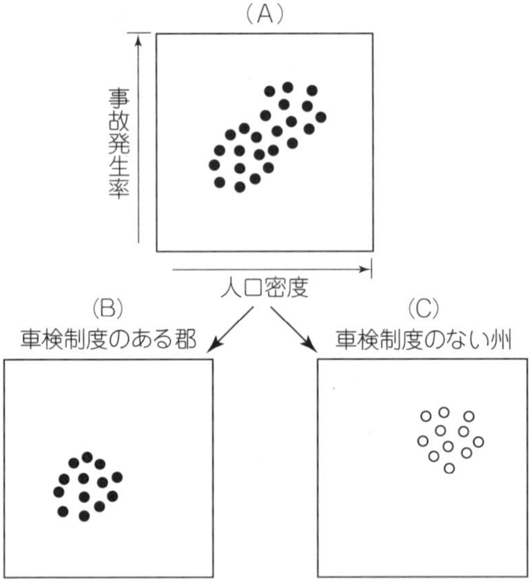

図10-10　29郡における人口密度と自動車事故の発生率

図 A の点は，いくつかの郡を，横軸に示した人口密度の数値を基準にしてプロットしたものである。縦軸上の位置で示される点の高さは，それらの郡における自動車事故の発生率を表している。散布図全体の楕円形の形は，2 つの変数のあいだに一定の関係が存在していることを示唆している。つまり，人口密度が高いほど，自動車事故の発生率が高いというものである。

さらに詳しく検討してみると，郡と郡のあいだには人口密度と事故率だけでなく，3 つ目の点でも違いがあることが明らかになった。いくつかの郡では車検制度があるのに対して他の郡にはないのである（なお，この例は架空のものである）。図 B は，車検がある郡の場合を示している（●）。一方，図 C は車検のない郡のデータである（○）。これでみると，人口密度が低い郡には車検があるが，これはおそらくクルマの数も少ないので車検制度を施行しやすいからだろう。これに対して，人口密度の高い郡は車検制度がない。こうして，２つのグループに分けた上で改めて２つの散布図を作ってみると，どちらの散布図ももはや楕円でなく，円の形になっている。つまり，どちらの図も，特に人口密度と事故率のあいだに関係があるようには見えないのである。こうしてみると，事故率における差の原因となっていたのは，実は車検制度の有無という条件であったということが分かる。そして，図Ａで２つの散布図を組み合わせた結果として楕円形になっていたのは，結局，見かけの相関だったということが分かる。

回帰分析におけるもう１つの典型的な問題に，独立変数同士のあいだに何らかの関係があるという状態からくるものがある。

さらに，２つの要因のあいだの因果関係の方向性が全く分からないことによる問題もある。因果関係の方向性が両方ありうる場合は，さらに問題が厄介になる。あるケースでは，要因Ａが原因となってＢの値が変化するのに対して，別のケースでは，逆にＢがＡの値の変化に影響を与えている，というような場合である。たとえば，収入と教育歴の関係が，その典型的な例である。経済的に有利な立場にある場合は，平均的に教育年数も長くなるだろう。一方，教育歴が長くなってくれば，それ自体が今度は収入が増える原因になってくるだろう。他の例は，たとえば犯罪の増加によって警察力が強化されるが，警察力の強化は犯罪を減少させる原因になる，というものもある。以上のような例では，それぞれの変数の変化の動きが十分に分離できた場合に限って，変数同士の相互作用についての解明ができるようになる。

最近，塩の摂取量を減らすと血圧が下がるとされている一般常識を打ち破った，と称するある研究成果についての新聞報道があった。その研究は，塩の摂取量が多くても血圧が特に高いわけではないということや，あるいは，塩の摂取量が少なくても高血圧の場合が少なくないということを示していた。[これについては，たとえば次のよう例を使って反論できる。] 私の若い友人は健康で運動好きであり血圧は高くないが，塩っ気の多い食べ物を好んで食べている。これは，おそらく彼の場合は，長時間にわたってテニスで激しく体を動しているあいだに汗と一緒に塩分が失われるので，それを補給するためということがあるだろう。それに対して私の場合は，味の好みに関しては，若い友人と同じように塩っ気の多いものが好きなのだが，寄る年波で血圧が幾分高めになってきているために，塩分の多い食品は控えるようにしている。このような，私の友人と私のような例を何千人分か集めるとできあがってくるのが，塩の摂取量を減らすと血圧が下がるという理論に対する反証になると称する統計データである。実際には，その統計データは全然反証になどなってはいない。というのも，因果関係は逆である可能性があるからである。つまり，血圧が下がると塩分をとりたくなってくるし，高血圧になると塩分を控えるようになるということである。その統計データを使った研究で解明されていないのは，塩分の摂取量の変化が実際にどのような影響をもたらすか，という問題である。実際，もし私がもっと塩分をとるようになったら血圧にはどのような影響があるだろうか。また，私の友人が年をとっていく中で塩分の多い食品を控えるようになったら，血圧にはどのような変化が見られるだろうか。

ある種の因果分析については，特に注意が必要である。個別の分析単位に関する相関データが入手できない時には，グループ全体の平均（一般に地域を単位にした集団データがよく使われる）をその代用として使いたくなることがある。たとえば，コーヒーの摂取量とガンのあいだに何か関係があるかどうか調べたいと思った時には，本来必要なのは個人を単位にしたデータである。もしそのようなデータが存在しない場合には，研究者はそのかわりに，いくつかの国のデータをとってきて，それらの中で１人あたりのコーヒー消費量とガンの発生率とのあいだに相関が見られる国がないかどうか調べようとするかも知れない。個人別データがどのような形で集団レベルの平均にされたかによっては，そのような，通常**生態学的**相関と呼ばれる数値は，きわめて信頼性に乏しいものである可能性が高く，実際個人別の数値で相関係数を割り出した場合よりも高い値あるいは逆に低い値になることが多い。

最後に，複雑な因果関係について，それを精確な形式つまり「モデル」として表現する上での難しさがある。複雑な因果関係を表現するための数学的ツールにはかなり多様なものがあるために，回帰式にもいろいろなタイプのものがある。比較的単純な例をあげれば，たとえば，その関係が対数式で表現できると考えてみるのが有効な場合もある。つまり，１つの変数の変化が他方の変数においてはそれに対応する数パーセント分の変化を生じさせる，というような場合である。ともあれ，このような回帰式は，その定義上１つのモデルであり，したがって，現実の世界における因果関係の近似物に過ぎない。したがって，観察データを元にして作られた回帰式がどの程度現実に適合したものである，かという問いには，きわめて微妙な問題が含まれていることになる。回帰式の「頑健性」（統計学者はこう呼ぶ）をめぐる問題は，どうしても最後まで残るものなのである。一般的なルールとして言えるのは，コンピュータからはじき出される計算結果に対しては慎重に対処した方がよいということである。実際，コンピュータというのは，一見非常に正確な計算結果をはじき出してくるものだが，それが見かけだけのものに過ぎないことも多いのである。

まとめ

回帰分析は，予測という目的のために使われる時には非常に強力な分析ツールになる。一方，回帰分析を何らかの変数による影響に関する因果推論をおこなうために使う場合には，リスクがつきものである。特に，基礎的なデータが実験によるものではなく観察データである場合には，リスクが大きなものになる。そのような場合には，分析結果の妥当性については慎重になるべきである。また，その際には，他の種類のデータソースを使うことによって，最初のデータとは独立した形で最初のデータで観察された回帰効果への裏付けを入手するようにつとめるべきである。これが，「トライアンギュレーション（方法論的複眼)」と呼ばれるやり方であるが，これについては，本書の最終章で解説する[3]。

第11章
理由分析 I ——説明図式
Reason Analysis I: The Accounting Scheme

「なぜ」を問う技術

これまでの章では，主に集団を分析単位にした測定値間の関係に関する統計分析の例を中心にして，原因と結果のあいだの関係を明らかにしてきた。本章では，これとは別の形で因果関係を明らかにしていく方法，つまり，個人レベルの出来事や行為における因果的な連鎖関係について，時間を追って明らかにしていく技法に注目していく。

もし私たちが理解しようと思っている出来事が人間の行為であるとするならば，その因果的な構造を解明する最良の方法は，その行為の当事者を相手にして聞き取りをおこなうというやり方であろう。これに対して，たとえば工場における爆発事故の例のように，出来事全体の中で人間の行為がマイナーな役割しか果たしていないような場合，あるいは航空機事故のように聞き出すべき相手が誰一人として生き残っていない場合には，もっと間接的な方法で因果関係について追求していかなければならない。いずれにせよ，原因あるいは理由の分析は，たいていの場合はとうてい一筋縄ではいかない難しい作業になる。もっとも，過去数十年のあいだに調査テクニックが進歩してきたこともあって，理由分析（reason analysis）という呼び方で知られるようになってきた，個人に関わる出来事を明らかにするための技法の概略について，ここで解説できるようになった[1]。

少し考えただけでは，「なぜ？」という問いが，以上のような研究すべてに対するカギを握っているように見えるだろう。実際，人の行為が問題になっている場合には，単に「どうして，そういうことをしたのですか？」と本人に聞けばよいだけのようにも見える。奇妙なことに思えるかも知れないが，たいていの場合，そのような質問に対する答えからは期待外れのヒントのようなものしか得られない。というのも，その種の質問に対しては実にさまざまな答え方ができるものであり，聞かれた側としても調査者に参考になるような答え方をするのが容易ではないことが多いからである。たとえば，最近他の国から米国に移住してきた人々に「なぜアメリカに来たのか」と聞いた場合を想定してみよう。その人々の答えの内容や種類は，驚くほど多様なものであるに違いない。そのうちの１人は，「本国では賃金水準が低かったから」と答えるかも知れない。もう１人の答えは，「叔父に，移住するのはいいことだと説得されたから」というものであるかも知れない。３人目は，「アメリカにはいい仕事がたくさんあるからね」。４人目になると「婚約者が少し前にアメリカに来ていて，私は彼を追いかけてきたの」。

このような一連の理由をどのような形で整理したらいいかは，判断に苦しむところである。というのは，これらの答えは具体性という点でも，意思決定のプロセスの中での次元という点でも違いが大きいからである。最初の移住者は，出身国に対する不満について語っているのに対して，２番目の人は，移住についての決心をかためた際に影響を与えた人，３番目は移民先の国の魅力，４人目は，移住決定の際のかなり個人的な事情について語っている。こうしてみると，４人目の例を除けば，これらの答えは，どうひいき目に見てもそれだけでは不完全なものであることが分かる。たとえば，もし出身国の賃金水準の低さが移住の理由であるとしたら，移民先の国の賃金の高さが当然それに関係しているはずであるし，叔父の影響が強かったとしたら，その叔父は米国への移住を勧める何らかの理由について語っていたことであろう。

一般的にいって，人の行為には複数の理由があるのであり，単純に理由を聞くような質問だけでは，それらの理由のすべてについて明らかにすることはできない。というのも，人は自分の行動について説明する時には，長ったらしくて込み入ったストーリーで語るようなことはせず，何か特定の理由を１つだけあげることで済ませてしまう傾向があるからである[2]。たしかに，簡潔に述べられた，たった１つの理由だけを挙げた答えは，それ自体が重要な意味を持っていることもある。たとえば，それは，さまざまな理由の中でも最も重要なものであるかも知れない。これについては後で詳しく論じることにするが，婚約者の跡を追ってきたと答えた女性の例がそのような答えの典型例である。

理由について聞く場合には，もっと複雑なテクニックが必要とされるのであり，それには一般に，以下のような明確なステップが含まれている[3]。

1．明らかにすべき問題を明確な形に整理する。可能ならば，調査の結果によって示唆が得られる現実的な問題に対する対策を念頭に置いた上で，問題を定式化する。
2．探索的な聞き取りをおこない，さらに関連するデータを探して収集していく。
3．これらのタイプの行為についての説明図式（この用語については，すぐ後で解説する）を構築する。
4．説明図式をサーベイ手続きに適用する。
5．得られた調査結果を分析する。

以下本書では，これらのステップの一つひとつについて検討していく。最初の3ステップをこの章で解説し，残りの2ステップについては第12章で検討する。

問題の明確化

少し考えただけでは，動機について分析しようとする場合，先入観を持たないで課題にアプローチすべきであるように思われるだろう。つまり，いろいろな理由や原因を整理できるような枠組みを事前に設定するようなことなど一切しないで，調査課題にアプローチするのである。

しかしながら，もう一度考え直してみると，どんなに単純な決定であってもその背後には人の一生の全経歴が存在しているのであり，また一つひとつの決定にはそれをめぐる社会的・物理的環境の全部が関連しているのだということが分かる。そのような複数の理由が織りなすネットワークのパターンをどこまでも際限なく追求していくことなど不可能であるし，望ましいことでもないから，調査をする場合には，その範囲を限定しておかなければならない。調査の枠組みの範囲は，もっぱら調査の目的によることになる。したがって，最初のステップは，この調査目的を明確にし，また関連する要因の範囲を確定することである。

たとえば，政府機関からの委託を受けて，移住の原因について，特に米国のどのような点が移民にとって魅力になっているかという問題や，何が移住にとって障害となっているかについて調べることになったとする。そのような場合は，移住にとって「プル」となるような理由のすべてについて，集中的に調査するだろう。一方，出身国の側からどうして多数の家族が他の国に移住していくのか，その理由について調査することを依頼された場合はどうだろうか。そういう場合は，移住希望者に対して国を離れるように仕向ける「プッシュ」要因となる理由が主な調査対象になるだろう。

あるいはまた，犯罪対策委員会が地域の強盗件数を減らす方法について調べたいと思っている場合について考えてみよう。このケースでは，人が強盗犯になっていく理由を探ることが課題になる。社会的背景，性格，友人関係などのうち，どのような要因が強盗行為あるいは強盗犯としてのキャリアにつながるのかについて明らかにしていくのである。また，強盗がどのようにして押し入る先として特定の家を選び出し，他の家については敬遠するのかに関して調べようとする時の調査の目的は，強盗被害にあわないようにするための条件を割り出すことであろう。最後に，どのような条件が強盗事件に対する効果的な抑止要因になりうるかを知りたいと思うこともあるだろう。

調査の目的によってどこに強調点を置くべきかという点が決まってくるものであるし，また，それによって操作可能な要因とそうでない要因とのあいだの重要な区別も浮かんでくる。たとえば，犯罪研究においては，貧困家庭出身の若者は裕福な家庭出身の若者よりも犯罪を犯す傾向があるということを知るのは興味深い研究テーマかも知れないが，それだけでは実践上有効な情報ではないだろう。一方，人気のある教師に対して愛着心を持っている場合には，若者は真っ当な生活をするということであれば，貧困地区の学校の質と教師の質を向上させることが検討すべき対策となるかも知れない。

探索的聞き取り

人がおこなう意思決定の多くは，比較的単純な構造になっている。また，他のタイプの意思決定についても私たちが十分な知識を持っている場合には，意思決定に際しての理由を分類する枠組みとしての最終的な説明図式を構築するのは，それほど難しいことではない。しかし，調査しようと思っている決定プロセスが当初考えていたよりも複雑であったり，分析者にあまり前提知識がないことも多い。そういう場合には，その意思決定プロセスに含まれるすべての次元を明らかにするための最初のステップとして，探索的なインタビューをおこなうことが必要になってくる。

聞き取り調査によってデータを収集する場合にまず手始めにおこなうのは，

調査しようと思っているタイプの意思決定をおこなった人々に対する「パイロット（試験的な）・インタビュー」である。

パイロット・インタビューをおこなう際には，まだそれほど有効な手がかりがないのが普通である。一般的な規準がいくつかあるだけに過ぎない。そういう場合は「どうして，あなたは○○したのですか？」という質問を皮切りにして，相手に好きなだけ話してもらうというやり方でインタビューを始めてもかまわない。その後で，相手に対して，実際の意思決定の際の時間的順序を正確にたどるように仕向けたり，一つひとつの決定の時点で作用していた影響力やその時の動機などについて尋ねていくようにすると有効であることが多い。

これは，実際にはかなり難しい作業である。というのも，この作業をおこなう際には，理想的に言えば心理学者，歴史学者，それに好奇心旺盛なジャーナリストをすべて合わせたような技量を持っているのが望ましいし，一方では，弁護士のように，反対尋問ができるような能力も必要になってくるからである。

概して言えば，聞き手が適宜追加的な質問をはさみながら聞き取りをすることが必要になってくるタイプの答えには，3種類のものがある。1つは，答えが明らかに不十分なものであり，2つ目は，それ以前の質問に対する答えと矛盾するような答えであり，最後は，意思決定プロセスに関する説明としては前後の経緯がうまくつながらないような答えである。

たとえば，もし相手が，叔父が米国に移住してくるように勧めたという理由をあげたならば，聞き手としては，その叔父がどんな理由をあげて説得したかという点について聞き出さなければならない。もし弁護士が，「自分はいつでも依頼人に対しては，陪審員による審理を受ける権利を決して放棄しないように，とアドバイスする」と言っておいてから，インタビューの後半で，ある事件についてはその権利を放棄させたと語ったならば，その例外的なケースについての説明を求めるべきである。もし囚人が，自分はプロの強盗だからある家に強盗に入ったのだと言ったならば，なぜ特にその家を狙ったのかについて知りたいと思うだろう。

聞き取り調査における聞き手は，裁判官とは違って職権として相手に何かを話させる権利を持っているわけではないから，機転と共感能力をうまく働かせて聞き取りをおこなわなければならない。また話し手が本当のことを語るのを意識的あるいは無意識的に躊躇しているような場合には，この課題を達成するのが難しくなることも多い。

聞き取りの上での一般的なルールの1つは，〈最終的な決定内容というのは，次第に選択肢の数が少なくなっていく，全体として漏斗のような形になっている意思決定プロセスの終着点であるということを明確に認識しておく〉というものである。聞き手は，このプロセスを逆にたどっていきながら，最終的な選択以外にありえたいくつかの選択肢の一つひとつについて，なぜそれが除外されたのか，という点について明らかにしていくことになる。逆に，最終的な選択の理由についての説明は，それだけで他のすべての選択肢を排除するに足るものでなければならないか，あるいは他の理由を付け加えて補足説明することで，その可能性が排除できるものでなければならない。その他の理由が，それだけで他の可能性を排除する場合もある。探索的な聞き取りがうまくいったということは，インタビューをする側が内心「これで納得できた」言えるようでなければならない，ということなのである。

このような予備的な聞き取りを経て，意思決定プロセスにおける特定の1つの構造あるいはいくつか複数のタイプの構造が，少しずつ明らかになってくる。たとえば，強盗行為の原因について探っていく作業によって，この行為に関わる意思決定プロセスには2つのタイプのものがあることが浮かんでくる。常習強盗犯がおこなった最新の犯行に関しては，かなり早い時期の，強盗犯になると決めた時点での選択によってしか説明できない。他のタイプの強盗犯については，その強盗行為が初めての犯行ではないにしても，常習の強盗行為の場合とは違って比較的孤立した出来事としての犯行であるかも知れない。つまり，プロの強盗犯になるプロセスはある1つのタイプの意思決定プロセスであり，特定のターゲットに狙いを定めて実行に移すというのは，また別の種類の決定プロセスなのである。そして，プロではない者が強盗行為を犯すにいたるまでの意思決定プロセスについては，さらに別の形での調査が必要になってくる。

強盗と比べてはるかに害が少ない映画鑑賞についても，これと同じように構造という点でさまざまなタイプのものがあることが分かるだろう。映画ファンの中には，定期的に近所の映画館に行く人々がいるが，そういう人たちの中には，どういう映画がその時点で映画館にかかっているかという点にさえあまり頓着しない人がいるかも知れない。その対極には，特定の映画を見たいと思っている観客がいるが，このような観客の場合は，もし必要ならば，自分の住んでいるところとは町の反対側にある映画館にだって出かけていくだろう。

先にとりあげた移民のケースについても，2つのグループに分類できるだろう。一方には，米国に移住してくることを最初に決めた人々であり，もう一方は，婚約者や子供の場合のように，他の人々の決定にしたがってついて来た人たちである。

予備的な調査の結果，個人的な決定と集団的な決定のあいだの重大な区別が明らかになってくるかも知れない。たとえば，家族はいろいろな意見について検討した上で他の国への移住を決めるかも知れない。集団的意思決定の典型例は，言うまでもなく公判陪審であるが，この場合は，法律の規定で集団全体として決定を下すことが義務づけられている。

このようなさまざまなタイプの行為に関する推論の中には，蓄積された知識や常識にもとづいてなされるものもあるが，もっと一般的には探索的でインフォーマルな聞き取りによって推論がなされるものである。いったん調査目的が明確にされたあとは，最終的にフォーマルな調査の枠組みが構築されるまでは，ほとんどすべての意思決定プロセスについて，この種のインフォーマルな聞き取りによる解明が進んでいくことになる。そして，理由分析における次のステップは，調査の対象となる特定の行為，あるいは複数のタイプの行為を特定することである。

説明図式を構築する

ありとあらゆる理由について調べた上で，その理由の数を処理できる範囲にまで絞り込むことができたら，次の課題は，研究対象になっているプロセスに含まれるさまざまな次元について探索的に検討していく作業ということになる。ここで次元というのは，理由に関する一般的なカテゴリーを意味する。移住の例では，出身国に対する不満，移住先の国の魅力，特定個人からの影響などがこれにあたる。あるいは，乗用車の購入決定についての研究だったら，新車を買いたいと思うようになる一般的な状況に加えて，誰かの勧めや広告などの影響によって潜在的な購入者が具体的に何種類かのクルマを候補に絞り込んだ上で最終的に特定のクルマを買うにいたるまでのプロセスということになる。

このようにして行為の理由に関わるいくつかの次元を区別しておくことの目的は，個人ごとにあげられた多様な目的を単一の論理的枠組みによって整理していくことを通して，最終的には，意思決定の理由についての，より一般的な陳述を統計学的な形式で表現できるようにすることにある。つまり，個々のケースにしか当てはまらないように見える多種多様な理由を，その後の分析にとって好都合な，より一般的なカテゴリーにグループ分けしておく必要があるのである。

女性たちが特定のフェースクリームを選ぶ理由について調べることを目的とした調査では，以下のような，相互に何の関連もなさそうないくつかの理由があげられた。

A嬢　「ラジオでこのクリームの広告を聞いたから」
B嬢　「私は脂性《あぶらしょう》なんで，このクリームを使えば肌がさらさらになると思って」
C嬢　「乾燥肌なんですけど，薬局でこのクリームだと保湿効果があると聞いたので」
D嬢　「匂いがいいと思ったので」

先にあげた移住に関する聞き取り調査の場合と同様に，上の例についても2つの点が明らかである。1点目は，話し手は私たちが知りたいと思っているプロセス全体のごく一部についてしか話していないということである。2点目は，それぞれの答えであげられている理由は，互いに異なる次元に属しているということである。クリームの品質についてあげているものもあれば，特定の製品を知るきっかけをあげている場合もあり，また，特定のクリームが必要になった理由をあげているものもある。

このような一連の答えを元にして，調査目的にとって直接関連のある構造的次元が何であるかを見きわめていくことになる。フェースクリームの例に関しては，以下のような3つの次元が浮かび上がってきた。

1. **回答者自身の先有傾向**（predisposition）——肌の特質あるいは特定の好みや先入観
2. **製品**（クリームの特質）——品質，想定されている効能，価格など
3. **情報源**——回答者が製品の存在やその品質に関する情報を得た手段

予備調査の結果，消費者がなぜ特定の銘柄のクリームを買ったかという質問に対する完璧な答えは，以上のような3種類の理由をすべて含むものであることが明らかになった。これら3種類の理由は，それぞれ異なる次元に対応している。表11-1に示した説明図式を使えば，4人の回答者の答えがそれぞれどの程度完璧かあるいは逆にどの程度不完全なものであるかが分かる。

表11-1は，最も単純なタイプの説明図式であり，この表には回答者の体質・素質，製品の品質，情報源が併記してある。最初の次元についてもっと一

表11-1　特定の銘柄のフェースクリームを選んだ理由

	製品		
回答者	体質・素質	クリームの品質	情報源
A嬢	無回答	無回答	ラジオ
B嬢	脂性	肌をさらさらにする	無回答
C嬢	乾燥肌	乾燥肌の予防	薬局
D嬢	無回答	いい香り	無回答

般的な形式で言えば，**先有傾向**には，購買決定に先立つすべての動機が含まれることになる。あるケースではそれはもっと手がきれいになりたいというものであり，他のケースでは孤独でいたくはないというものであったりする。2番目の次元は購買欲求の対象となったものの**属性**に該当し，3番目は意思決定のプロセスを左右する**影響**に該当する。さらに一般的［抽象的］な形で言えば，この3次元は，それぞれ人，対象，社会状況にあたる。

この3次元的な説明図式（科学的用語で言えばモデル）は，製品市場あるいは他の場面における単純な構造の意思決定の多くに適用できるだろう。

この枠組みを説明図式と呼ぶのは，このようにして必要十分なだけの複数の次元を設定すれば，調査の過程で得られた多種多様な回答を統計的集計という目的に沿って適切な形で整理することができるようになるからである。こうしてデータをモデルにまとめあげていくことによって，データ収集をおこなう上でのガイドラインができあがってくるし，データの解釈のための枠組みも構築されていくことになる。それに対して，説明図式というテクニックによる一般化［抽象化］がなされないと，人の動機の多様性について分析することが困難になってしまう。理由分析によって，ある特定のタイプの選択に関する個々の具体的な理由がもっと一般的で数量的な陳述形式の表現に置き換えられ，最終的には，意思決定全般に関わる一般的な分析の枠組みができあがるのである。

プッシュ・プルモデル

何らかの変化，あるいは，ある状況から別の状況への移行やある製品から他の製品への切り替えなどが問題になっている時には，行為選択における両極端の状況を基本にしたモデルがほとんど自動的に浮かび上がってくる。つまり，それまでの状況に対する不満（プッシュ）を一方に置き，他方には，変化させることによって期待される満足（プル）の状態を置くモデルである。その例の1つは，この章で最初に解説した移住に関する意思決定である。その他には，ある型のクルマから次の型のクルマに乗り換えたり，それまで住んでいた家を売って新しい家を買うというのも，その例である。

このプッシュとプルが両極を構成していることを考えれば，理由に関する他の次元は中間領域に属するものとして位置づけることができる。たとえばその次元が，新しい状況に対して注意が向けられるまでのプロセスであることもあるだろうし，あるいはまた，プルやプッシュの力を強める作用を及ぼす他人からの影響に関する次元なども，中間領域に属するものだろう。

他人からの影響は，それ自体が2つの下位次元から構成される場合もある。影響の**源泉**と，そのコミュニケーションの**内容**である。この2つの次元の関係を明らかにすることによって，あるメッセージそれ自体が持つ相対的な影響の程度と，そのメッセージの出どころとを区別できるようになる。時には，メッセージの出どころが特に重要ではない場合もある。たとえば，「誰かが強盗に入られたという話を聞いたので，急いで家に帰るところなんだ」と聞かされた時のような場合である。他の場合には，情報の出どころこそが重要になる場合もある。たとえば，ある少年が「パパがそう言ったから，こういうことをしたんだ」と言ったような場合である。

説明図式の次元はその後でデータをさらに探して収集していく作業の際にも，あるいは最終的に統計分析にかける時にも，それらの作業をおこなう際の基礎になる。したがって，図式の中の次元には予想できる理由の種類を全部網羅しておくべきであり，また，次元同士は相互に重複がないようにしなければならない。そうしておけば，どんな理由があげられたとしても，それを1つの次元だけに分類することができるし，2つ以上にまたがって重複して分類せずに済む。説明図式の範囲に関しては特に制限というものはなく，次元は相当詳しいものであってもよいし，逆に非常に広い範囲をカバーするものであってもかまわない。つまり，意思決定のごく限られた側面について記述するものであってもよいし，決定プロセス全体をカバーするようなものであっても差し支えないのである。

理由のアセスメント

すでに述べたように，理由分析の適用対象は，聞き取り調査のデータや意識的な意思決定のプロセスに限定されるものではなく，事故分析の場合のように，他のタイプの行為や出来事についても適用可能である。このようなケースを行為者自身に対する聞き取りの場合と区別する必要があるので，ここではこれを理由の**アセスメント**と呼ぶことにする。これが意味のあるものであるためには，分析者は，その特定の調査対象の領域でどのようなタイプの因果関係があるかという点について，ある程度の知識を持っている必要がある。そして，アセスメントの際には，単に，その特定のケースに対してその因果関連図式をどう当てはめるかということが問題になる。要するに，分析者はその分野におけるエキスパートである必要があるのである。

たとえば，交通事故についての調査担当者のあいだでは，図 11-1 に示された 4 つの次元からなる説明図式が有効であるとされてきた[4]。

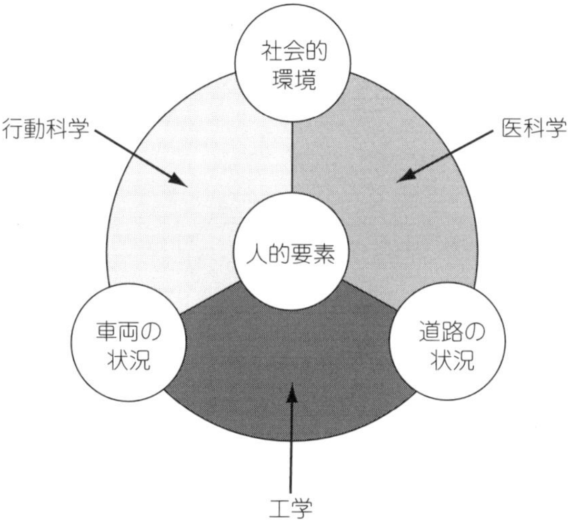

図11-1　交通事故に関する説明図式

多次元的なモデル

かなり複雑な説明図式が必要であった場合の 1 つに，被告側弁護人が刑事事件を陪審つき審理にかけるか，それとも（弁護士はそうする権利を持つことが多いのだが）陪審による裁判を受ける権利を放棄して，依頼人のケースを陪審なしで裁判官による審理に委ねるか，という決定をするまでのプロセスに関する研究例がある[5]。

その研究の結果，その種の決定の仕方には主に２つのタイプのものがあることが判明した。１つは，弁護士事務所内部に，特定の事件に関して陪審による裁判を受ける権利を放棄するか否かに関する一定の規定がある場合である。もう１つのタイプの決定の仕方は，この件についての意思決定は個々のケースの状況を多かれ少なかれ慎重に調査してから決める，というものであった。下にあげる説明図式は，後者のタイプの決定方法に関する分析の枠組みとして構築されたものである。

陪審つきかそうでないかの選択に関わる理由分析の図式

Ⅰ．意図する利点

Ａ．より有利な評決

Ｂ．裁判費用の軽減

Ｃ．有利な条件で有罪申し立ての交渉ができる可能性[6]

Ｄ．上告の際に有利

Ｅ．裁判に負けた時に依頼人に抗弁できる

Ⅱ．決定に及ぼす影響

Ａ．依頼人の希望

Ｂ．予審判事の好み（予審判事の心証を有利にする狙い）

Ｃ．弁護士の個人的好み

Ｄ．相手方弁護人の好みへの対抗

１．特定の事件に関するもの

２．一般的な好み

Ｅ．特定の法廷における伝統

Ⅲ．判事と陪審団のあいだの違いの中で，有利な評決を引き出せそうな条件

Ａ．陪審員

１．１人以上の構成

ａ．裁判の前の意義申し立てによって陪審員の構成を変更可能

ｂ．陪審員を１人説得できれば有罪を免れる[7]

ｃ．個人のバイアスで多様な見解を帳消しにできる

２．基本的態度

a．必ずしも法律の条文に縛られない

b．特定のバイアス

（1）負け犬に同情的

（2）世間で不人気な起訴に対しては否定的

（3）世間の先入観を代表

B．判事

1．陪審の権利放棄があると，量刑面で寛大になる

2．個人的なバイアスの可能性

a．弁護人に対して

b．被告あるいは証人に対して

c．事件のタイプに対して

Ⅳ．訴訟事件

A．訴訟事件の内容

1．犯行のタイプ

2．主要な問題は事実か適用すべき法律か？

3．弁護人が主に強調しているのは，

a．被告人の自責の念

b．刑期の長さ

c．より軽い方の犯罪について有罪判決を得ること

B．予想される審理期間の長さ

C．事件の難しさ

D．訴訟事件に関わっている人々の個人的特質

1．依頼人

a．生育環境

b．身体的特徴

c．前歴

d．証言の仕方

2．予定されている証人

a．生育環境

b．身体的特徴

c．証言の仕方

d．前歴

E．勝算（裁判の前の）

F．事件に対する世間の注目の程度

弁護士が陪審裁判を受ける権利を放棄する際の思考過程あるいは論法の例には，次のようなものがあるだろう。

これは，同性愛者に関わる事件であった（Ⅳ，A，１）。陪審裁判にかけるのは少しリスクが高いと思っていた。というのも，陪審員は性的逸脱者にはあまり好意を持っていないからだ（Ⅲ，A，２，b，(3)）。それに，判事のことも知っている。彼は経験豊かで賢い男であり，極端な判決は出さないだろう（Ⅲ，B，２，c）。第一，無罪判決の可能性はほとんどないのだ（Ⅳ，E）。問題は，執行猶予がとれるかどうかだ（Ⅳ，A，３，b）。それに，判事は陪審裁判なしでやると量刑については甘くなる傾向があるものだ（Ⅲ，B，１）。全体として見ると，依頼人にとっては陪審なしの方が有利な判決が出るだろう（Ⅰ，A）。このことについて依頼人にも話してみたら，彼は私に任せると言っていた（Ⅱ，A）。

「なぜ，そうしないのか」を尋ねる技術

時には，ある行為を積極的に動機づけた要因について明らかにすることではなく，むしろある行為がおこなわれなかった時に，その背景にある動機について明らかにすることが調査の焦点であることもある。このような際の調査における最終的な目的は，犯罪の場合のようにその行為が望ましくないものである場合には，その動機を強めるようにし，望ましい行為の場合にはその無行為にいたる動機を打ち消すことにある。後者の例の１つに，産児制限についての研究がある。特に，発展途上国においてなぜ推奨されている避妊法が実践されていないのかという点について明らかにするよう場合である。表 11-2 には，ある研究で紹介されている，避妊をしない理由についての説明図式をあげておいた。

避妊という行為を動機づけるためには，これら４つの次元（必要性，知識，反対意見，入手可能性）が全部作用していなければならないが，どれか１つの次元ないし４つの次元すべての要因が作用していなければ，避妊は実行されないだろう。

表11-2　避妊法を用いない理由についての説明図式*

1．条件

(ⅰ)妊娠の望ましさ　　(ⅱ)妊娠できるか，できないか

2．知識

(ⅰ)特定の避妊法についての知識　　(ⅱ)避妊法というものがあるという点についての一般的知識　　(ⅲ)両方ともない場合

3．反対意見

(産児制限一般に対する・あるいは・特定の避妊法に対する)

(a)内容
- (ⅰ)倫理
- (ⅱ)健康
- (ⅲ)快適さ

(b)源泉
- (ⅰ)宗教
- (ⅱ)医療専門家
- (ⅲ)家族，友人
- (ⅳ)過去の経験

4．入手可能性

(ⅰ)物理的に入手不能　　(ⅱ)心理的な抵抗

*David L. Sills, "The Art of Asking 'Why Not?' " in *Proceedings of the Fourth All-India Conference on Family Planning* (Hyderabad, Bombay: Family PIanning Association of India, 1961), pp. 26, 33を元にして変更を加えて作成

時間という次元

すべての意思決定というものは，ある一定の時間幅の中でおこなわれるものである。いかに衝動的に見える行為，たとえば，セルフサービスの店での「衝動買い」や突如怒りに襲われて犯した犯罪の場合でも，それに先行する出来事との関連で説明できた時にのみ，意味のある説明になる。これからすると，時間は，どのような意思決定プロセスにおいてもその本質的な要素になっているのだと言える。

もっとも，すべての説明図式において時間という次元が必要になってくるというわけでない。というのも，決定プロセスにおける正確な時間的順序に関する情報がほとんど意味をなさないようなケースもあるからである。たとえば，ちょっとした買い物のケース，あるいはまた事件を陪審評決に委ねる際の弁護士の判断については，時間の次元はほとんど重要ではない。それに対して，もっと長い時間にわたって生じる出来事に関しては，時間が重要な要因になってくる。たとえば，次のような問題の場合には，説明図式に時間という要素を入

れておく必要がある――クルマや大型家電製品の購入，選挙の日に投票する候補者，新薬を処方するかどうかという点についての医師の決定。

引き金となる出来事

長期にわたるタイプの行為の中には，比較的ささいな出来事がきっかけになってその最終局面にまでいたるものがある。これは，何らかの外的な出来事や内部的の展開によって，特定の動機が活性化され，またどうしてもある選択をしなければいけない状況が生じて，すでに存在していた潜在的な動機がその時点で急激に効力を発することがあるからである。プロの掏摸《すり》の行為は，このようなものだと考えられる。ベテランの掏摸は，常に仕事の機会をうかがっているものだ。したがって，何らかの外的な出来事によって，カモになりそうな人物に有利な条件で近寄ることができたら，すぐさま仕事にとりかかるのである。

また，外的な出来事が引き金的な効果を持つことがあるだけでなく，内的な状態がある一定のレベルにまで達することによって行為に駆り立てられることもある。痴情犯罪（通常は殺人）については，まさにこのようなタイプの行為の1つとしての説明可能である。実際，一見説明不能にも見える突発的な暴力行為は，鬱積した感情に加えてそれを表面化するような比較的ささいな出来事を明らかにすることができれば，理解可能になる。

あまりドラマチックな例ではないが，なぜコーヒーをやめて紅茶を飲むようになる人がいるのかに関しておこなわれたある調査の結果は，このダイナミックなパターンでうまく説明できる[8]。何割かの人々にとっては，その理由は，コーヒーの値段が急に上がったからとか，医者が紅茶に切り替えるよう勧めたからというものであった。しかし，かなりの割合の人々については，その種の明確な理由が見あたらなかった。単にコーヒーについての不満が，最終的に「何かをしなければならない」と思うようになるレベルにまで蓄積され，特に明白な外部からのキッカケがなかったにもかかわらず，変化が生じたのであった[9]。

決定におけるいくつかの局面

そして，決定の中には，一定の時間幅の中で起こるだけでなく，その途中のプロセスで性質が変わってくるものもある。たとえば，新しく開発された薬品が医療の専門家に受け入れられるまでのプロセスは，一見，先に見た基本的な「素因－影響－属性」モデルでうまく説明できるようにも見える。しかし，この場合は実は一点違いがある。このプロセスには，明確に区別できる3つの局面があるように見える。最初は**情報**局面であり，新薬についてのニュースに接触してそれを受けとめる過程である。2番目の局面では，医師はその薬品の**評価**に関心を示す。第3の**確認**局面になると，医師は自分でも新薬を使おうとする前に，他の医師の臨床経験について確認しようとする[10]。表11-3には，そのような3つの局面を区別することによって，このプロセス全体の他の側面についての理解が進むということが示されている。影響力の効き方がそれぞれの経路によって違っていること，つまり，最初は薬品会社からの情報の影響が大きいが，対照的に，後の方になるほど専門家からの情報の影響が強くなってくる，というパターンが示しているのは，それぞれの経路がプロセス全体の異なる局面で異なる効果を持つということである。

表11-3　医師が新薬を処方するまでのさまざまな局面における影響の源泉

	局面		
	Ⅰ 情報	Ⅱ 評価	Ⅲ 確認
影響源	%	%	%
医薬品会社	80	56	45
専門家の情報チャネル	20	44	55
	100	100	100

同じように，職業選択に関する決定プロセスは，3つの決定局面からなる説明図式にぴったりと当てはまる[11]。最初は**ファンタジー**の局面であり，大体6歳から11歳くらいまでにあたる。この時期には，子供たちは，仕事でどんな夢が叶えられるかという基準を元にして職業の範囲を決める。2番目は**仮の選択**の局面であり，11歳から17歳のあいだは現実的にどんな仕事に就けるかについて判断する。最終局面は**特定の職業の選択**であり，さまざまな影響や自分自身の考えによって，最終的な決定にいたることになる。

選択の幅を狭めていくプロセス

上に述べたような複数の局面からなる意思決定の中でも特殊なケースの１つに，最初は非常に広い範囲の選択の幅を持っていたのが，次第に狭い範囲のいくつかの選択肢からの選択になっていくプロセスがあるが，これについては，徐々に選択肢が具体的なものになっていく意思決定についての説明図式がふさわしい。このモデルは，特に最初の選択肢の幅が非常に広い場合について当てはまる。たとえば，ディスクジョッキーは，実際に数十万枚にも及ぶレコードから番組の中で特定の曲を選んでいく。しかし，ディスクジョッキーは現実には比較的短時間のうちに選択をおこなう。曲の選択は実際にはどのようにしておこなわれるのだろうか。このプロセスは，まず特定のタイプのディスクジョッキーになるという選択から始まる。その中には，たとえば，スポンサーとの関係にかかわる部分を重視する「放送セールスマン」，ヒットレコードを普及させる役割あるいは自分がレコードをヒットさせる役割としての責任を重視する「音楽プロモーター」，あるいはエンタテイナーとしての仕事を重視する「ラジオ・パーソナリティー」といったものがある。この選択によって，次に，どのタイプの聴取者《リスナー》にアピールしていくかを決めていく。「放送セールスマン」は，商品の購入者に受け入れられなければならないが，音楽プロモーターは，大体が若い層からなる音楽ファンにアピールする必要がある。そしてラジオ・パーソナリティーは，自分が組み立てる番組の構成や内容を通して，まだ未分化な視聴者層を対象にして自分自身のキャラクターを立ち上げていかなければならない。

次の決定局面では，ディスクジョッキーはどのような**タイプ**の曲をかけるかについて決めなければならないが，これは最初の決定で大方決まっている。自分がアピールしようとしているリスナーの好みによって，懐メロ的な曲，現在のトップヒット，あるいは出たばかりの新曲をそれぞれどれくらいの割合で流すかが決まってくるのである。

次第に選択の幅が狭まっていくこのような種類の説明図式のもっと普通の例といえば，大型家電やクルマの購入プロセスの分析などの場合に，この説明モデルが標準的に適用できる。この場合，クルマを買うという一般的な決定が，特定の車種，特定のモデル，特定のカラーコンビネーションという具合にして次第に狭まっていく。これら一連の決定が具体的にどのような順番になるかについてはいろいろなケースがあるだろう。たとえば，もう1台ビュイック・ブランドのクルマを買うという決定が新車を買うという決定のかなり前の段階でなされているかも知れないし，あるいはまた，どのブランドでもいいからとにかくスポーツカーを買おうという決定が，その後の，次第に狭まっていく一連の決定プロセスに先立つ最初の段階としてあるかも知れない。

まとめ

ある一定の範囲内ではあるが，行為者に対して直接質問することによって彼らの行為の動機についての情報を引き出すことができるだろう。その際に必要となる手続きの1つに，説明図式，つまり，分析しようとする行為についてのモデルを構築していく作業がある。説明図式は，適切な聞き取りの仕方について考える際にも，またその後でデータを統計分析にかける際にも有効なガイドラインになる。そして，これは普通予備的でインフォーマルな聞き取りをした上で作成されるものである。説明図式を作る時には，行為が含むそれぞれの時間的局面とそれぞれの時点における複数の影響関係を両方とも考慮に入れなければならない。その際には，行為モデルに含まれるさまざまな**次元**を確定していかなければならない。単純な行為の多く，特に購入決定の行為については，3つの次元からなる図式，つまり行為者自身の動機，行為者をとりまく環境からの影響，問題となっている製品の特質という3つの次元によって適切にカバーできるだろう。これよりももっと複雑な側面を含む説明図式もあるが，これについては次章で解説する。

第12章

理由分析Ⅱ——データの収集と解釈

Reason Analysis II: Data Collection and Interpretation

説明図式と質問票

説明図式が確定した段階で始まるのが，本格的なデータ収集の作業である。すべての手続きがきちんとおこなわれていれば，この時点までには，どのようなタイプのデータが説明図式に含まれるカテゴリーを埋めていく上でふさわしいかという点については，かなり明確なものになっているはずである。それに対してまだ必ずしも明確になっていないのは，それぞれのカテゴリーにどのような具体的な理由がデータとして入ってくるかであり，また特に，それぞれのカテゴリーがどれだけの頻度になるか，という点である。ここで確認しておくべきなのは，説明図式というのは，どのような理由が実際にあげられたとしても，それを整理できるようにするために工夫された論理的な枠組みに過ぎないという事実である。したがって，説明図式というのは回答者が実際に語るどのようなタイプの説明のパターンよりも完璧なものではあるが，一方では，実際の行動の背景にある心理的な現実に比べれば，具体性に欠けるものでもある。、

したがって，説明図式の次元をほとんどそのままの形で質問文に置き換えることができるのでない限りは，説明図式をそのまま質問票として使うというのは避けるべきである。そうしてしまうと，質問内容があまりにも具体的で厳格すぎ，回答者に対して，自分自身の言葉ではなくインタビューアーの言葉で考えるよう強要してしまうことになりかねない。もっとも一方で，聞き取りを，全体的な構造のはっきりしない，自由回答項目のような質問項目だけでおこなうと，説明図式に含まれている全次元をカバーし切れなくなってしまう。

以上のような事情を考慮に入れると，望ましい質問票というのは，説明図式に含まれているカテゴリーとの関連を持ちながらも，同時に，聞かれている側が自然な順番で話ができるような構成になっているものだと言える。

次にあげる質問票は，学生に対してなぜ特定の大学を選んだかを明らかにするために構成されたものであるが，これなどは，その意味でよくできた質問票の一例であると言える。ごく一般的な「なぜ？」の問いから始めるのは実に適切なことではあるが，この質問票のように，そのような一般的な問いについては，さらに補足的な質問でフォローしていく必要がある。

1．なぜあなたは，大学生活についての計画を立てていた時点で，○○大学を選んだのですか？
2．(以下は補足的質問。1であげられなかった理由についてのみ聞くこと)
  a．あなたの選択に影響を与えたのは，その大学について期待できる特徴のうち，どのようなものですか？
  b．どのようにして，その特徴についての情報を得ましたか？
  c．大学を選ぶにあたって特に関心を持ったことや要望は，どのようなことですか？　そのうち，どのような要望が満たされると思いましたか？
  d．その大学に行くことを決めるにあたってあなたが影響を受けた人はいますか？　それは誰ですか？　その人には，どんなことを言われましたか？

なかには質問1に対して完璧に答えてくれる回答者もいるだろうが，そうでない回答者たちについては，補足的な質問をすることによってのみ，その人々が実際におこなった大学選びのプロセスの全体像が浮かんでくるだろう。この2つのタイプの回答における違いが，はたして過去に自分がおこなった意思決定についてどの程度はっきりと思い出せるかという点の違いによるものなのか，それとも実際の重要度における違いを反映するものであるのか，という点については，本章の後の方で検討することにする。

探りを入れる

聞き取り調査における重大な問題は，回答者が十分な答えだと思っているものとインタビューアーが十分なものだと思う答えのあいだにギャップがありがちだということである。したがって，インタビューアーは説明図式についてあらかじめよく理解して頭に入れておかなければならない。というのも，インタビューアーは説明図式に含まれるいくつかの次元のそれぞれに対応する答えを求めていかなければならないからである。

そのためには，インタビューアーは回答者に対して，より具体的にあるいはもっと完璧に答えられるようにしてやったり，複数の答えのあいだの矛盾を解消できるようにしてやったりして，いろいろと手助けをしてあげなければならない。たとえば，ある弁護士に対して聞き取りをした時に，その弁護士は，自分が特定の事件について陪審裁判をするように主張した理由について，「僕の場合，いつも陪審裁判の方を選ぶことにしているから」と説明したとする。しかし，さらに具体的な質問を重ねていく中で，その弁護士が陪審裁判を受ける権利を放棄したケースについて思い出したとしたら，当然，それについての説明を求めるべきである。もし回答者が意識的にかあるいは無意識的に事実とは異なる答え方をしているようだったら，インタビューアーは本職の弁護士がよく使う反対尋問のテクニックに近いやり方で，探りを入れていくことができる。

この種の，たたみかけるような質問の仕方の最良の例の1つについては，すでに何百万人もの人が目にしている。それは，映画『旅情（サマータイム）』でジェーン役を演じた，かの愛すべきキャサリーン・ヘプバーンが，彼女に思いを寄せているヴェネチアの骨董商に質問されているシーンである。

ジェーン　デロッシさん……。どうして，私に会いに見えたの？
デロッシ　当たり前ですよ。だって，毎日グラスを買いに私の店にいらっしゃるわけではないでしょう？
ジェーン　そうですわね。
デロッシ　だから，僕はここに来たんですよ。
ジェーン　でも，どうしてなんですか？
デロッシ　いいですか。2日前の夜，私はサンマルコ広場にいました……。そしてあなたも，そこにいました。私たちは，あの広場で会ったんですよね。次の日，あなたは僕の店にいらして，僕たちはグラスのことを話して，ヴェニスのことを話して……。でも，本当はそんなことを話したわけじゃなかった。そうでしょ？　それで，僕は昨日の夜もサンマルコ広場に行ったんですが，あなたもやっぱりそこに来てらした。
ジェーン　ヴェニスにいる人たちの半分は，サンマルコ広場にまた行きますわよ。
デロッシ　でも，今日はヴェニスにいる人たちの半分が僕の店に来たわけじゃなかった。だったら，僕は金持ちになれるんだけどね。
ジェーン　もう1つグラスが買いたかったんですの。

デロッシ　それだけ？　……　ヴェニスにはいっぱい店がありますよ。どこか他の店でもグラスを探してみた？

ジェーン　いいえ。

デロッシ　だからね。

ジェーン　でも，あなた，私のためにグラスを探しておいてくださるっておっしゃってたわ。

デロッシ　だから，私の店にもう一度来たというわけですか？

ジェーン　そう。

デロッシ　他に理由もなく？

ジェーン　デロッシさん，私は子供じゃないわ。でも，理解できないの。

デロッシ　理解？　どうして理解しなければならないのかな？　人生で一番美しいのは，私たちの理解の範囲を越えたことなんですよ。昨日お話ししてた時，私にはあなたと気が合うって分かった。それは，理解できますか？

ジェーン　ええ，つまり私はあなたの妹みたいなものだってことね。

デロッシ　ハドソンさん，あなたは，どうして僕があなたに会うためにここに来たのかって聞いてるんですね。

たたみかけて質問する際の一般的な原則は，最終的な選択を，次第に狭まっていく選択肢の漏斗《じょうご》の先端に該当するようなものにしていく，というものである。インタビューアーは，いろいろな理由をたどっていく中で，最終的に選ばれるもの以外のすべての選択肢が排除されていくようにするのである。逆に言えば，最終的な選択の結果としてあげられる理由は，他のすべての選択肢が選ばれる可能性を排除するものでなければならないのである。また，そうでない場合は，何か他の理由を追加した上で修正しなければならない。その追加した理由によって他の選択肢が選ばれる可能性を排除できる場合もあれば，追加した理由とその前にあげられた理由を組み合わせれば，それらの理由以外の理由はすべて排除できることになる場合もある。

答えの裏付けをとる

人の記憶は薄れていくものであるし，時間の経過によって記憶が歪められてしまうことも多い。そのような記憶における間違いは，インタビューの場合には，とてもありそうもない答え，あるいは複数の答えのあいだの矛盾という形で現れてくることさえある。また，そのような一種の警戒信号のような兆候が特に見あたらない場合であっても，もし可能ならば，適切な反対尋問をしたり，時には別ルートで客観的なデータを入手することによって，裏付けをとる必要がある。

裏付けをとっていく手続きは，特に，さまざまな情報チャネルへの接触などをめぐる難しい内容について調べる時に必要になる。たとえば，人は広告への接触を過小評価したがるものだし，また広告の影響を受けていることを認めたがらないものである。こういう時には，思い出すよう強制したり，何かの影響を受けていることを認めるように強要したりすることはできない。しかし，上手に工夫された質問の仕方で記憶の内容を「プレイバック」してもらうように要請していく中で，特定の広告の言い回しや一連のコマーシャルがどの程度頭の中に刷り込まれていたかという点が明らかになる場合もある。

権威のある情報源からの影響に関しては，その逆が当てはまる例が多い。たとえば，人は最近読んだ真面目なテーマを扱った本の数については，それを多めに見積もってしまうものである。そういう時には，その種の本に書かれてある，その場の思いつきではとうてい答えられないような詳しい内容について話してもらうようにすると良いだろう。

理由に関して回答者自身がすすんで話してくれたものの，それだけでは不完全な答えが，実は，口に出されなかった理由について明らかにする手がかりになることもある。たとえば第11章であげた，コーヒーをやめる理由に関する調査では，その理由について説明する時には，ありきたりで常識的な，「胃に良くないから」とか「興奮しすぎてしまうから」というような表現が使われる傾向があることが分かった。こういう答えは，実は，理由としてはあげられてはいないものの，コーヒーに対するかなり感情的な反感がコーヒーをやめる上での潜在的な原動力になっているということを示す，きわめて目につきやすい徴候になっていたのであった。回答者の中には，コーヒーに興奮作用があるとされていることを根拠にして，自分が人前でしでかした不作法な行為をコーヒーのせいにしたり，あるいは少なくとも，それがコーヒーを飲んだことに関係があると考えている人たちもいた。理由分析が持つ主な機能の1つは，そのような，表面上は見えてこない深層の心理と行為とのあいだの関連を明らかにするというところにある。

どこまでさかのぼって明らかにすべきか

新聞に「昨日上流で降水量5インチの降雨があったため，ミズーリ川は洪水の水位に達している」という記事があった場合には，読者はその記事について理解できたと感じるだろう。実際，これについては，それ以上の説明は一切必要がない。しかし，洪水の原因について理解しようとする作業が，実は，なぜ川岸の住人たちに対して適切なタイミングで警報が発せられなかったのかという点に関する公的な調査の一環だったとしたら，話は別である。そういう場合には，降雨量5インチの雨とその雨がもたらした被害についてもっと詳しい情報を得たいと思うに違いない。5インチというのは，どの程度の範囲の地域にわたってなのだろうか？　河川敷から半マイルにわたって5インチというのと，2マイルにわたって5インチというのとでは，かなり違いがある。雨は時間的にはどの程度集中して降ったのだろうか？　2分間のあいだに5インチも降ったのだろうか，それとも2時間かけて5インチ降ったのだろうか？　雨の降りはじめと下流での洪水のあいだには，どれくらいの時間が経っていたのだろうか？　行政機関は，降水量について知っていたのだろうか？　もし知らなかったのだったとしたら，それについて情報を得るべきだったのだろうか，等々，知るべきことは多い。

他の場合にはそのような形でひたすら説明をより細かいものにしていく必要はないかも知れないが，因果的な連鎖関係をさらに明らかにしていく必要はあるかも知れない。つまり，「理由の理由」について明らかにしていくのである。問題が人間の行為に関わる事柄である場合には，理論的には，原因となりうるすべての状況はそれに先行する条件と関連づけて考えることができるのであり，これは，因果関連のつながりを次第に広げていって，最終的にはその行為者の全人生の完全な記録とその人をとりまく環境の全歴史について明らかにしていくことでもある。理由の連鎖をどの範囲にまでたどっていくべきかは，次のような条件次第による――調査の目的，さかのぼればそれだけ不確かなものになっていく情報，次第に増えていくコスト。

分析をおこなう者にとっては，単に，それ以上因果連鎖をたどっていくことには特に関心がないので，途中で原因追及をやめてもよいだろうと思えることもある。たとえば，花の購入パターンに関する調査で，対象者のX氏は私たちに，最近花を買ったのは妻の誕生日のことだったと語ってくれた。この場合，特にそれ以上その理由について深く詮索する必要はないだろう。X氏は妻を愛しているし，自分自分も花が好きなので花束を買ったのかも知れないし，秘書がX氏に注意を喚起しないと気がつきもしないような，妻に対するルーチン的なパフォーマンスなのかも知れない。あるいは，何か心にやましいことがあったから，妻に花をプレゼントしたのかも知れない。何か別の調査目的がある場合は，そのうちどれが該当するかを探っていくのも興味深いことかも知れないが，この調査の場合には，特にそのような点には関心がなかったのであった。

時には，これとは逆に，因果の連鎖をさらにさかのぼってより直接的な原因について明らかにしなければならないこともある。ちょっと前にニューヨーク・タイムズに次のような記事が載ったが，それを目にした読者たちは，苦笑いせざるを得なかった──「1961年から62年にかけて，ニューヨーク市の学校では未婚で妊娠している生徒の数が525人増えた。市の通学課は，この増加に関しては特に何の解説も加えていない」。これこそまさしく，適切な説明図式が必要とされるケースである。

時には，因果のつながりについてさらに詳しく**明らかにしたいと思っている**にもかかわらず，どんなに適切な質問を繰り返してみても回答者が答えられないことがある。この時点で**理由分析**はごく自然な限界に達し，**動機調査**などという名前で一般に呼ばれているものが始まるのである。これはたとえば，次のように，理由が個人の嗜好レベルにまでさかのぼった時に起こる──「どうして緑色のクルマよりも青のクルマの方を好まれるのですか？」―「青の方が好きだからです」[1]。

もう少し深刻な問題の例をとりあげてみよう。長期にわたる失業の心理的影響については，どのようにして調べたらよいだろうか。これに関して「失業はあなたに対してどのような影響を与えましたか？」というような質問の仕方では，複雑な現象のうちでもごく表面的な側面しか明らかにできないだろう[2]。

この種の困難についてこれ以上解説する予定はないので，ここでは，このような調査上の障害を乗り越えるために必要な一般的な調査戦略だけを示すことにする。それは，回答者に対してさらに詳しい説明を求めるのではなく，聞き手の方が回答者が意識していないような因果のつながりに関する自分自身の仮説を立ててそれを検証していく，という戦略である。

まず，クルマの色の選択という例について考えてみる。この場合は，主に次の2つの要因による影響が存在していると考えることができる──特定の色の好みと強い関連を持つ個人的特性，流行の傾向。したがって，心理テストと流行創造についての調査が，この場合には最適の調査テクニックであると言える。

長期にわたる失業の影響に関する調査の場合には，いろいろなアプローチが考えられる。ある学校で生徒たちに「クリスマスのプレゼントとして欲しいもの」という題のレポートを出させたところ，失業者の子供たちは職を持っている労働者の子供たちよりもかなり控え目な願いを持っていることが明らかになった。「将来なりたい職業」という題のレポートでは，失業のプレッシャーで生徒たちの職業的野心もしぼんでしまっていることが示されていた。また路上での観察研究では，失業状態が及ぼす広範かつ深層レベルの影響の１つとして，人々の歩く速度が遅くなっていることが明らかになった。

時には，この種の調査をおこなうにあたって，標準化された一般的な心理テストとしてのミネソタ多面人格テスト（MMPI）やロールシャッハテストのようなものしか使えない場合もある。また，その種のテストを補助的な手段として使うこともある。しかし，最も頻繁に使われるのは，特定の目的のために新たに作成されたテストである。たとえば，態度に関わる一連の質問をするものもあるし，何か特定の対象の絵をできるだけうまく描くよう指示するテストもある。以上のようなアプローチがどれだけ有効かは，分析者がテストによって明らかになった態度と説明の対象になっている行動とのあいだに，どれだけ意味のある関連を見出せるかという点にかかっている。

一次的な理由と二次的な理由

どのような行為も，したがってまたどのような出来事であっても，かなり多くの数の原因が組み合わさった結果として生じるものである。しかし，これらの多数の原因のすべてが，同じ程度の重要性を持っていることは滅多にない。原因の中のいくつかのもの，あるいは場合によってはたった１つの原因だけが，他の原因よりも重要なものとして特定できることがある。

これから見ていくように，他の原因よりもある種の原因がより重要なものになる理由の１つには，調査の文脈というものがある。次にあげるのは，最も重要な理由を特定したいくつかの例である―「私が米国に来たのは，夫が移住を決意したので，夫についてくることにしたんです」「このクルマは，スピードの出し過ぎで事故を起こした」「X は，殺人事件で死亡した」。

さまざまな理由についての情報が得られ，そのすべてが同じ結果を導くなら，インタビューアーとしては確信が持てる。しかし，別の点から見れば，この理由の多さというのは，説明としてはむしろまだ不十分なものであることを示している。実際，誰かが何人かの助言を受けてある行為をした場合には，その複数の助言のうちのどれかが他のものよりも影響が大きかったかどうかについて知りたくなってくるだろう。そういう場合，理由としてあげられたもののあいだの相対的な重要性について，まず最初に説明図式における1つの次元の範囲内で明らかにしたいと思うだろう。もしさまざまな理由がいくつか複数の次元に分類されるようであったら，そのうちのどれか1つの次元が特に重要なものとして浮かび上がってくるかどうかを確認したくなってくる。たとえば，「近くにあるその映画館に行ったのは，ガールフレンドがそこに行きたいと言っていたからだし，その映画についての好意的な映画評を読んだからです」と説明されたならば，その好意的な映画評がガールフレンドの希望と同じくらいに重要なものであったかどうかについて確かめたくなってくるだろう。

そのような複数の理由のあいだの相対的重要性について評価するのは，行為者つまり回答者自身であるかも知れないし，あるいは観察者ないし分析者かも知れない。行為者に対しては，まず説明図式の同じ1つの次元に属するいくつかの理由をその次元の範囲内でランクづけしてもらい，その後でより大きな単位である複数の次元のあいだの相対的な重要性について，ランクづけするよう求めてもよいだろう。たとえば，もしXという理由が存在しなかったら，それでも同じように行動したかどうかについて聞いてもよい。その次には，Yという理由についても同じように質問できるだろう。もし，行為者が素直にXについては「はい，その理由がなくてもそう行動したでしょう」と答え，Yについては「いいえ，それがなかったらそう行動しなかったでしょう」と答えたとしたら，そのような質問の仕方がうまくいったことになる。つまり，Yという理由こそが重要なものだったのである。もっとも，2つの理由に関する質問のどちらに対しても，同じように否定的ないし肯定的な答えが返ってくることも少なくない。こういう場合でも，必ずしも2つの理由が両方とも同じ程度に影響力があったり，あるいは逆になかったりするということではない。実際には，その2つの理由のあいだには重要性の程度という点で差があるかも知れないのである。

たとえば，「ガールフレンドが映画を見に行きたいと言っていたし，自分としても特定の映画を見たかったから，ある映画館に行った」と答えた例の少年が，その映画について特に何も知らなくても，とにかくその映画館には行っただろうと認めることもあるだろう。この場合は，少年は複数の理由の相対的な重要性について判断する上で，最適の質問に対して反応したのだと言える。それとは逆に，少年がそのように認めなかった場合には，分析者はさらに質問を重ねていくことによって，最終的にはそのような結論に達するかも知れない。実際，複数の理由の相対的な重要性について的確に判断できるのは，行為者自身よりもむしろ分析者あるいはその行為者の行動をそばで見ていた人の方であることも多い。

時には，聞き取りに対して出てきた答えの順番それ自体が，複数の理由の影響力がそれぞれどの程度のものであったかを明らかにする上でカギになる場合もある。答える側が特に恥ずかしさを感じることなく話せるような問題については，最初にあげられた理由が最も重要なものである可能性が高い。それとは逆に，デリケートな問題については，最後にあげられた理由が最も重要なものであるかも知れない。

ここで，複数の理由の相対的な重要性という問題について，肯定的にせよ否定的にせよもう少し明らかにしておいた方がよいだろう。もし複数の理由の一つひとつがある行為にとっての必要条件になっているような場合には，ある理由が他の理由に比べてより重要な要因であるかどうかは明らかではない。

そういう場合でも相対的な重要性が明らかになることもあるのだが，それについては次に述べる2つの例が参考になるだろう。なぜオーストリア皇帝が1914年に［セルビアに対して］宣戦布告をしたか，ということを尋ねたとしたら，サラエヴォで起きた皇太子暗殺事件の影響を無視することはできない。しかし，歴史家は普通，この暗殺事件の方が他のもっと大きな政治的問題よりも重要であったとは思っていない。もちろん，彼らが主張しているのは，そのような状況であったからこそ，他の，それ自体は小規模でかなり偶発的な出来事が宣戦布告の引き金になった可能性がある，ということなのである。

このような例からすると，ある理由については比較的マイナーな重要度しか認められないというのは，2つの事情によると考えられる。1つは，その理由にはラクダの背骨を折る最後の1本の藁［ささいなことでも積み重なると大事にいたることの喩え］と似たような効果があったというような場合である。そしてそういう場合は，もし特定の出来事が起こらなかったとしても，他の出来事がそのかわりに影響を与えて，本質的に全く同じような事態を引き起こしたと考えられるのである。

次にあげる例も，以上の例と幾分関連する点を示している。これは，すでにあげた米国における陪審制度についての研究の例である。米国では，陪審員たちが時々裁判長にとって妥当と思われる評決とは違う評決を下すことがある。この研究では，そのような状況に関して，判事が自分自身の見解として，なぜ陪審員の評決が自分の判断とは違っていたと思われるかについて語ってくれた。たとえば，ある判事は，自分としては夫を殺害した妻の被告人については殺人罪が相当であると思っていたのであるが，陪審員たちは単なる過失致死罪で有罪にしたケースがある，と語った。判事は，なぜ陪審員が寛大な判定をしたかという点について２つの理由をあげた。１つは，殺された夫が妻以外の女性とおおっぴらにつきあっていたからというものであり，もう１つの理由は，被告である妻には小さな子供がいたからというものである。判事は，最初の理由の方がより重要なものだと思っていた。この判断は，判事が陪審員たちと話した内容にもとづいている可能性がある。実際には判事と陪審員がそのような会話をすることなどない方が多いのだろうが，その場合は，同じような事件における陪審員との経験を推定の根拠にしていると考えられる。それは，表12-1のように，４つのマス目からなる表として公式化できる。この表は，４つのタイプの殺人事件の場合に，それぞれ殺人罪よりは軽微な罪状で有罪になる比率を示したものである。

表12-1　殺人事件の被告を免訴にする上での2つの理由の相対的重要性（数値は架空のもの）

	殺人の動機	
被告に小さな子供が	正当な根拠のある嫉妬	他の動機
いる場合	60パーセントが免訴	30パーセントが免訴
いない場合	50パーセントが免訴	20パーセントが免訴

左上のマス目に分類される事件は，正当な根拠のある嫉妬を動機として持つ被告人で小さな子供がいる場合であるが，この場合は60パーセントが無罪になる。これに対して，他のマス目については，たとえば，嫉妬心を持つような理由は特になく，また小さな子供もいない場合は，無罪の比率は20パーセントに過ぎない，という具合になっている。子供がいることは，無罪の比率を10パーセントずつ増やしている（50パーセントに対する60パーセント，20パーセントに対する30パーセント）。これに対して，不倫行為に対する嫉妬は無

罪の比率をそれぞれ30パーセントずつ増加させる効果を持っている（30パーセントが60パーセントに，20パーセントが50パーセントに）。判事は，特にこの種の数値についての情報を持っていなくても，このような確率についての自分なりの考えは持っているために，嫉妬の方をより重要な理由として見なしたのかも知れない。

直感的に考えれば，すべての原因や理由が全体の現象にとっての必要条件であるような場合には，それぞれの部分的構成要素《パーツ》のあいだの相対的重要性を区別することには異論があるように思えるかも知れない。これについては，自動車エンジンの喩えを使えば分かりやすいだろう。実際，どのような根拠でクランクシャフトの方がバッテリーと始動装置をつなぐケーブルよりも重要だと言えるだろうか。明らかに，両方ともエンジンがうまく動くためには不可欠なものである。しかし，故障した場合に部品を交換するのにどれだけの時間と経費がかかるかという点について考えてみると，「重要性」について判定する上で意味のあるモノサシに行き着くことができる。実際，個々のケースについての評価は，このような問題についての考慮にもとづいているのである。そのような評価が実際には困難であるかも知れないというのは，また別の問題である。

より重要な理由を特に区別して考えるということにともなう付随的な利点としては，それによってクロス集計や多変量解析をよりシンプルなものにすることができるということがある。実際，それぞれの行為がただ1つのカテゴリーとして分類できたり，多くても3つ以上にはならないようにすることができたとしたら，分析の作業効率が上がるものである[3]。

ある出来事に関わる複数の原因のうちのどれがより重要なものであるかについての判断は，行為者自身の証言を越えるものである。たとえば，ドライバーが酒に酔っており，またスピードを出し過ぎていたために起きた自動車事故の場合について考えてみよう。どちらの条件も，事故の確率を上げることはよく知られている。この2つの条件のどちらがより重要なものであったかについて，はたしてドライバー自身が意味のある証言をできるだろうか。もしクルマの進行方向が曲がって反対車線に入っていたとするならば，私の判断では，ドライバーが酒に酔っていたという方が重要な原因であったと思う。というのも，クルマの正面衝突事故の場合には，速度はマイナーな問題であり，どのような速度であっても死亡事故になる可能性が高いからである。もしそのような個々の理由についての明確な判定ができない場合には，表12-1に示したようなクロス集計が分析上有効であろう。このような表を使えば，〈酒酔い〉対〈しらふでの運転〉，〈速度超過〉対〈制限速度内〉という2つの分類による4通りの組み合わせが事故率に及ぼす影響を示すことができるだろう。

まとめ

完全な説明図式を構築する前の段階では，何らかの予備的な質問に対する答えについて明らかにしておかなければならない。どれだけ過去の時点にまでさかのぼり，またどれだけ無意識の領域にまで踏み込んでいくかは，調査の目的と予算額の大きさによって決まる。どのような行為も複数の原因ないし理由にもとづいているのだから，より重要な理由とそうでもない理由とを区別することが望ましい。本章では，この複雑な作業をどのようにしておこなえばよいかという点についてのヒントを提供した。

第13章

パネル調査

The Panel

パネル調査の概要

継続的に調査依頼に応じて情報を提供してくれるような一群の個人，世帯，あるいはそれ以外の分析単位の調査対象を，社会科学では「パネル」と呼んでいる。

パネル法は，1回限りのサーベイ［ワンショット・サーベイ］では満たせない調査上のニーズ，あるいはそれでは不十分にしか満たせないニーズが存在するという事情から開発されてきた調査技法である。個人の行動を長時間かけて観察するという試みは，特に青年期の成長（ペスタロッチ）や幼児期の成長（ピアジェ）などの問題に関しては，かなり以前からなされてきた。これに対して，パネル法はごく最近になって開発された手法である[1]。

パネル法の場合に調査対象を選択する方法は，サーベイで調査対象を確定する時の方法と基本的に同じである。どちらの場合も，調査対象は母集団を代表するサンプルになるような工夫がなされている。母集団として想定されるものには，有権者，世帯，医師，雑貨屋，あるいはごく一般の人々などがある。パネルが持つ際立った特徴は，相対的に長期にわたって連続して情報が収集される調査対象である，という点にある[2]。1回限りのサーベイと比べた場合のパネル法の主な利点は，意思決定についてそれが実際に生じるプロセスの中で［リアルタイムに近い形で］観察することができるということにある。これによって，そのプロセスについて，スローモーションを見るようにして，正確かつ詳細に調べ上げることができるようになる。

これに対して，意思決定プロセスを1回限りのサーベイで再現しようとすると，2つの面で厳しい制約のある調査になってしまう。1つは，聞き取りに使える時間がどうしても短いものになってしまうという問題である。もう1つの，これよりもさらに重要な問題は，記憶の限界である。出来事の中には，少なくともその概要についてだけであったならば，かなり長い期間にわたって記憶にとどまるものもある。たとえば，誰だって自分が通った学校のことや，現在乗っているクルマとその前に使っていたクルマ，あるいはすぐ前の選挙で投票した候補者のことは覚えている。しかし，たいていの出来事については，かなりの速さで忘れ去ってしまうものである。少額の買い物のことや新聞で読んだ記事，あるいはテレビで見た内容などは，数日のうちに記憶から消えてしまう。さらに，それらの事柄について考えた内容やそれらに対する個人的反応などは，もっと早く消え去ってしまう。これに加えて，記憶に頼ることには常にリスクがともなうものである。というのも，無意識的な力が働いて，記憶をねじ曲げてしまうことがよくあるからである。

特によく生じる記憶違いは，出来事の時期に関するものである。たとえば，「過去12ヶ月のあいだに新車を買いましたか？」という質問に対する「ハイ」という答えの数は，たいてい，本当の数よりも多すぎるものになってしまう。というのも，そういう嬉しくて重要なものだった出来事というのは，実際には，聞き取りがおこなわれた時点から13，14ヶ月も前にあったにもかかわらず，意識的にせよ無意識的にせよ圧縮された――専門用語では，「テレスコープ（短縮）された」――記憶の形で再生されるものだからである。

さらに，たとえ回答者が出来事それ自体については正確に思い出せたとしても，出来事に関連する動機の機微やその出来事に関する因果的な連鎖関係のディテールとなると，その出来事の最中やその直後に記録でも取っていない限りは，普通，調査者にとってアクセスできないものになってしまう。実際，次のようなケースでは，1回限りの聞き取りによって十分な情報が得られることは滅多にない――選挙戦の最中に投票に関する意向がどのようにして固まりあるいは変化していくのか，テレビの視聴パターンがどのようにして形成されていくか，購買パターンとブランド・ロイヤルティのあいだにはどのような関連があるか。こういう問題に対して十分に満足できる情報を提供できるのは，パネル法による調査だけなのである。

また，パネル調査の場合には回答者と繰り返し接触することによって，潜在的により多くの情報が得られるというメリットもある。これは単に目下問題になっている出来事についてだけでなく，その背景になっている情報についてもそうであり，その種の情報の蓄積が聞き取りのたびに増えていくのである。

パネルを構成するメンバーとの接触については，さまざまなタイプのものがある。パネルの人々とまず会って将来にわたって協力してもらえるという点に関して確認することが，最初のステップである。パネルの価値は，その統計サンプルとしての質に依存するのであるから，指定されたパネルの構成員との初対面の際に失敗は許されない。協力を得るためにはどうすればよいかについて知るためには，予備調査を通してどのようなインセンティヴが効果的であるかについてチェックしておかなければならない。この点に関しては，かなりの程度，調査をおこなう上でパネルのメンバーからどれくらいの協力を得る必要があるかという点にかかっている。パネルの構成員にとっての負担には，場合によってかなりの違いがあり，自分でも関心のあるエピソードについて定期的に聞き取りをされるという，相対的にみれば喜びをともなう活動と，世帯全体の買い物や家族全員が見たテレビ番組について毎日日記をつけたりするような面倒な作業とのあいだには，かなりのギャップがある。

一人ひとりについて一軒一軒聞き取りを続けていくという作業は，かなりコストがかかるものであるから，できるだけ電話で聞き取りをするとか，手紙で質問をするというのが，調査上の戦略としてはいいだろう。あるいは，このような，安上がりでもあり，また時にはより優れたものでもあるコミュニケーション手段をいくつか組み合わせるという手もある。

時間軸を含む概念

パネル法は，特に時間的な要素を含む調査上の概念を厳密に構成していく上で重要なテクニックになるだろう。よく大まかに**常連の視聴者**や**不定期的なユーザー**というような言い方をすることがある。普通の会話でだったら，そのような言い回しでも十分だろう。しかし，科学的な研究では，もっと明確な定義が必要になってくる。

実際，どの程度の頻度である製品を使ったりあるいは番組を聞いているかに関して回答者の記憶だけに頼っていると，データにバイアスがかかってしまう危険がある。回答者自身に，常連の視聴者やユーザーであるかどうかを決めてもらうという手もあるが，これは，さらに事態を悪化させかねない。というのも，回答者自身が下したそのような判断をどうやって数値に置き換えたらよいかは不明であるし，そのような置き換えに関して複数の回答者のあいだでどの程度のバラツキがあるかについても，全く見当がつかないからである。もちろん，どのような規準で**常連**と**不定期的なユーザー**ないし視聴者のあいだで線を引いて両者を区別するかというのは，いかなる場合でもある程度は恣意的な判断を含むものである。しかしパネル法を採用する場合には，少なくともどの程度の頻度で，またどれくらいの時間間隔である製品を使ったり，あるいは特定の番組を聞いているかに関して正確な記録をとることができる。これは，その後でデータの中身を分類していくために使える，信頼性の高いデータベースになる。

移行と変化

パネル法の特長を最も鮮やかに示すポイントの１つに，移行過程の分析というものがある。以下では，その一例として，大統領選のキャンペーンにおいて有権者のあいだでの現職大統領の人気について，一定間隔で何度か繰り返し世論調査をおこなった有名な調査をとりあげて検討する。

表 13-1 は，ギャロップ社が，前の大統領リンドン・ジョンソンの人気について２回にわたっておこなった世論調査の結果を示している。１回目は 1965 年の１月であり，２回目の調査はその１年後におこなわれた。

表13-1　前大統領ジョンソンの政策に対する支持率の変化，1965-1966年

	1965年1月 %	1966年1月 %
賛成	74	58
反対ないし未決定	26	42
合計	100	100
(聞き取りの実数)	(1,500)	(1,500)

表 13-1 からは，1965 年の１年間に政府の政策を支持していた人々の割合が 74 パーセントから 58 パーセントにまで下がっていることが読み取れる。しかし，このような世論調査からは，たとえば民主党支持者，共和党支持者，黒人，女性，あるいは 30 歳以下の有権者のサブサンプル同士のあいだでジョンソン政権の政策を支持している人々の割合がどう変化したか，という程度のことは調べられても，その種の比率での変化以外の側面については，読み取れない。

これに対して，一度限りの世論調査を２回続けておこなうかわりに，パネルを構築した上で１回目の調査対象者と同じ人々が１年後に再び同じテーマについて聞き取りをされる場合を考えてみよう。この場合は，単に支持率の変化の総量についてだけでなく，**すべての個人に関して**，1度目と2度目にどのような立場に立っていたかについて知ることができる。したがって，パネル法の場合には，表13-2のような表を作成することができるのである。

表13-2　前大統領ジョンソンの政策に対する支持率の変化，1965-1966年

仮説的ケースA

	1965年の時点		
1966年の時点	賛成 %	反対ないし未決定 %	1966年の合計 %
賛成	58	…	58
反対ないし未決定	16	26	42
1965年の合計	74	26	100

（1,500人に対する聞き取り）

表13-2は，1965年の調査の数値を1966年の数値と対応させてクロス集計した結果を示したものである。表の下の枠外部分には1965年の調査における全体の数値を示してあり，右端の枠外には同じように1966年の調査における全体の数値を示してある。

パネル法によって新しく得られた情報，つまり，両方の年に同じ回答者に対して聞き取りをおこなって得られる情報は，表13-2の中核部分をなす4個のマス目の中に含まれている。なお，実際にはそのようなパネル調査はおこなわれてはおらず，表13-2と13-3にあるそれぞれ4個の数値は，パネル法の効力について解説するために，私が架空のデータ例として創作したものである。

表13-2の左上のマス目は，1965年にジョンソンを支持し1966年にも同じ

表13-3　前大統領ジョンソンの政策に対する支持率の変化，1965-1966年

仮説的ケースB

	1965年の時点		
1966年の時点	賛成 %	反対ないし未決定 %	1966年の合計 %
賛成	32	26	58
反対ないし未決定	42	…	42
1965年の合計	74	26	100

（1,500人に対する聞き取り）

ように彼を支持していた58パーセントの回答者が含まれている。右下の26パーセントは1965年に不支持であり，1966年も相変わらず不支持であると答えた回答者の割合である。回答者の中で態度を変えたのは，1965年にジョンソンを支持していて，1966年には不支持を表明した16パーセントに過ぎない。この回答者のグループが74パーセントから58パーセントへという，16パーセント・ポイントの減少を説明することになる。

さて，表13-3の場合の表の右枠外の数字は表13-1と13-2のものと同じである。しかし，その中心部の数値はきわめて異なるものになっている。この表では，1965年にジョンソンを支持していなかった26パーセントの回答者の全員が1966年にはジョンソン支持にまわっている。しかし，1965年に支持していた74パーセントの回答者のうちの過半数，つまり全回答者のうちの42パーセントは，支持から不支持に態度を変えている。この2つのタイプの移行，つまり，42パーセントがジョンソン支持から離れ，一方26パーセントが支持に変わったという2つの方向における移行のあいだの差し引きによって，総計で支持率が16パーセント減少することになった。

表13-2と13-3は，74パーセントから58パーセントへという欄外の数値に対応する表の中心部の数値の移行パターンにおける両極端のケースを示すことができるように，各マス目に対して数値を割り当てたものである。現実には，このような極端なパターンはまずありえないものであり，実際の移行パターンはこの両極端の中間に位置するものと思われる。

移行率と純変化率

表13-4は，4つのマス目からなる移行表（switch table）の基本構造を示している。

左上のマス目（ハイ → ハイ）と右下のマス目（イイエ → イイエ）にそれぞれ含まれているのは，1年間のあいだに自分の立場を変えなかった回答者である。もう1つの対角線上の2つのマス目に含まれているのは，パネル調査の対象者の中で立場を変えた人々である。なおここでは，ハイおよびイイエという表現にしているが，これは同じように2分法であればたとえば「賛成-反対」であっても，あるいは「使う・使わない」でも同じことである。

表の中で太枠で示したマス目（2）と（3），つまり立場を変えた人々の数値を合わせると，移行率と純変化率という2つの重要な指数を作成することがで

表13-4　基本的な移行表

2回目の聞き取り	1回目の聞き取り ハイ	イイエ	
ハイ	ハイ→ハイ (1)	イイエ→ハイ (2)	2回目の聞き取りでのハイの合計 (1+2)
イイエ	ハイ→イイエ (3)	イイエ→イイエ (4)	2回目の聞き取りでのイイエの合計 (3+4)
	1回目の聞き取りでのハイの合計 (1+3)	1回目の聞き取りでのイイエの合計 (2+4)	100% (1 + 2 + 3 + 4)

きる。**移行率**は，立場を変えた回答者の割合として定義され，(2) と (3) のマス目の**合計**がパネル調査の対象者に占めるパーセンテージで示される。

$$\text{移行率} = \frac{(2) + (3)}{(1) + (2) + (3) + (4)}$$

表13-2の場合の移行率は，240 / 1500 つまり16パーセントということになる。これに対して表13-3では，(630+390) / 1500 あるいは68パーセントである。

純変化率は，(2) と (3) のマス目の差として定義され，この場合も，パネル調査の全対象者のうちのパーセンテージで示される。

$$\text{純変化率} = \frac{(2) - (3)}{(1) + (2) + (3) + (4)}$$

言うまでもなく，表13-2と13-3の純変化率は同じであり，マイナス16パーセントという数値になる。ここで注意しておかなければならないのは，(3) のマス目の数値が (2) の数値よりも大きいか小さいかで，純変化率がプラスないしマイナスの値になるということである。

多元的な移行

移行率と純変化率は，単純な2×2のクロス集計表ではない場合でも算出することができる。もっとも，その計算法はたとえば表13-5のように，より複雑なものになる。この表は，2つの時点（1964年の夏とその1年後）で，米国の家族から抽出された確率標本によるパネル調査にもとづいて，銀行預金の額と米国政府債の額がどれだけあったかを示したものである。

表13-5　1964年と1965年の時点におけるさまざまな額の当座預金・普通預金を持っている米国の世帯のパーセント

	1964年				
1965年	なし	1～1,999ドル	2,000～4,999ドル	5,000ドル以上	1965年の合計
なし	14	6	1	*	21
1～1,999ドル	5	29	5	2	41
2,000～4,999ドル	*	4	5	4	13
5,000ドル以上	*	3	4	18	25
1964年の合計	19	42	15	24	100%（全世帯）

* $\frac{1}{2}$パーセント以下

この表の最下段の行には1964年における流動資産の額で見た家族の分布状況が示されている。これに対して，表の右端の欄には1965年の分布が示されている。全体としてみれば，どのグループについても，2パーセント・ポイントより大きな変化はない。つまり，19対21，42対41，15対13，24対25である。しかし，この表の真ん中の部分に注目してみると，実際にはかなり大がかりな変化が生じていたのだということが明らかになる。対角線上の数値を合計すると，資産額の区分で変化がなかった家族の割合が出てくるが，これは66パーセントという数字になる。残りの家族，つまり全体の約3分の1の家族は，1年のあいだに以前とは別の資産区分に移行しているのである。対角線よりも上の合計で18パーセントの家族は，資産の総額が減少している。たとえば，7パーセント以上（6＋1＋*）の家族は，1964年の時点で何らかの資産を持っていたのだが，1965年には無資産の状態に陥っている。対角線よりも下は，資産が増えた家族を示している。たとえば，5パーセント以上（5＋

＊＋＊）の家族は，1964年には無資産であったが，1965年には何らかの資産を持っていたのである。

いくつかの時点にわたる移行パターン

これまでこの章では2つの時点における移行パターンについて扱ってきた。これに対して，調査時点の数が増えてくると，移行パターンを明らかにするための作業はより複雑なものになる。これに関する1つの例として，第二次世界大戦中に政府がとった対日政策に関する賛否をパネル法を使って3度にわたって調べた調査の事例をとりあげて検討してみることにする。「賛成か反対か」という2つの選択肢で3つの時点で調査をおこなった場合，表13-6に示したように，移行パターンは8通りになる。この表で，プラス記号は賛成意見を，マイナス記号は反対意見を表している。表の最後の欄の数字は，戦時中にギャロップ社がおこなった聞き取りを用いたパネル法による世論調査の結果を示している。

表13-6　政府の戦時の行動について3回続けておこなわれた聞き取りの賛成意見（+）と反対意見（−）に関する8つの移行パターン

	聞き取り			
移行パターン	Ⅰ（1回目）	Ⅱ（2回目）	Ⅲ（3回目）	パネル調査の対象者のパーセント
(1)	+	+	+	56
(2)	+	+	−	8
(3)	+	−	+	11
(4)	+	−	−	5
(5)	−	+	+	7
(6)	−	+	−	2
(7)	−	−	+	5
(8)	−	−	−	6
				100

表13-6からは，かなりの数にのぼる問いに対する答えが得られる。たとえば，「どれだけの数の人々が全く自分の立場を変えなかったか？」この問いに対する答えは，(1)と(8)のグループの数値で明らかになる。つまり，56パーセントが一貫して政府の対日政策に対して賛成意見を表明しており，6パー

セントが一貫して反対していた。次に「この3度の聞き取り調査のそれぞれの時点で，賛成意見の合計はどれくらいだったか」という問いの場合は，どうであろうか。1回目のインタビューでは，(1)，(2)，(3)，(4)の合計で80パーセントになり，2回目の聞き取りでは，(1)，(2)，(5)，(6)の合計で73パーセント，3度目の聞き取り調査では，(1)，(3)，(5)，(7)の合計で79パーセントになる（表13-7の一番上の行の数値参照）。

表13-7　3回の聞き取りにおける移行状況の概観

	聞き取り		
	I	II	III
賛成意見の合計	80%	73%	79%
前回の聞き取りでの賛成意見から反対意見への移行	…	16% (3)＋(4)*	10% (2)＋(6)
前回の聞き取りでの反対意見から賛成意見への移行	…	9% (5)＋(6)	16% (3)＋(7)
前回の聞き取りからの移行の純変化	…	−7%	+6%

*括弧の中の数字は表13-6の1列目の移行パターンの番号に該当

これに加えて，ある時点での聞き取りから別の時点での聞き取り調査にかけての移行率を計算することもできるが，これによって表13-7のような形で全体像を描き出すことができる。

このデータをふまえて，今度は表13-8のようにして，3つの時点にわたる個人の移行パターンの分布状態を明らかにすることができる。3回目の聞き取りの場合の最も高い賛成の比率（88パーセント）は，容易に予測できるように，それ以前の1回目と2回目の聞き取りで賛成意見を表明した64パーセントの回答者のあいだで見られたものである。そして，最も低い賛成意見の比率（37パーセント）は，それ以前に一度も賛成していなかった回答者によるものである。これら2つの両極端の中間に位置する2つのグループ，つまり前の時点でのみ賛成意見を示したグループからは，さらにもう1つの示唆が得られる。最後から1つ前の2回目の聞き取りの時点で賛成意見を表明した回答者は，1回目の聞き取りの時だけ賛成意見を示した解答者（69パーセント）よりも，3回目の聞き取りでも賛成意見を表明する高い傾向がある（78パーセント）。

1回限りのサーベイの場合には，たとえそれを連続しておこなったとしても，

表13-8　聞き取りⅠ，Ⅱ，Ⅲのあいだの関係

	聞き取りⅠとⅡにおける意見			
聞き取りⅢでの意見	ⅠとⅡで賛成 %	Ⅱのみで賛成 %	Ⅰのみで賛成 %	ⅠでもⅡでも賛成せず %
賛成	88	78	69	37
賛成せず	12	22	31	63
合計	100%	100%	100%	100%
全サンプルにおける合計（100%）	64% (1)+(2)	9% (5)+(6)	16% (3)+(4)	11% (7)+(8)

上にあげたような情報のどれ１つとして得ることはできない。１回だけのサーベイでは，最小限の 80，73，79 という合計のパーセンテージの情報しか得られず，したがってまた，これら３つの数値のあいだの差，つまり純変化率しか計算できないのである。

作戦分析

パネル分析は，キャンペーンの効果についてできるだけ正確に理解するためにも非常に重要な役割を果たす。それは，選挙キャンペーンの場合であっても，あるいは主婦の購買意欲を促すための販促キャンペーンの場合であっても同様である。表 13-９は，３種類の競合ブランドの洗剤について，この種の製品が初めて市場に登場した時におこなわれた販促キャンペーンにおける重要な局面における展開を示したものである。表の中の数値は，消費者パネルから得られたデータにもとづいている。このパネル調査では，主婦たちに買い物の日記をつけてもらうように依頼した上で，その記録を集めて分析にかけている[3]。

表 13-９の上の３行は，それぞれの銘柄の洗剤に関する基本的なデータを示している――（１）広告に使われた資金の額，（２）その製品を試した主婦の比率，（３）その製品を日常的に使うようになった主婦の比率。この３行の下にあげた指数は，販促キャンペーンの効果を示している。（Ⅰ）銘柄Ｃは，他の２つの洗剤よりも宣伝費は少なかったのにもかかわらず，百万ドルあたりで主婦に訴求した率（９％）が一番多い。（Ⅱ）顧客満足度は銘柄Ａで最良であり，銘柄Ｃで最低である。最下段の行（Ⅲ）つまり（3）÷（1）の値は，販促の効果と製品の品質の総合効果を示している。銘柄Ａは１ドルあたりで最

表13-9　3銘柄の洗剤の宣伝キャンペーンにおける作戦分析

	宣伝キャンペーン		
	銘柄A	銘柄B	銘柄C
(1) 宣伝費の合計	900万ドル	600万ドル	300万ドル
全主婦のうち以下の人々のパーセント			
(2) 製品を試してみた	45%	42%	26%
(3)日常的に使うようになった	14%	5%	1%
Ⅰ：(2) ÷ (1) 宣伝効果＝ 100万ドルの宣伝費あたりで 製品を試した主婦のパーセント	5%	7%	9%
Ⅱ：(3) ÷ (2) 顧客満足＝ 製品を試した主婦の中で 日常的に使用するようになった 人のパーセント	31%	12%	4%
Ⅲ：(3) ÷ (1) 全体的な宣伝効果＝ 宣伝費100万ドルあたりで 日常的に使用するようになった 人のパーセント	1.6%	0.8%	0.3%

も低い「試用」率になっているが，一方で最終的な成功率については最も高くなっている。というのも，試用ユーザーから常連のユーザーへの転換率が高いからである。これとは対照的に，銘柄Cの販促キャンペーンの効果についてみると，最初の段階での消費者に対する説得効果は高いが，最終的な常連ユーザーの獲得率は最小であるため，総合的には最も低い成功率になっている。

顧客忠実度の測定

どのようなタイプの説得をしようとする場合であれ，その究極の目的は，忠実な消費者や忠実な投票者を作り上げることによって，贔屓《ひいき》のブランドや候補者を変える機会が来ても，その人たちに対して特に新たに説得を試みなくても済むようにしておくことである。さらに，表13-9で見たように，忠実度というのは時間の経過とともにより強くなっていくものである。つまり，忠実である期間が長くなればなるほど，その後もそのまま贔屓客のままにとどまる傾向がある。したがって，最初に贔屓になってくれるような機会を作り上げたり，贔屓ではなくなろうとする時にはそれを予防する対策をとることが，そのようなすべてのタイプの説得において最も重要なステップになる。パネル法を使う

表13-10　下取りに出された中古車の車種と新規購入車の車種　（1台しかクルマを持たない世帯・1984年モデル・第一四半期・35州分のデータのみ）

	新車								
	(1)	(2)	(3)	(4)	(5)	(6)	(7)	(8)	(9)
	ゼネラル・モーターズ(GM)		フォード		クライスラー				
下取りに出された中古車	シボレー	他のGM車	フォード	他のフォード系列車	ダッジ	他のクライスラー系列車	アメリカン・モーターズ	輸入車他	中古車の総数
ゼネラル・モーターズ									
(1)シボレー	27,031	20,079	5,529	2,312	1,857	2,529	1,355	12,327	73,019
(2)他のGM車	12,240	70,250	6,658	4,515	2,015	4,132	1,800	17,336	118,946
フォード									
(3)フォード	6,703	11,906	18,158	4,809	1,605	2,271	1,165	9,727	56,344
(4)他のフォード車	2,049	5,026	3,265	5,935	445	1,006	421	3,490	21,637
クライスラー									
(5)ダッジ	1,804	2,985	1,445	546	1,819	1,855	388	2,679	14,392
(6)他のクライスラー車	2,690	5,271	2,168	969	2,690	5,379	566	3,770	22,632
(7)アメリカン・モーターズ	1,033	1,542	953	321	360	471	1,308	1,700	7,688
(8)輸入車他	6,480	13,168	5,849	2,260	2,174	2,783	2,368	48,854	83,936
(9)新車の総数	60,030	130,227	44,025	21,667	12,965	20,426	9,371	99,371	398,594

出所：*New Car Buyer Analysis*（35州分），R.L.Polk & Co.

と，このような忠実度について測定したり，贔屓客の状態からそうでなくなる際の方向性について測定することができるようになる。

表 13-10 を使って，この問題について検討してみることにする。これは，39 万 8594 台の乗用車の購入記録について，新車として購入されたクルマの車種だけでなく，その際に下取りに出されたクルマの車種を示したものである。

この表は市場全体の動向を示したものではなく，35 州における，クルマを 1 台しか持っていない世帯に関する市場動向を示したものである。したがって，この表だけでは米国の乗用車市場の一部を示すことができるに過ぎないが，ここでは，この種の移行表によってどのような種類の分析が可能になるかを明らかにするために，この表のデータを使うことにした。

このようなタイプの表からは，何が分かるであろうか。おそらく最初に全体のバランスシートについて検討し，また最下段の行と右端の欄とを比較することによって（表 13-11）分かるのは，GM（ゼネラル・モーターズ）は市場シェアの 1 パーセントしか失っていないのに対して，フォードは 16 パーセント，クライスラーは 10 パーセント分のシェアを失っているということである。依然として大いなる勝ち組は輸入車であり，また相対的に言えばアメリカン・モーターズもそうであるが，これは主に同社の売れ筋がアメリカナイズされた「輸入車」，つまりルノーだからである。

次に，特定車種についての顧客忠実度について検討してみよう。これについて調べられるのはシボレー，フォード，ダッジだけである。というのも，表

表13-11　ユーザーの獲得と喪失

	中古車の実数	シェア（%）	新車の実数	シェア（%）	パーセントの変化*
シボレー	73,016	[18.3]	60,030	[15.1]	−18
GM車の合計	191,965	[48.2]	190,257	[47.7]	−1
フォード	56,344	[14.1]	44,025	[11.1]	−22
フォード車の合計	77,981	[19.6]	65,692	[16.5]	−16
ダッジ	14,392	[3.6]	12,965	[3.2]	−10
クライスラー車の合計	37,024	[9.3]	33,391	[8.4]	−10
アメリカンモーターズ	7,688	[1.9]	9,371	[2.4]	+22
輸入車他	83,936	[21.0]	99,883	[25.0]	+19
		100%		100%	

*下取りに出された中古車のシェアを100パーセントにした場合

13-10でそれぞれ別個のデータがあげられているのは，この3タイプの車種だけであり，他の車種についてはもっと広いカテゴリーで分類されたデータが示されているからである。ここから本章では，表13-10のさまざまなマス目を，（地図上で地域を示す時のように）この表の行と欄に書き込んでおいた，行番号と欄番号を使って，それぞれ2個ひと組の数字で示すことにする。したがって，最初のマス目は1，1になり，その右側のマス目は1，2，右下隅のマス目は9，9となる。そして，表13-12に示した結果が，ここで明らかにしようと思っているブランド・ロイヤルティに関わる問いに対する最初の答えになる。

表13-12　主要ブランドに対するロイヤルティ

	同じブランドの乗用車を購入した人の数		以前のオーナーの数	ブランド・ロイヤルティ（%）
シボレー	27,031 (1,1)	÷	73,019 (1,9) =	37
フォード	18,158 (3,3)	÷	56,344 (3,9) =	32
ダッジ	1,819 (5,5)	÷	14,342 (5,9) =	13

これで見ると，シボレーがトップであり，フォードが僅差でそれに続き，ダッジはその2車種からかなり離れた3位になっている。次に，これらの車種のオーナーがそれぞれの車種のクルマを作っている企業をどれだけ贔屓にしているかを見てみることにする。実際，企業としては，消費者が製品ブランドを切り替えたとしても，自社の顧客にとどまる限りは特に気にならないものである。特に，そのようなブランド変更には，より高価なブランドへの移行がともなうことが多いから，尚更そうだと言える。表13-13には，米国の自動車会社に関して企業に対する顧客の忠実度を示す数値をあげた。

表13-13　メーカーに対するロイヤルティ——同じ自動車会社のクルマを買った人々のパーセント

GM	68
フォード自動車	41
クライスラー社	32
アメリカンモーターズ社	17

当然のことではあるが，この表の数値は，単に下取りに出されたクルマに対する満足度だけでなく，それぞれの企業がそのクルマ以外の車種のラインナップをどれだけ持っているかということも反映している。

最後に表13-14を見ると，自動車会社同士のあいだでどのような下取りパターンが見られるかが分かる。この表では，輸入車についてはひとくくりにしてある。

GMは，総合的に見てすべての米国の競合相手とのあいだでは勝利をおさめているが（ⅠとⅢ），輸入車に対してはかなり負けがこんでいる（Ⅳ）。フォードは他のすべての競合会社に対して敗北し（Ⅰ，Ⅴ，Ⅶ），クライスラーにはそれほど負けていない（Ⅴ）が，輸入車には相当負けている（Ⅶ）。クライス

表13-14　自動車メーカー間の下取り交換バランス

（表の読み方の例：(Ⅰ):フォードとGMのあいだで移行した43,698台のクルマのうち，44%がGMからフォードに移行し，56%がフォードからGMに移行した。GMにとっての純獲得率は12%。）

(Ⅰ) GMとフォード間で43,698台が移行	
フォード	44%
GM	56%
GM	+12%

(Ⅱ) GMとクライスラー間で23,303台が移行	
クライスラー	45%
GM	55%
GM	+10%

(Ⅲ) GMとアメリカン・モーターズ間で4,730台が移行	
アメリカン・モーターズ	45%
GM	55%
GM	+10%

(Ⅳ) GMと輸入車間で49,311台が移行	
輸入車	60%
GM	40%
GM	−20%

(Ⅴ) フォードとクライスラー間で10,455台が移行	
クライスラー	51%
フォード	49%
フォード	−2%

(Ⅵ) フォードとアメリカン・モーターズ間で2,860台が移行	
アメリカン・モーターズ	55%
フォード	45%
フォード	−10%

(Ⅶ) フォードと輸入車間で21,326台が移行	
輸入車	62%
フォード	48%
フォード	−24%

(Ⅷ) クライスラーとアメリカン・モーターズ間で785台が移行	
アメリカン・モーターズ	53%
クライスラー	47%
クライスラー	−6%

(Ⅸ) クライスラーと輸入車間で11,406台が移行	
輸入車	57%
クライスラー	43%
クライスラー	−14%

(Ⅹ) アメリカン・モーターズと輸入車間で4,068台が移行	
輸入車	42%
アメリカン・モーターズ	58%
アメリカン・モーターズ	+16%

ラーはGMに負け（Ⅱ），アメリカン・モーターズにも負け（Ⅷ），さらに輸入車にも負けているが（Ⅸ），フォードに対してはやや勝っている。アメリカン・モーターズはGMにだけは負けている（Ⅲ）が，他の３社には勝っている（Ⅵ，Ⅶ，Ⅸ）。輸入車はアメリカン・モーターズにだけは負けているが（Ⅹ），他のすべての会社に勝っている（Ⅳ，Ⅶ，Ⅸ）。

以上のような移行表の背景のすべてに関して興味深い問題は，「なぜ」である。なぜ，そもそも車種やメーカーに関して切り替えという現象が生じるのだろうか。なぜ，その特定の車種に切り替えるのだろうか。著者はこれらの問いに対する答えを持っていないが，自動車メーカーにはその答えを持っていることを期待したい。以下の節では，このような種類の問いに対する答えを求めていくための一般的な手段のいくつかをとりあげて解説していく。

誰がなぜ切り替えたのか

ある意味では，対照実験は，同じ被験者を実験操作の前と後の両方の時点で観察する必要があるという点で，すべてパネル分析の一種であると言える。また，実験以外の状況では，因果関係について明らかにしていく上で最良の機会を提供しているのは，パネル法であると言える。というのも，パネル法では出来事の時間的経過を正確にたどることによって，ある時点における移行をそれ以前の時点での接触あるいはその他の影響との関連でとらえることによって，個人レベルの行動に対して正確に焦点をあてることができるからである。

パネル分析で扱うクロス集計表は，基本的には他のクロス集計表と同じ性格を持つ。もっとも，パネル法は，先行する因果的な連鎖関係に関しては一般に１回限りのサーベイに比べて大量の情報を提供するものであるから，見かけの相関に対してより優れた予防策になり，また，通常のサーベイよりも良質の情報を提供するものである。

表13-15は，1940年におこなわれたウィルキー［共和党］対ルーズベルト［民主党］の大統領選挙戦について，かなりの量の情報を提供している[4]。この表は８月の時点での有権者の投票に関する意向を５月の時点での投票に関する意向と関連づけ，さらに，それらをその中間におこなわれた選挙キャンペーンの影響との関連でとらえたものである。まず，表13-15の行(1)から見ていくと，５月の段階ではパネル調査の対象者の55パーセントが共和党の候補に投票すると言っており，残りの45パーセントが民主党候補に投票する意向を

表13-15　大統領選キャンペーンへの接触と投票意向の変化

（840名のパネル調査対象者=100%）

（1）5月時点での投票の意向（支持している）	55%が共和党候補を						45%が民主党候補を					
（2）選挙キャンペーンへの接触はもっぱら	D*－10%		どちらにもなし 両方－13%		R－32%		D－15%		どちらにもなし 両方－13%		R－17%	
（3）8月時点での投票の意向（支持している）	R－93%	D－7%	R－97%	D－3%	R－97%	D－3%	R－7%	D－93%	R－8%	D－92%	R－20%	D－80%
（4）第(3)行における全共和党・全民主党候補支持者の加重平均	58%が共和党候補を						42%が民主党候補を					
（5）5月から8月までの純移行率	＋3パーセント・ポイント						－3パーセント・ポイント					

*R＝共和党候補、　D＝民主党候補

示していた。行(2)は，パネル調査の対象者のうち，民主党によるキャンペーンか共和党によるキャンペーンのどちらか一方に主として接触した人々，どちらにも接触しなかった人々および両方に接触した人々，それぞれの割合を示している。これで見ると，25パーセント（10パーセントと15パーセント）のパネル・メンバーが主として民主党の選挙キャンペーンに接触しているが，そのおよそ2倍の人々つまり（32＋17）＝49パーセントの人々が共和党の選挙キャンペーンに接触していることが分かる。

行(3)は，5月の時点で共和党支持者だった人々のうちで，ほんの少数だけが8月になって民主党候補支持に変わっていることを示している――それぞれ7，3，3パーセントである。これに対して，5月の時点で民主党支持だった人々のあいだで共和党支持に変わった人たちの数はもっと多かった――それぞれ，7，8，20パーセントであった。ここで注目すべきは，どちらのグループでも移行した中で最も大きな数値を示しているのは，主に5月の時点で対立候補のキャンペーンに接触した人たちであったということである。これは，共和党支持者では7パーセントに対して3パーセントという数値であったが，民主党支持者の場合には，主に共和党によるキャンペーンに接触した場合には20パーセントに対して8パーセントという割合であった。もっとも，さらに追加の情報が得られなければ，この純変化分が共和党によるキャンペーンの方が優れていたから生み出されたのだ，と結論づけることはできない。というのも，意向を変えたのは，実は5月の時点では自分自身の意向に自信が持てず，したがって対立候補のキャンペーンに接触することを選択した人々であったかも知れないからである。

1回限りのサーベイに比べて，この種の，キャンペーンに対する接触と対象者の個人レベルの態度の移行について扱ったパネル・データは，理由に関する聞き取りをおこなう上でより優れた条件を提供する。その接触というのはどのようにして生じたのか？　どの程度，接触は自発的なものだったのか？　そういう接触というのは，態度変化に関して実際に効果があったのか？

バンドワゴン効果

5月の聞き取りの時点では態度を明確に決めていなかった有権者については，「大統領選でどちらの政党が勝利をおさめると思うか」という質問をした。10月までには，これらの人々の大多数が態度を決めていた。表13-16は，誰が勝つかという点に関する予測と最終的な投票意向とのあいだの関連を示したものである。

表13-16　投票意向と当選者についての予期

10月時点での投票意向	5月時点では態度未決定だが共和党の勝利を予期 %	5月時点では態度未決定だが民主党の勝利を予期 %
民主党	48	69
共和党	52	31
合計	100	100

これで見ると，有権者の中には，勝つだろうと予測した候補者に投票する傾向のある人々もいることが分かる。これが，一般にバンドワゴン効果［勝ち馬に乗る効果］として知られているものである。この効果が実際に作用していたことは，回答者たちが，なぜ自分は態度を変えたのかという点について実際に語ったことで裏付けられている。たとえば，次のような証言である――「これまでずっと民主党支持者だったんだけど，最近聞いたところによれば，かなり多くの民主党支持者が共和党に票を入れるって言うんで，同じようにしようと思ったんですよ。知り合いの民主党支持者の５人のうち４人がそうしたよ」。

広告の効果

実際にどのようなロジックでパネル法によって因果関係が明らかにされるかという点について解説する前に，よく因果関係の存在を示す証拠としてあげられることのある，誤解を招きやすいタイプのデータについて検討しておく方がよいだろう。表13-17は，広告に接触したことを覚えていることと広告の製品

表13-17　広告と製品使用

	広告を見たことを覚えている人々		広告を見たことを覚えていない人々	
	実数	パーセント	実数	パーセント
広告の商品を使用	(188)	30	(298)	21
使用せず	(434)	70	(1,150)	79
合計	(622)	100	(1,448)	100

の実際の使用状況との関連を示したものである。

表 13-17 は，一見，広告効果の存在を示す確固たる証拠になっているように見える。広告に接触したことを覚えている人々のあいだで実際にその商品を使っている人々の割合（30 パーセント）は，そのような広告について覚えていない人々の割合（21 パーセント）よりも約 5 割ほど多いのである。この表 13-17 をもとにした因果推論の誤りは，表 13-18 に示したように，広告の対象となった製品の使用について，その広告に接触した前の時点と後の時点とを区別していないところにある。

表13-18　広告への接触の前後における製品使用

広告接触以降に製品を使用したか	以前に使用経験あり 広告を見た %	以前に使用経験あり 広告を見なかった %	以前に使用経験なし 広告を見た %	以前に使用経験なし 広告を見なかった %
使用した	72	71	10	10
使用しなかった	28	29	90	90
合計	100	100	100	100
実数	(198)	(252)	(424)	(1,196)

表 13-18 を見ると，実際には広告はほとんど確認できるほどの効果を示していないのだ，ということが判明する。表 13-17 に含まれている見かけの相関は，それまでユーザーでなかった人々で広告に気がついた人たち（424 ＋ 1196 人中の 424 人＝ 26 パーセント）に比べて，すでに広告の対象の製品のユーザーであった人たちの方がその広告に気がつく傾向がある（198 ＋ 252 人中の 198 人＝ 44 パーセント）という事実に起因しているのであった。表 13-17 では無視されていて表 13-18 で導入されているのは，時間という要因なのである。

以上の例は，特にここでの議論のために作成したものではなく，現実にもよく見られる誤解の典型例として示したものである。実際，広告予算の額は，これまでのところ，その効果性についてはほとんど考慮することなく，むしろその時点での広告主の収益状況で決められることが多かった。利益が少なかったら予算は縮小するのだが，それに対して利益が増えると広告予算が増えるというような次第なのだが，これによって広告予算の額と売上利益のあいだに誤解を招くような関係が生じてしまうのである。

次にあげる例で見るように，パネル分析を用いると，時間的な順番を取り違えてしまうリスクを避けることができるようになる。テレビを持っている人々の層を対象にして，ある年の２月に１度聞き取りをおこない，同じ年の３ヶ月後の５月にもう一度聞き取りをおこなった[5]。どちらの場合も，回答者が特定の番組を見ていたかということと，その番組のコマーシャルの時間に宣伝されていた製品を買っているかどうかについて確認した。

表13-19　視聴と購買の関係，２月と５月の時点の結果の組み合わせ

	視聴			購入	
	2月時点			2月時点	
5月時点	ハイ	イイエ	**5月時点**	ハイ	イイエ
ハイ	＋＋ 視聴継続	＋－ 視聴停止	ハイ	＋＋ 購入継続	＋－ 購入停止
イイエ	－＋ 視聴開始	－－ 視聴歴皆無	イイエ	－＋ 購入開始	－－ 購入歴皆無

表 13-19 において＋＋で示したのは，番組の視聴や製品の使用を続けていた人々である。以下，＋－は，２回目の時点で止めた人々，－＋は２回の時点で始めた人々，－ －は，どちらの時点においても番組を見なかったり，製品を買わなかった人々を示している。したがって，回答者はそれぞれ４通りの視聴パターンないし購買パターンのどれかに該当することになる。この４通りずつを組み合わせることによって（4 × 4）＝ 16 通りの，視聴と購買パターンの組み合わせができることになる。表 13-20 は，この 16 のマス目からなる表である。

最初のマス目の人々（82 人）は，どちらの時点でも番組を見ていたし，製品も買っていた人々である。その下の２番目のマス目には，番組を見続けていたけれども（＋＋），製品の購入を止めた人々（＋－）を示している。その他のマス目の意味についても同様である。そして，縦の４つの欄の数値はそれぞれ番組の視聴を原因として考えた場合，それがもたらす結果を示すパーセンテージに変換することができる[6]。

こうしてまず最初の分析の手続きとして，番組を２月以降に**見始めた**人々（－＋）と，これまで番組を**一度も見なかった**人々（－－）との比較をおこない，ついで同じような手続きを繰り返すことによって，番組を**見始めた**ことによる効果について評価を下すことができるようになる。

表13-20　2月時点と5月時点の視聴と購入*

	視聴								
	視聴継続（＋＋）		視聴停止（＋ −）		視聴開始（− ＋）		視聴歴皆無（− −）		
購入	実数	%	実数	%	実数	%	実数	%	購入合計
購入継続　（＋＋）	(82)	12.0	(31)	9.8	(27)	9.2	(104)	9.0	(244)
購入停止　（＋−）	(53)	7.7	(28)	9.0	(20)	6.8	(80)	6.9	(181)
購入開始　（−＋）	(57)	8.3	(24)	7.6	(24)	8.4	(81)	7.0	(186)
購入歴皆無（−−）	(481)	72.0	(231)	73.6	(219)	75.6	(891)	77.1	(1,822)
視聴合計	(673)	100.0	(314)	100.0	(290)	100.0	(1,156)	100.0	(2,433)

*最初の ＋および−の記号は2月時点，2つ目の記号は5月時点を示す

1．新規顧客の獲得——番組を見始めた人の中で8.4パーセントの人々が製品の購入を始めた。これに対して，番組を見たことのない人々で購入を始めたのは7.0パーセントであった。これは，1.4パーセント・ポイント分の増加，あるいは（7.0のうちの1.4）＝20パーセント分の増加ということになる[訳注1]。

2．以前からの顧客の維持——番組を見始めた人たちの中で6.8パーセントが購入を止めているが，番組を見たことがない人たちでは6.9パーセントが購入を止めている。これは，0.1パーセント・ポイントの増加，ないし(6.9のうちの0.1)＝1.4パーセント分の増加ということになる。

上の1と2であげた効果を組み合わせることによって，番組を見始めたことによると思われる総合的な効果について知ることができる。

3．番組を見始めた人々のあいだでは，2月から5月にかけて購入者のパーセンテージは16.0（＝9.2＋6.8）パーセントから17.6（＝9.2＋8.4）パーセントに増えている。つまり，1.6パーセント・ポイントないし10.0パーセント（16.0のうちの1.6）分だけで増えているのである。

4．番組を見たことのない人々のあいだでは，購入者のパーセンテージは15.9（＝9.0＋6.9）パーセントから16.0（＝9.0＋7.0）パーセントに増えている。つまり，0.1パーセント・ポイントないし0.6パーセント分だけの増加である。

5．したがって，番組を見始めたということは，そのグループのあいだでは，もしその人たちが見始めなかった場合よりも，9.4（＝10.0－0.6）パーセント分だけ購入者を増やしたことになるのである。

同じように，番組を見続けていた人たちと見るのを止めた人たちとを比較することによって，番組を続けて見ることによる効果について評価することができる。

6．新規顧客の獲得——番組を見続けている人たちのあいだでは，8.3パーセントが新しく製品を買うようになったが，見るのを止めた人のあいだでその製品を買うようになったのは，7.6パーセントだった。これは，0.7パーセント・ポイントなし9.2パーセント分の増加である。

7．以前からの顧客の維持——番組を見続けている人たちの中で7.7パーセントが購入を止めているが，番組を見るのを止めた人たちでは9.0パーセントが購入を止めている。これは，見るのを止めた人々の場合について1.3パーセント・ポイントないし14.4（9.0のうちの1.3）パーセント分の減少ということになる。

6と7を組み合わせることによって，**番組を見続ける**ことによると思われる総合的な効果を割り出すことができる。

8．番組を見続けている人たちのあいだでは，購入者のパーセンテージは2月から5月にかけて，19.7パーセント（＝12.0＋7.7）から20.3（12.0＋8.3）パーセントに増えている。つまり，0.6パーセント・ポイントないし3.0（19.7のうちの0.6）パーセント分の増加である。

9．番組を見るのを止めた人たちのあいだでは，購入者のパーセンテージは18.8パーセント（＝9.8＋9.0）から17.4（9.8＋7.6）パーセントに減少している。これは，1.4パーセント・ポイントないし7.4（18.8のうちの1.4）パーセント分の減少である。

10．したがって，番組を見続けることはそのグループのあいだでは，もしその人たちが見るのを止めた場合よりも，10.4（＝3.0＋7.4）パーセント分だけ購入者を増やしたことになる。

ここで分析の最終段階として，〈テレビ番組がそのコマーシャル・タイムに宣伝されている製品の顧客を増やす上で持つ効果について，それを，その番組を見ていない場合でも顧客が増加したと思われる数と比較することによって，総合的に評価する〉という作業に入ることになる。この場合，単に番組を見始めたり見続けることの**効果**について考慮するだけでなく，どの程度の**頻度**で番組を見始めたり見続けたりするかという点についても検討しなければならない。したがって，ここで表13-19について，もう一度，次のような観点から検討する必要がある。もし，実際に番組を見始めた290人が（たとえば，番組が放映中止になったりして）見るのを止めたとしたら，番組を一度も見たことのない1156人と同じように行動したかどうか，というポイントである。その290人のうちで5月に製品を買った人たちは51人（＝27＋24）である。先にあげた効果5に関する議論によれば，もし，290人が番組を見始めることがなかったならば，4人分だけ少ない数の顧客だったことになる。

同じように，番組を見続けた673人についても，実際に番組を見るのを止めた314人と同じように，もし見るのを止めていたらという具合に仮定することによって，どれくらいの購入者減となるかを算出することができる。先にあげた効果10によれば，もし，5月の時点での139人の顧客（＝82＋57）が番組を見るのを止めていたならば，そのうち13人分の減少が生じることになる。

こうして，表13-21にあげられた3つの数値のグループを比較することになる。これでみると，番組の放映を5月まで続けたことによる総合的な効果は，仮説上の16.9パーセントに対して実際には17.7パーセントであるので，0.8パーセント・ポイントないし4.7パーセントの購入者増になったのであった。

表13-21　全体的な効果

2月時点での実際の購入者 425	5月時点での実際の購入者 430	計算上の5月時点の購入者（もし番組が見られなかったとして） 413
表13-20の1行目と2行目(244＋181)の合計を全サンプル数(2433)に対するパーセントで示した場合 17.5%	1行目と3行目(244＋186)の合計を全サンプル数に対するパーセントで示した場合 17.7%	〔5月時点での実際の購入者数〕430から17(4＋13)という，もし番組が放映中止になっていたら購入者にならなかっただろう人々の数を引いた値を全サンプル数に対するパーセントで示した場合 16.9%

原因と結果の逆転

表13-20は，16のマス目からなり，2つの時点におけるテレビ番組の視聴とある製品の購買の有無についての関係を示しているが，さらに，調査をおこなう者をたびたび悩ませてきた1つの付随的な問題について考える上でも役に立つ。つまり，これまで想定してきたように，番組を見ることが製品の購入に影響を与えるだけでなく，〈購入傾向が番組の視聴に影響を与える〉という逆の影響関係が存在する可能性がありはしないか，という問題である。実際の話，特定の銘柄の商品を買う人々はそうでない人々と比べた場合，その製品のメーカーがスポンサーになっている番組を見ようとする傾向が強いのではないだろ

うか。要するに，**フィードバック**要因が，購入と視聴のあいだに見出された相関に対して影響を与えている可能性があるということである。

２月の時点での顧客と非購入者のデータを比較してみると，フィードバック仮説を，以下にあげるような２通りのやり方でパネル・データから検証できるようになる。

1．２月時点での購入者は非購入者に比べると，２月から５月にかけて番組を**見始めた**と答える傾向が強いに違いない。

2．２月時点での購入者は非購入者に比べると，２月以降も番組を**見続けていた**と答える傾向が強いに違いない。

もし購入者と非購入者とのあいだで，番組を見始めたり見続ける人たちの割合に目立った違いがある場合には，実際に原因と結果の逆転があったことが推測される。最初に，非購入者に比べて購入者の場合の方が番組を見始めたと語った割合が多かったかどうかについて確認してみることにする。まず２月時点での 1446 名の非視聴者を，２月に購入者であった人たちとそうでなかった人たちという２つのグループに分ける。その上で，表 13-22 のようにして，それぞれのグループについて，５月の時点で２月から５月にかけて番組を見始めたと答えた人の割合を計算してみた。

もし２月時点での購入者の方が非購入者よりも番組を見始める傾向が強いと

表13-22　フィードバック仮説の検証

	2月時点での購入者	2月時点での非購入者
Ⅰ		
(a) 2月時点で視聴者でなかった人々の実数	231	1,215
(b) 2月時点で視聴者でなかった人々のうち，2月から5月のあいだに見始めた人々の実数	47	243
(c) (a)に対する(b)のパーセント	20.3%	20.0%
Ⅱ		
(a) 視聴者の実数	194	793
(b) 2月時点で視聴者だったうちで2月以降も見続けた人の実数	135	538
(c) (a)に対する(b)のパーセント	69.6%	67.8%

いうことが本当だとするならば，その3ヶ月のあいだに番組を見始めた人々の割合は購入者であった人々の場合の方が多いだろう（検証Ⅰ）。しかし，表13-22で見る限り，そのような明白な結果は見られない。

検証Ⅱでは，番組を見続ける割合でみた場合，購入者の方が非購入者よりも多いかどうかについて検討する。この検証をするために，2月の時点で視聴者だった987名をとりあげて，その人たちのその後の視聴傾向について，購入者と非購入者とに分けてフォローしてみた。

この場合も，視聴における差は問題にならない程度のものであった。もしフィードバックの影響が作用しているならば，2月の時点で購入者だった人々のあいだの方が番組を見ている人の割合が高いはずである。

この2つの検証法のどちらによっても目立った違いが検出できなかったことから，結論としては，購入者であった方が番組を見る傾向が強いというフィードバック効果は存在していなかったと言える。実際問題としても，フィードバック効果が見られるのは，むしろたとえば乗用車のように，比較的高額な商品の場合であろうと思われる。

前回の聞き取りによるバイアス

あるトピックについて以前に聞き取りを受けたという事実それ自体が1つの原因になって，回答者がある問題について意識的になり，それがその後のインタビューの結果に影響を与えるということがありうる。この影響は，「インタビューアーによる影響」，つまり特定の聞き手と接触し続けたことによる効果とはまた別のタイプの影響である。

この種のリスクがあるということは明白であるが，実際にそれはどの程度のリスクなのだろうか。一般的に言って，回答者がどのような状況であってもすでによく自覚しているようなトピックの場合には，そのリスクは小さいだろう。一方，回答者がそれ以前に考えてもみなかったようなトピックの場合には，リスクはかなり大きなものになる可能性がある。

パネル法を採用すれば，このようなタイプのバイアスが実際に作用しているかどうかについて明らかにできるような実験的な調査デザインを組むことができる。つまり，主たるパネル構成員には再度の聞き取りをおこなうが，それに対応する対照群に対しては2度目の聞き取りをおこなわないのである。あるいは，主たるパネルについては，何度か定期的に聞き取りをおこなうが，対照群のパネルには２度だけ，つまり最初の聞き取りと最後の聞き取りだけをおこなう。もし通常の標本抽出誤差の範囲を越えて２つのグループのあいだに何らかの差が見出されたならば，それは聞き取りという操作による影響であると考えることができる。

表13-23は，その種の一連の実験の結果をまとめたものであるが，この場合は，同じ種類の質問による聞き取りを，パネルおよびパネルの約２倍の人数を対象にしておこなわれた一連の１回限りのサーベイという２つの形式で実施した。主たるパネルは425人の回答者から構成され，この表にあげられているうちで３つの質問（1，4，9）は，より大きなサイズの，728人からなるパネルに対する聞き取り調査にもとづいている[7]。

全体としてみると，パネル調査の場合の変化と対照群に対するサーベイにおける変化は両方とも同じ方向を示しており，またその強度も似たようなものであり，両者の順位相関は.77であった。

もっとも，３つの質問項目（3，5，13）に関しては，幾分大きめの違いがあった。そのうち，２つの質問項目は，回答者にとっては聞き取りをされる以前には考えてみることもなかった内容であり，したがって，ここでの理論的仮定からすれば，再度の聞き取りの際に結果にバイアスを与えるタイプのものであったと考えられる。

また，1940年の大統領選挙戦の際に用いられたパネルの信頼性を検証するためにおこなわれた実験の結果では，「質問内容が人々が日頃議論しているようなものである場合には，パネルと対照群のあいだに目立った違いはない」，という仮説の正しさを証明するものであった。実際，以下のような質問に関しては，パネル［に対する複数回の聞き取りによる］バイアスは見られなかったのである。

今年の秋の選挙では，どちらの党の候補者に投票すると思いますか？
どちらの党の候補者が実際に選挙で選ばれると思いますか？
ウィルキーはどのようなタイプの大統領になると思いますか？　有能な大統領，まずまずの大統領，無能な大統領のうちのどれだと思いますか？

なお，以前におこなわれた聞き取りは，変化の**方向性**に影響を与えることはなくても，変化の度合いに対しては影響を及ぼすことがある。それぞれ独立に調査の対象になった２度にわたる１回限りのサーベイ調査の対象者のあいだに

表13-23-1　パネルにおける変化と独立に収集したサンプルにおける変化との比較

質問	聞き取りの間隔	以下の回答を寄せた人々のパーセント	変化率*	
			パネル	対照群サンプル
1:「もしヒトラーが,今,すべての国に対してこれ以上戦闘を継続せず,しかし現状を維持するという条件で和平を申し出たとしたら,そのような和平案に賛成ですか,反対ですか?」	12月から6月	「賛成」	+5.6(1)	+5.0(3)
2:「米国は戦争に勝つために必要なすべてのことをおこなっていると思いますか?」	2月から6月	「ハイ」	+5.2(2)	+5.5(2)
3:「主要な敵は誰だと思いますか?　ドイツ政府だと思いますか?　それともドイツ国民あるいは政府と国民の両方だと思いますか?」	12月から6月	「両方」	+4.6(3)	+1.8(6)
4:「もしヒトラーが,今,すべての国に対してこれ以上戦闘を継続せず,しかし現状を維持するという条件で和平を申し出たとしたら,そのような和平提案に賛成ですか,反対ですか?」	12月から2月	「賛成」	+4.3(4)	+2.2(5)
5:「政府の対日戦対策について満足していますか?」	2月から6月	「ハイ」	+3.4(5)	+8.0(1)
6:「もしヒトラーが,今,すべての国に対してこれ以上戦闘を継続せず,しかし現状を維持するという条件で和平を申し出たとしたら,そのような和平案に賛成ですか,反対ですか?」	2月から6月	「賛成」	+2.2(6)	+3.6(4)
7:「主要な敵は誰だと思いますか?　ドイツ政府だと思いますか?　それともドイツ国民あるいは政府と国民の両方だと思いますか?」	2月から6月	「ドイツ国民」	+1.2(7)	+0.9(7)
8:「大統領の国内政策に賛成ですか?」	12月から6月	「ハイ」	+0.9(8)	−2.8(11)

表13-23-2　パネルにおける変化と独立に収集したサンプルにおける変化との比較

質問	聞き取りの間隔	以下の回答を寄せた人々のパーセント	変化率* パネル	変化率* 対照群サンプル
9:「政府の対日戦対策について満足していますか?」	12月から6月	「ハイ」	−0.2(9)	−0.7(9)
10:「大統領の国内政策に賛成ですか?」	2月から6月	「ハイ」	−2.8(10)	+3.8(12)
11:「大統領の国内政策に賛成ですか?」	12月から6月	「ハイ」	−4.0(11)	−7.0(10)
12:「政府の対日戦対策について満足していますか?」	12月から2月	「ハイ」	−5.3(12)	−10.5(13)
13:「主要な敵は誰だと思いますか?　ドイツ政府だと思いますか?　それともドイツ国民あるいは政府と国民の両方だと思いますか?」	2月から6月	「ドイツ政府」	−6.7(13)	+0.4(8)

*括弧の中の数字は変化の度合いを変化量と方向性［プラスかマイナスか］によって順位づけたものである。プラス方向での最大の変化を示したものが１番の順位になり，最も大きなマイナス方向での変化を示したものが13番になる。質問は同一の質問文のものも含めて全部で13ある。

おける変化の方が，パネルの人々における変化よりも幾分大きめになっていたとすれば，これを，パネルの「凍結」効果と呼べるかも知れない。一方，パネルの方が変化の度合いが大きい場合には，これを「促進」効果と呼べるかも知れない。これとよく似た現象が，この章で何度も引用してきた1940年の大統領選挙戦の際に調査対象になったパネルについて指摘できる。この調査では，パネルのメンバー全員に対して，誰に投票するつもりでいるかに関して６つの異なる時点で質問がおこなわれた。表13-24は，パネルの場合の１回目の質問と６回目の質問のあいだの変化と，聞き取りを２回（パネルの場合の１回目と６回目の時点）しか受けなかった対照群とを比べたものである。

これで見ると，何度も繰り返し聞き取りをおこなったことの効果として，誰に投票するかという決定がスピードアップされているようである。

これよりもさらに複雑な実験が，３つの項目に関して，前の時点でおこなわれた聞き取りがどの程度の影響を与えるかを測定するために設計された。その３項目というのは，その後のメディア接触（テレビ番組の視聴）における自発性，重要な態度の形成，メディア接触が態度に与える影響という３つの点に関

表13-24　継続的な聞き取りによる促進効果（最初の聞き取りの時点で態度決定していなかった人々）

	以前に5回 聞き取りを受けた	以前に1回だけ 聞き取りを受けた
誰に投票するか決めている	60%	45%
(回答者の実数=100%)	(213)	(214)

するものである。図 13-1 には，この実験デザインの概要を図示してある。

(a) と (a')，(b) と (b')，(c) と (c') をそれぞれ比較することによって，前の時点での聞き取りが自発的なメディア接触に対して与えた影響の度合いを検討することができる。また，(a, b, c) と (A') との関係と，(a', b, c') と (B') との関係とを比較すれば，メディア接触がその後の態度に与える効果が前の時点での聞き取りによって影響を受ける度合いを測定することができる。そして，(A') と (B') とを比較することによって，この２つの影響の組み合

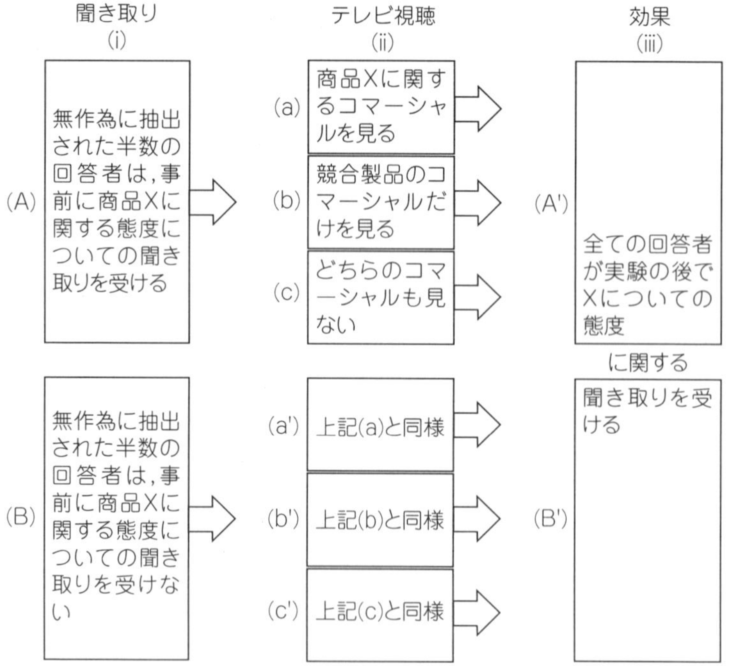

聞き取り
(i)
テレビ視聴
(ii)
効果
(iii)
(A)
無作為に抽出された半数の回答者は，事前に商品Xに関する態度についての聞き取りを受ける
(a)
商品Xに関するコマーシャルを見る
(b)
競合製品のコマーシャルだけを見る
(c)
どちらのコマーシャルも見ない
(A')
全ての回答者が実験の後でXについての態度に関する聞き取りを受ける
(B)
無作為に抽出された半数の回答者は，事前に商品Xに関する態度についての聞き取りを受けない
(a')
上記(a)と同様
(b')
上記(b)と同様
(c')
上記(c)と同様
(B')

図13-1　聞き取りがテレビ視聴とその視聴の効果に与えるバイアスを測定するための実験デザイン

わせによる効果についての全体的な目安を得ることができる。

パネルからの脱落率

どのようなタイプのものであれ，人間の母集団からサンプルを抽出しようとする試みには，何らかの失敗がつきものである。実際，完全なサンプリングが成立するのは，非生物的な対象に限られる。人間は病気になるかも知れないし，一時的に行方不明になったり連絡がとれなくなったり，あるいは単に調査への協力を拒否することもある。サンプリングに関するこれらの問題のすべてが，パネル調査の場合にはとりわけ深刻な問題になってくる。事実，もし何回か繰り返して聞き取りを受けることになると言われたり，あるいは記録をつけることを要求されたならば，回答者の拒否率は増えるだろう。また，1度目の聞き取りに影響を与えたパネルからのデータ欠損（一時的な不在や協力拒否など）は，その後の聞き取りでも繰り返し生じ，またそれによる影響が累積していく傾向がある。これに加えて，パネルに特有の問題として，時間の経過にともなう脱落がある。つまり，回答者の何割かが引っ越ししたり死去してしまうことによるデータの欠損である[8]。

ここで通常のサーベイ調査におけるサンプリングに関わるバイアスの問題を扱う必要はない。これらの問題は，他の文献で十分に詳しく取り扱われている[9]。ここで問題になるのは，むしろパネル法の手続きによって生じる特有のバイアスなのである。これについては，これまでの経験から導かれるいくつかの一般論的な傾向をあげるだけで十分だろう。

・引っ越しにともなう脱落は，高齢の人々よりは若年の人々の場合に多く，また，小都市よりは大都市において頻繁に生じる。
・死去による脱落は，言うまでもなく，主に高齢層において顕著になる。
・一時的な脱落は女性よりは男性に，そしてまた，より下層の年収層よりはより上層の年収層で顕著になる。
・協力拒否は，かなりの部分，どのようなタイプの協力を要請するかという点に依存する。面倒なことを頼む場合には通常，何らかの謝礼でも提供しない限りは拒否率が高くなる。また，謝礼は相対的にみて低い年収層の場合により効果的になる傾向がある。
・郵送法によるパネル調査において，多少とも文章技術が必要な回答を寄せる必要がある場合には，教育歴・年収の低い層で相対的に大きな脱落率になる傾向がある。このバイアスは，必ずしも最初から協力を拒否するという形で生じるものではない。むしろ，その後の調査の過程で，回答者の側が最初に約束していたような形で協力することができなくなってしまうために生じる可能性がある。

まとめ

分析単位となる回答者から継続して情報を入手することには，いくつかの利点がある。たとえば，情報の絶対量が増えるし，記憶の想起にかかる負担が軽くなるので情報の正確さも向上する。また，プロセスの詳しい内容についてより正確な判定もできるようになる。たとえば，製品の利用習慣などのように，長期間にわたってそのパターンが形成される場合などである。最も重要なのは，パネル法を用いれば移行や変化の様子を詳細に分析し，また，その変化をそれ以前の出来事と関連づけて分析することもできるようになるということである。一方で，そのような調査テクニックがすべてそうであるように，パネル法には特有のリスクがつきものである。回答者をある一定の方向に条件づけしてしまうというリスクや，現実の脱落あるいは調査手続きの結果としての脱落というようなリスクである。しかし，何らかの対策をとっておけば，この2種類のリスクは両方とも予防することができる。このようにして，パネル調査は，因果分析におけるより強力なテクニックになりうるのである。

［訳注］

［1］この部分については，推測統計学の発想が入っておらず，やや問題のある記述になっている。解説（270ページ）参照。

第14章
トライアンギュレーション（方法論的複眼）
Triangulation

トライアンギュレーションという概念の起源

どのようなタイプの科学的証明法であっても，たいがいは１つや２つの欠陥を抱えているものである。物理的，社会的，概念的な制約などによって，調査の試みはどうしても不完全なものになりがちなのである。これは科学全般について当てはまることだが，特に社会科学の場合について言えることであり，実験でさえもその例外ではない。実験には一定の誤差があるだけでなく，ある特定の場所と時点において特定の実験対象を使っておこなうものであるために，実験結果をどれだけ広い範囲の対象に一般化できるのか，という問題が生じることになる。この種の不確かさや頼りなさは，日常的にもよく見られるように，複数のタイプの証拠を併用することで，ある程度解消することができる。つまり，互いに別の技法を用いて実施された２つ以上の調査から得られた証拠を組み合わせる，というやり方である。このようにして証拠を積み重ねるやり方の呼び名としては，「トライアンギュレーション」がある程度定着してきている。

「トライアンギュレーション（三角測量）」という用語は，もともと，測量士が使っていた，いくつかの三角形を連続して描くことによってある地点の位置を割り出す，という測量技法にちなんでいる。この用語は，その後，航海士が船の位置を割り出す方法についても言われるようになった。

星を１つ決めて天体観測をして，海図に線を描き込むと，それは地表上の線を表している。その線１本だけではあまり役に立たない。しかし，もう１つの星からのもう１本の線を引いて交差させ，さらにもう１つの星からの線を引いてみると，全く同じ地点で交差することは滅多にないが，それでも，一連の線を引いているうちに，船が大体どのあたりにあるのかを決めることができるようになる。

もっと時代がくだって最近では，「トライアンギュレーション」は，２つ以上の，互いに別個に実施された調査で得られたデータによって仮説命題の真偽を検証する科学的なアプローチ一般を指すようになってきている。

この用語を以上のような新しい意味で使いはじめた最初の人物は，おそらく，哲学者のハーバート・ファイグルであると思われる。その後心理学者のドナルド・キャンベルとドナルド・フィスクが初めてトライアンギュレーション法を系統的な形で実証研究で用いたが，これによって，新しくかつより広い意味でのトライアンギュレーションという用語の使い方が定着していくことになった。

さらにそれ以降は科学全般に共通してみられる慣行にしたがって，よりフォーマライズされた方法が開発されてきた。特に，トライアンギュレーションは，時間的にも空間的にも離れたところにある対象を扱う学問分野の場合に重視されるようになってきた。さまざまな改善の努力が積み重ねられた結果として，断片的なデータを元にして現実の状況を再構成するための方法が考案され，またそれがうまくいった場合には，難問を解決する上でのヒントが得られるようになってきた。

以下本章では，２つの目的を念頭において，トライアンギュレーションが適用できるいくつかの状況に関する解説を試みる。その目的の１つは，これらの状況の多様性について明らかにしていくことであり，もう１つの目的は，それによって新しい技法を開発していくための手がかりを提供することにある。

観察の繰り返し

調査の精度を向上させる目的で測定ないし他のタイプの観察を繰り返しおこなうという慣例は，トライアンギュレーションの一種だと言える。実際，何度か測定を繰り返して得た平均値は，個々の測定値よりも正確さという点で優れている。

このやり方の１つのバリエーションが，データの分析が個人的判断に依存している場合に用いられる。コーディング，つまりサーベイの質問文に対する回答を分類していく作業は，その一例である。特に微妙な回答については評定者の判断にバラツキが生じることが多いだろう。コーディングの客観性を高めるために用いられる通常の方法は，一つひとつの回答について，２人の評定者がそれぞれ別個にコーディングするという手続きである。その上で，評定上の食い違いをチェックし，それを複数の評定者間の同意ないしスーパーバイザーの判断によって解決していくのである。

サンプルの不完全さについて推定する

サーベイや世論調査は，通常，確率サンプルを対象にしておこなわれるが，これはサンプルで得られた調査上の知見を元にして母集団についての推定をおこなえるようにするためである。そのようなサンプリングの手続きには不完全さがつきものであるが，その不完全さの程度がどれくらいのものであるかは，なかなか推定しにくい。時には，サーベイ調査の結果のうちのいくつかをそれに対応する他のデータソース（その信頼性についてはかなり保証が得られている場合）から得られた知見と照らし合わせることによって，この課題の達成が容易になることもある。

イギリスの薬剤師を対象にしたサーベイが，成分は同じだがブランド名の違う薬品に関する薬剤師の経験について聞くためにおこなわれた。その際，サンプリング上の不備があることが分かったのだが，それがどの程度影響しているかを明らかにするためには，以下にあげるような他の情報と照らしあわせて総合的に判断するのが有効であることが分かった。サーベイの最初の質問項目は，薬剤師たちに，自分の薬局に置いてある薬品のブランドは何と何であり，またそれぞれのブランドが平均して月にどれだけの売上になっているかを尋ねるものであった。この質問項目に対する回答の集計結果として，ブランド名と売上高に関する２組の数字データが算出されることになるが，実はその２組の数字は，両方ともA.C.ニールセン社が２ヶ月ごとにおこなっている薬局を対象にしたサンプル調査のレポートにも掲載されているものでもあった。つまり，そのニールセンのレポートには，さまざまな薬品ブランドの市場シェアとそれぞれのブランドを在庫として持っている薬局の比率が載っているのである。薬剤師を対象にしたサーベイの結果の数字とそれに対応するニールセンのデータとのあいだにかなりの一致が見られることが判明したこともあって，サーベイの対象となったサンプルはバイアスが少なく，したがって信頼できるものであるということが明らかになった。

この例に見られるように，信頼のおける他のデータソースと組み合わせて比較することができる質問文をサーベイの中にいくつか組み込んでおくというのは，サーベイの質を保証する上でお薦めのテクニックの1つである。

模擬実験の結果のトライアンギュレーション

実験的な研究デザインでは，何らかの形で現実の状況をシミュレーションした結果を用いざるを得ないことがあるが，この場合は，実験が現実の出来事を忠実に再現しているかどうか，という疑問が常に生じることになる[1]。この疑問に対しては，かなり正確な答えを提供できることもある。

刑事事件の審理においては，量刑不均衡ということが起こりがちである。実際，判事には量刑に関して相当程度の裁量権があり，なかには他の判事よりも厳しい刑を課す者もいる。その種の不均衡が実際にどの程度のものであるかについては推測が難しい。というのも，刑事被告人はそれぞれたった1人の判事によって刑を言い渡されるのであり，もし他の判事が担当していたならどの程度の刑であったかを知ることは現実的に不可能だからである。第2巡回裁判区の合衆国控訴裁判所に属する判事たちがこの問題について研究することを決めた時に，私は，彼らに次のような提案をした。つまり，法廷の判事**全員**に対して，すでに有罪判決を受けた何人かの犯罪者に関する書類を，刑期を判定する際に入手できるすべての情報を含めて渡した上で，「自分だったらその被告人たちにどのような刑を言い渡すか」という質問をするのである。連邦司法センターは，量刑不均衡の程度を測定することを目的として実際にこの実験をおこなったが，同センターはその種の模擬的な量刑が現実を忠実に再現しているかどうかという点については，常に疑いを持っていた。

その後何年かしてから，いわゆる量刑委員会の活動を通して，連邦裁判所における量刑不均衡についての測定結果関連の情報を入手することができた。連邦裁判所の中には，事実審の判事が，通例として2人の同僚判事の参加を得て，その2人の参考意見として，自分たちだったらどのような刑を言い渡すだろうかという点についての情報を得られるようにするための委員会を設けているところがある。つまり，ごく初期の段階に限定されはするが，その2人の判事は実際の量刑判断に関与することになる。上で述べた第2巡回裁判区での研究とこの量刑委員会についてのデータの両方を使えば，量刑不均衡に関する測定値を算出することができる。すなわち，特定の法廷から無作為に選ばれた2人の判事が同じ被告人に対して下した刑の平均（算術平均）的な違いである。第2巡回裁判区での模擬実験の結果では，その違いは＋48パーセント（少ない方の刑期を100パーセントとした場合）であった。一方，量刑委員会のデータでは，その違いは46パーセントであった。これは，模擬的な量刑実験が現実のものに近い結果を示していたということの証拠になる[2]。

違う場所での経験

時には，同じような制度が遠く離れた場所において，また少しだけ違う状況下で施行されることがある。場合によっては，これによって，その制度が別の場所ではどの程度有効であるかという問題について，かなり説得力ある推論ができることがある。

たとえば，英国議会が陪審員の評決に関して，全員一致原則をやめて11対1から10対2というような評決を許容範囲にするという法案を検討したことがある。その時，ハリー・カルヴンと私は，そのような規則変更でどれだけ［意見の不一致による］評決不能陪審の頻度が減るかという点についての意見を求められた[3]。

私たちは，それぞれ別個に収集された3組のデータについての検討を元にして，その推定をおこなった。3組のデータは，どれも単独のデータとして用いるだけでは予測をおこなう上で不十分なものだったが，3つを全部合わせてみると満足のいく推定ができた。最初に検討したのは，オレゴン州における評決不能陪審の頻度である。そこで採用されていたのは，まさに英国が導入しようとしていた12人のうち10人の意見が一致すればよいという原則であった。私たちは，このオレゴン州のデータを，全員一致の判断が要求されている他の州のデータと比較した。オレゴン州における評決不能陪審は100回の裁判のうち3.1回であったが，全員一致が要求されている州では5.6回であった。この数字は，原則の変更によって評決不能陪審の頻度が5.6から3.1へ，つまり全体の2.5パーセント分だけ減るということを示唆している。評決不能陪審の全体数で割った場合には，この変化は，約45パーセントの減少（5.6に対して2.5）ということになる。

2組目のデータが示していたのは，全員一致が要求される法廷での評決不能陪審に関する陪審評決のサンプルの中で，多数意見に加わることを拒むことによって結果として評決が出ないようにした陪審員の人数であった。

表14-1は，10対2と11対1という［英国が採用を検討していた新規則の比率と同じ］意見の分布は全部で42パーセント（24＋10＋8）であったことを

示している。11と10というのは，［英国が採用を検討していた］新しい原則のもとでは評決が可能となる多数意見であることを考えると，この，全く異なるデータセットから算出された42パーセントの減少という数字は，オレゴン州

表14-1　全員一致でないために陪審評決が不能になった際の票の割れ方

無罪：有罪	パーセント
11:1	24
10:2	10
9:3	58
3:9	
2:10	8
1:11	…
	100

での知見に対する，驚くほど強力な傍証になっていると言える。

さらに，この問題に関係する3組目のデータセットが存在していた。民事事件の場合についてではあったが，何年か前にニューヨーク州は，陪審員評決に関する全員一致原則をとりやめて，11対1から10対2という結論を多数意見として採用することに決めた。規則変更の前年には100回の審理のうち5.2回の評決不能陪審が出ていた。これに対して，制度変更の6年間のあいだには，その数は3.1に減っていた。つまり，減少の程度は31パーセント（5.2のうちの1.6［＝5.2－3.6］）に達していたのである。これが，制度変更にともなう評決不能陪審の減少率の推定に関する3番目の独立した情報源である。

以上のように，それぞれ別々に収集された3組のデータによって，制度変更が評決不能陪審を減らすパーセンテージとしては45，42，31というかなり似通った推定値が得られたことになるが，これは，予測の正確さに対する信頼性を増すものである。

反対尋問

もしサーベイ調査の結果に関して疑問があるならば，法廷でおこなわれるのと同じような一種の反対尋問をおこなってみると，結果としてその結果が否定されたり，場合によっては逆に有利な証拠や論拠が得られることがある。また，特に法廷のように関係者が相互に敵対している状態ではない場合であっても，

トライアンギュレーションのアプローチを採用することによって示唆が得られることが多いものである。たとえば，転居に関するあるサーベイ調査では，何家族かは引っ越しをした主な理由として前に住んでいた住宅の狭さをあげていた。これらの家族に対しては，後に，引っ越しの前に世帯人数の増加があったかどうかについて質問した。

あげられていた転居の理由は，その世帯人数の増加に関するデータで支持された。その相関は必ずしも完全なものではなかったが，その点は特に驚くにあたいしない。というのも，家が狭くなってしまったという主観的な印象は，世帯人数の増加以外の他の条件によっても左右されるものだからである。

表14-2　引っ越しの理由についての検証*

	引越をした人々の中で	
	世帯人数の増加があった人々の場合 %	世帯人数の増加がなかった人々の場合 %
家の狭さを主な理由としてあげた人々のパーセント	80	30

* Peter Rossi, *Why People Move* (New York: Free Press, 1955), p. 144より

同じようなことが，あるインタビュー調査で女性を対象にして，「なぜ特定のデパートでは買い物をしないのか」という質問をした際にあった。その質問に対する回答の中には，そのデパートが「さえない店だから」というものが含まれていた。その調査票の後ろの方には，デパートのさまざまな特徴について評価するよう求める質問項目が含まれていた。そこで，その質問に対する回答としてあげられていた不満に思える特徴の数と買い物をしない理由として「さえない店」をあげた頻度との関係を検討してみた。その結果が表14-3である。

この表を見ると，特定の不満点をあげていないのに「さえない店」という理由をあげている女性が結構いるというのは，少し不思議に思えるかも知れない。おそらくこれは，その女性たちが実際にそのデパートに行ったことがなく，噂だけにもとづいてそのような判断を下したからであろう。こういう場合は，インタビューアーは，そういう女性たちが実際にそのデパートに行ったことがあるかどうかを聞いてみた方がよいだろう。

表14-3　Xデパートで買い物をしない理由についての検証*

Xデパートについて挙げた特定の不満点の数	それぞれのグループで「さえない店」をXデパートで買い物をしない理由の1つとして挙げた女性のパーセント
なし	25
1つ	48
2つ	64
3つ以上	78

*Paul F. Lazarsfeld, "Evaluating the Effectiveness of Advertising by Direct Interviews," in Paul Lazarsfeld and M. Rosenberg (eds.), *The Language of Social Research* (New York: Free Press, 1955), p. 411より

証拠を総合的に判断しないことによる誤まり

サッコとヴァンゼッティが殺人と強盗の罪で有罪にされて死刑の宣告を受けた時に，彼らの弁護士はマサチューセッツ州知事に対して減刑するよう請願を出した。審理のプロセスの適切さに関して何人かの有力者から疑いの声があがったこともあって，フラー知事は諮問委員会のメンバーを指名することになった。委員会の課題は，減刑に値するような情状酌量の余地が十分にあるかどうかを判断するという特殊なものであった。しかし，この場合，非常に稀だがまた重要なのは，有罪判決を受けた被告人が実際に犯罪を犯したかどうかに関して十分なだけの疑い（イギリス流の判断規準でいえば，「いささかでも疑いがあれば」）があるかどうかというものであった。当時のハーバード大学学長が委員長をつとめていた委員会の報告書の結論は，減刑に対して反対というものであった。報告書では，審理のプロセスを台無しにしたとされた６つの欠陥を一つひとつ順番にとりあげて検討した結果，いずれも減刑の条件には値しないと結論づけたのであった。この報告書は，多くの人々にとって驚きと困惑をもって受けとめられた。その後しばらくしてから，哲学者のジョン・デューイは，その謎の解明を試みた。その「心理学と司法」[4]という題名の論考で，デューイは，委員会が陥った論理的な誤謬を指摘している。デューイによれば，委員会は６つの欠陥を個別にとりあげてその重要性について検討したのであって，それらを共通する１つの原因――つまり，無政府主義者だった被告人に対する偏見――を示す６つの兆候としては扱わなかったのである。デューイは，もし委員会が６つの欠陥の重大性を個別に判定するのではなく，それら６つの欠陥が総体として持つ重大性について適切に判定していたならば，違った結論を下

さざるを得なかったであろうと論じている。

集計における誤まりの訂正

トライアンギュレーションは，この死刑宣告の例ほど深刻ではない問題を解決するためにも有用な手段である。たとえば，かなり年配の人々の年齢については，当人もその家族も誇張して報告してしまいがちな傾向がある。これは，100 歳，101 歳あるいはそれ以上の年齢の人々の人口数を正確に知りたいと思っている国勢調査局にとっては大きな問題となる。この種の不正確な自己申告を訂正するためには，集計結果を以下のような，別個のデータソースと比較してクロスチェックしなければならない――（1）前回の国勢調査（10 年前）で 90 歳以上だと申告した人数からその年齢グループで死亡したとされる人々の数を引いた値，（2）その 90 歳以上の年齢層の人々のサブグループに対して適用される標準的な生存確率の予測値，（3）医療保険のデータ。100 回目の誕生日以降も生存している人々の数に関する最も的確な推定は，これらの複数の，相互に独立したデータソースを総合した上で算出される[5]。

誰が判断するかによって違ってくる数量的推定の質をあげようとする場合には，以上とは異なるタイプの正確さに関わる問題が生じてくる。それらの数字は，結局，経験にもとづく推測程度のものでしかない場合が多いものである。そのような例で重要なものの 1 つに，麻薬中毒者によって盗まれる物品の被害総額というのがある。ニューヨーク州に関しては，その額は 10 億ドルと推測されてきた。ある時，この推定に関して，トライアンギュレーションによってその根拠を明らかにする試みがなされたことがある。1 つのやり方は，いわゆる需要について推計するというものである。つまり，麻薬中毒者の数と彼らがヘロインを買うためにかかる費用を計算してみるというやり方である。これは，実際に 2 種類の市場価格を想定した上で計算された。より低額の価格は，自分自身が麻薬の売人でもある中毒者から構成されるインサイダー向けの市場価格であり，他方は，それよりは高い値段で買わなければならないアウトサイダー向けの市場価格である。ついで，盗品の総被害額について，犯罪統計と万引きによる被害額のデータの両方を元にして推計がおこなわれた。この万引きの被害額というのは，警察に申告されているわけではないが，被害にあった商店主がおこなう推計から得られるものである。以上のいくつかのステップをふんで推計をおこなう際には，それぞれさらに何段階かにわたって事前の推計をおこなっており，それらについてもトライアンギュレーションによって推計精度の向上をはかった。このような手続きによって最終的に判明したところによれば，麻薬中毒が原因となって起きた窃盗の被害総額は，これまで想定されていた10億ドルなどではなく，たったの25万ドル前後というものであった[6]。

有罪評決を出しがちな陪審員たち

最近，2つの連邦地方裁判所が，トライアンギュレーションの原理によって得られた証拠の価値を認めた。問題になっていたのは，死刑判決がかかっている事件の審理に関して死刑絶対反対主義者がすべて除外されるような陪審員団は，合衆国憲法修正条項第6条［犯罪事件で陪審員による裁判を保証する］が規定する「公平な陪審員団」に該当するか否か，というものであった。「そのような構成の陪審員団は公平な陪審員団には該当しない」という議論の証拠は，それぞれ個別におこなわれた複数の研究の結果として提出されたものであったが，それらの研究の結論は，それぞれ「死刑賛成論者の陪審員は反対論者の場合よりも死刑評決に賛成する傾向がある」というものであった。しかし，我が国の法律の規定からして，刑事事件に関して無作為化対照実験をおこなうことは許容されていないのだから，これらの研究の結果は何らかの欠陥を抱えていると思われた。この種の研究の最初の例は1953年におこなわれ，その結果が1968年に公表されたものであり，実際の陪審員団と現実に下された評決を対象にしている。しかし，これは対照実験ではなく，分析の段階で条件統制を考慮に入れたものであった[7]。別の研究者たちが同じ問題についてその後おこなった研究は，対照実験であった。しかし，これらの研究には別の欠陥があった。つまり，これらの実験は，模擬上の陪審員団による模擬的な陪審審理だったのである。もっとも，一連の研究で最後にあげられているものは，対照群を設定した実験であり，また現実の状況にかなり近いものであった。陪審員に選ばれる可能性のある人々が現実の殺人事件の裁判をビデオテープで映したものを見せられ，また，無罪と有罪のどちらに関してもバランスのとれた証拠を見せられたのである。この実験においても，他の研究の場合と同様に，やはり死刑賛成論者は有罪評決を出しがちであった[8]。

以上の，それぞれ別個におこなわれ，また別々の著者によって報告された全部で8つの研究は，すでに有罪であると判断されており，また死刑評決が出る可能性がある陪審審理から死刑絶対反対論者を除外することは憲法違反である，という主張の妥当性を示す根拠として提出された。連邦地方裁判所も最終的にそのような判断を下したのであるが，これは，裁判所が，個別の研究それ自体は十分な説得力があるものではないが，一連の研究の結果得られた証拠がすべて同じ結論の方向に収斂しているという事実に納得したからであった[9]。

まとめ

社会科学における調査がそれ１つだけで疑問の余地の全くない明快な結論を出せるということは，きわめて稀である。実際，社会科学の研究法は不完全なものであることが多く，その結果の解釈に際しては慎重さが要求されるのである。そのような状況で，トライアンギュレーション，つまり，それぞれ信頼のおける技法を用いて別個におこなわれた複数の調査によって同じ結果が支持される場合には，調査結果の説得力は増すだろう。問題によっては，トライアンギュレーションによって調査知見の精度が高くなることもあるだろう。別の場合には，トライアンギュレーションは，因果関係の存在の有無に関してなされる推論を，最終的に確証するものになるだろう。

注
Note

序

1. David Freedman, Robert Pisani, and Roger Proves, *Statistics*（New York: Norton, 1978）.
2. *The Limits of Law Enforcement*（Chicago: The University of Chicago Press, 1983）.

第Ⅰ部　数字による表現の仕方

1. たとえば，Edward R. Tufte, *The Visual Display of Quantitative Information*（Cheshire, CO: Graphics Press, 1983）.

第1章　パーセント数値の機能

1. "Letters Concerning the Value of a Horse" *Opere di Galileo*（Florence）, vol.XIV, 1855, pp.231, 284.
2. R. A. Fisher, *The Design of Experiments*（London: Oliver & Boyd, 1942）, p.164.

第2章　パーセントの表示法をめぐるいくつかの問題

1. ここでその概要を示した原理のいくつかについては，素朴な形ではあるが，非常に傑出したアイディアとして次の文献でかなり早い時期に解説されている。H. Higgs and G. V. Yule（eds.）, *Statistics by the late Sir Robert Giffen written about the years 1898-1900*（New York: Macmillan, 1913）.
2. H. Kalven Jr. and H. Zeisel, *The American Jury*（Chicago: The University of Chicago Press, 1966）, p.111 を元に作成。
3. Marie Jahoda, Paul F. Lazarsfeld, and Hans Zeisel, *Marienthal, The Sociographie of an Unemployed Community*（New York: Aldine-Atherton, 1972）. First German edition, Hirzel, Leipzig, 1933.
4. "Fellowship of Reconciliation," *Fellowship Magazine*, February 1974. ここにあげた数字はその後幾分変わってはいるものの，それほど大きな変化が生じているわけではない。
5. Hans Zeisel, *The Limits of Law Enforcement*（Chicago: The University of Chicago Press, 1983）, p.61 より。
6. Otto Neurath, *Modern Man in the Making*（New York: Alfred Knopf, 1939）より。

第3章　パーセントを縦にとるか，横にとるか

1. この問題に関しては，第9章でさらに詳しく解説する。

2. この表については，本書の旧版で使用したものをこの版でも使うことに関して，2つの点で謝罪しておかなければならないだろう。1点は，この表によってこれらの治療薬が違うものであるという印象が今後も持たれかねないということである。これら3種の薬品の鎮痛成分はすべてアスピリンであるが，この事実はこれまでほとんど秘密事項にされてきた。2点目は，このデータは現在ではかなり古いものになってしまっているということである。今ではアスピリンを含まない鎮痛剤が市場の大半を占めている。もっとも，この場合も同じ化学成分を使ったものが違った製品名で，またかなり異なる価格で市販されている。

第4章　DKとNAの取り扱い

1. Hans Zeisel, "Statistics as Legal Evidence" *International Encyclopedia of Social Sciences*（New York: The Macmillan Company, 1968）; and "The Uniqueness of Survey Evidence," *Cornell Law Quarterly*, vol.45, 1960, p.322 参照。
2. このような試みは，「日常の言葉を数量化する」というもっと大がかりな発想法に見られるが，これについては，Frederick Mosteller が『サイエンス』誌第192巻の5ページ目に掲載された手紙で述べている。
3. C. Edward Deming, *The Elimination of Unknown Ages in the 1940 Population Census*（U.S. Department of Commerce, January 1942）.

第5章　2次元以上のクロス集計表

1. これらの相関および他の相関関係についての解説については，Paul F. Lazarsfeld and W. S. Robinson, "Some Properties of the Trichotomy 'Like,' 'No Opinion,' 'Dislike'" *Sociometry*, vol.3, 1940, p.151 参照。
2. Sam Stouffer et al., *The American Soldier*（Princeton, N.J.: Princeton University Press, 1949）, vol.1, p.554.
3. Leo Goodman も，自著の *Analyzing Qualitative Categorical Data*（Boston: Abt Books, 1978）の第1章で，*The American Soldier* に掲載されていたこの表を引用しているが，これは，おそらくはこの表に含まれる諸要因が非常に魅力的な形で複雑にからみあっているからであろう。

第6章　指　数

1. 心理学的および美学的な現象を測定することに関する構想については，1835年にケトレーが次のように述べている。「この点において，心理学的な規準は（中略）物理的特質とそれほど大きく変わるところはない。つまり，もしそれらが生み出す結果と何らかの関係があるのならば，その関係の程度について推定することが可能なのである」[*Essai de Physique Sociale*（Bachelier, Paris, 1835）, vol.2, p.98.]
2. これらの操作の複雑さについては，たとえば，次の文献を参照。*The Price Statistics of the Federal Government*（a report by the Price Statistics Review Committee, George J. Stigler, Chairman）, Joint Economic Committee Hearings, U.S. Congress, Jan. 24, 1961.

3 . Ernest W. Burgess and Leonard S. Cottrell, Jr., *Predicting Success or Failure in Marriage*（Englewood Cliffs, N.J.: Prentice-Hall, 1939）より。

4 . Earnshaw Cook and Wendell L. Garner, *Percentage Baseball*（Cambridge, Mass.: M.I.T., 1964）chap.2 参照。

5 . Reed Browning, "These Numbers Don't Lie" *Sports Illustrated*, April 7, 1980. p. 70ff 参照.

6 . もともと，すでに廃刊になった *This Week* 誌のために収集されたデータである。（Matilda White and Hans Zeisel, "Reading Indices," *Journal of Marketing*, October 1941 , pp.103-111.）

7 . これについては，たとえば Evelyn Perloff, "Prediction of Male Readership of Magazine Articles," *Journal of Applied Psychology*, vol.32, 1948, pp.663-674 参照。また，女性読者については，同じジャーナルの vol.33, 1949, pp.175-180 を参照のこと。

8 . この点に関しては，このような小集団の場合には一個人の態度が集団レベルのスコアに不当なほど大きな影響を与えるものであるが，集団の規模が大きければその影響は無視できる程度のものになる。

9 . これについての数学的な展開は，たとえば，George W. Snedecor and William C. Cochran, *Statistical Methods*（Ames: Iowa State University Press, 1967）, p.194［畑村又好他訳『統計的方法』岩波書店，1972］に見られる。

10. Paul Zeisel と著者が共同で開発した指標。あらゆる種類の産業の集中度を測るための２つの洗練された指標とその指標の妥当性の理論，あるいは実証データとの相関を通した検討については，M. O. Finkelstein and R. O. Friedberg, "The Application of an Entropy Theory of Concentration to the Clayton Act," *Yale Law Journal*, 1967, p.677, および同ジャーナルにおける George Stigler, p.718 の注釈を参照のこと。

第Ⅱ部　因果分析の方法

1 . この点に関する理論と実証研究が最初に系統的に紹介されたのは，Thomas D. Cook and Donald T. Campbell, *Quasi-Experimentation*（Chicago: Rand McNally, 1979）においてである。

2 . Paul F. Lazarsfeld が 1935 年に発表した先駆的な論文 "The Art of Asking Why" は，D. Katz et al.（eds.）, *Public Opinion and Propaganda*（New York: Holt, 1954）に再録されている。

第７章　クロス集計は分析を精密化する

1 . 表 7-1 と 7-2 は，1940 年のウィルキーとルーズベルトのあいだで戦われた選挙戦について，オハイオ州のある小さな町での展開を例にして明らかにした研究から採ったものである。この先駆的な研究は，後に Paul F. Lazarsfeld, Hazel Gaudet, and Bernard Berelson, *The People's Choice*（New York: Columbia University Press, 1948）.［有吉広介訳『ピープルズ・チョイス―アメリカ人と大統領選挙』芦書房，1987］として刊行された。表 7-12 も参照のこと。

第 8 章　実験による証明

1. 本書では，実験デザインに関する技術上の詳細なポイントについては省略する。これについては，かなりの数の文献が扱っている。たとえば，D. R. Cox, *Planning of Experiments*（New York: Wiley, 1958）および K. A. Brownlee, "The Principles of Experimental Design" *Industrial Quality Control*, vol.13, 1957, pp.1-9. また S. A. Stouffer, "Some Observations on Study Design," *American Journal of Sociology*, vol.55, 1949-1950, pp.355-361 も参照のこと。
2. Herman Wold, "Causal Inference from Observational Data," *Journal of the Royal Statistical Society*, vol.119, 1956, pp.28-60.
3. Peter H. Rossi, Richard A. Berk, Kenneth H. Lenihan, *Money, Work, and Crime*（New York: Academic Press 1980), p.77. そのようなほとんど完璧な実験であっても，結果を読み違えるリスクがある点については，H. Zeisel, "Disagreement over the Evaluation of a Controlled Experiment," *American Journal of Sociology*, vol.88, 1982, pp.378-394 参照。
4. Carl Hovland, Arthur A. Lumsdaine, and Fred D. Sheffield, *Experiments on Mass Communication*, VoI.III of *Studies in Social Psychology in World War II*（Princeton, N.J.: Princeton University Press, 1949).
5. Rita James Simon, *The Jury and the Defense of Insanity*（Boston: Little, Brown, 1967).
6. F. J. Gaudet, C. S. Harris and C. W. St. John, "Individual Differences in the Sentencing Tendencies of Judges," *Journal of Criminal Law and Criminology*, vol.23（1933）, p.811. および H. Zeisel and T. Callahan, "Split Trials and Time-Saving: A Statistical Analysis," *Harvard Law Review*, vol.76, 1963, p.1606ff.
7. Katherina Dalton, *Menstruation and Accidents* in W. Haddon, E. Suchman, D. Klein（eds.), *Accident Research*（New York: Harper & Row, 1964）より。
8. H. Kalven, Jr., and H. Zeisel, *The American Jury*, 2d ed.（Chicago: The University of Chicago Press, 1971).
9. Irving Towers, Leo Goodman, and Hans Zeisel, "A Method of Measuring the Effects of Television through Controlled Field Experiments", *Studies in Public Communication*, University of Chicago, no.4, 1962, pp.87-110.
10. H. Zeisel, H. Kalven, Jr., and B. Buchholz, *Daley in the Court*（Boston: Little, Brown, 1959), p.143. この実験は Maurice Rosenberg によっておこなわれ，またその結果が分析されている。Maurice Rosenberg, *The Pretrial Conference and Effective Justice*（New York: Columbia University Press, 1964).

第 9 章　実験以外のデータの分析

1. Hans ZeiseI, "The Significance of Insignificance Differences," *Public Opinion Quarterly*, vol.19, 1955, p.319 参照。
2. *Personal Knowledge*（London: Routledge, 1958).

3. 動物行動に関する研究においても，同様の二分法が存在する。実際，実験室における実験は動物行動の研究における1つの研究テクニックに過ぎない。主として Konrad Lorenz と Kikolaas Tinbergen が開発した，自然状況における動物の観察（時に実験的デザインを補助的手段として使うこともある）という方法は，最も強力な研究方法として発展してきたのである。
4. Katherine D. Wood, *Urban Workers on Relief*, Part I, Research Monograph IV（Washington, D.C.: U.S. Government Printing Office, 1936）.
5. 以上の分析の本質的部分は，Paul F. Lazarsfeld がウィーンで教師をしていた時代に開発したものである。さらに洗練された処理法については，Patricia L. Kendall and Paul F. Lazarsfeld, "Problems of Survey Analysis," in Robert K. Merton and P. F. Lazarsfeld（eds.）, *Continuities of Social Research*（New York: Free Press, 1950）で解説されている。1954 年には，Herbert Simon が同じ問題を *Spurious Correlation, A Causal lnterpretaion*, Cowles Commission Paper No.89（Chicago: The University of Chicago Press, 1954）でとりあげている。

第 10 章　回帰分析

1. これに関するデータは最初に Karl Pearson によって集められた。Pearson は，本章で解説されている基本的な方法の開発者である英国の科学者 Francis Galton（1822-1911）の弟子であった。
2. ここにあげた例は，Edward R. Tufte, *Data Analysis for Politics and Policy*（Englewood, N.J.: Prentice-Hall 1974）, p.149 で紹介されている同じトピックに関する例に着想を得て作られた。
3. *International Encyclopedia of Statistics* の CAUSATION および REGRESSION の項，特に後者の後書きを参照のこと。

第 11 章　理由分析Ⅰ——説明図式

1. Paul F. Lazarsfeld, "Progress and Fad in Motivation Research," *Proceedings of the Third Annual Seminar on Social Science for Industry Motivation*, Stanford Research Institute, 1955, pp.11-23 参照。実践例については，Herta Herzog の Hadley Cantril, Herta Herzog, and H. Gaudet（eds.）, *The Invasion from Mars — A Study in the Psychology of Panic*（Princeton, N.J.: Princeton University Press, 1940）における古典的研究を参照。また，Rest Dichter, *Handbook of Consumer Motivation*（New York: McGraw-Hill, 1964）; James V. McNeal（ed.）, *Dimensions of Consumer Behavior*（New York: Appleton-Century-Crofts, 1965）; Joseph Newman（ed.）, *Unknowing the Consumer*（New York: Wiley, 1966）; Karen A. Machover, *Personality Projection in the Drawing of the Human Figure*（Springfield, Ill.: Charles C Thomas, 1949）も参照。
2. 米国における最も有名な銀行強盗犯である Willie Sutton は，なぜ銀行強盗をするのかと聞かれた際には，「そこに金があるからさ」と答えたものだった。
3. Paul F. Lazarsfeld and M. Rosenberg（eds.）,*The Language of Social Research*

(New York: Free Press, 1955), pp.387-391 参照。

4. Stannard Baker, *Experimental Case Studies of Traffic Accidents.* (Evanston: Northwestern University Traffic Institute, 1960), p.5.

5. この研究は，シカゴ大学の陪審制度研究プロジェクトの一貫としておこなわれたものであり，当時同大学の学生であった Howard Mann の協力を得た。

6. 英米法では，被告は訴追された犯罪について有罪を認めることによって審理それ自体を回避し，しばしばより軽い犯罪，またおそらくは了解済みの刑期によって決着にすることができる。訴追された事件の大部分が，このようにして終決する。これについては，Harry Kalven and Hans Zeisel, *The American Jury* (Chicago: The University of Chicago Press, 1975), pp.18ff. また，Zeisel, *The Limits of Law Enforcement* (Chicago: The University of Chicago Press, 1983), pp.34ff 参照。

7. 連邦法廷や州裁判所の場合のように，全員一致原則が適用される場合。州裁判所におけるほとんどの審理では，多数決による評決が認められている。

8. Phillip Ennis, *Why People Switch to Tea?*, Bureau of Applied Social Research for The Tea Council of the U.S.A., Inc. (New York: Columbia University Press, 1954).

9. 精神的なプレッシャーが蓄積されていくプロセスについては，時に「結晶化」と呼ばれることがあるが，これは，おそらく文学の中で無意識のプロセスが最も優れた形で表現されたものであろう。スタンダールの『恋愛論』では，恋に落ちる局面の決定的で運命的なプロセスが結晶化という言葉で表現されている。

10. E. Katz, P. F. Lazarsfeld, *Personal Influence* (Glencoe, Ill.: Free Press, 1963).

11. Eli Ginzberg et al., *Occupational Choice, An Approach to a General Theory* (New York: Columbia University Press, 1951).

第12章　理由分析Ⅱ——データの収集と解釈

1. そして，「なぜ，君はジーンと結婚したのか？」という質問に対しては，せいぜいあまり意味のないありきたりの答えが返ってくるのがオチだろう。

2. Marie Jahoda, Paul F. Lazarsfeld, Hans Zeisel, *Marienthal, The Sociography of an Unemployed Community* (Aldine-Atherton, Chicago, 1971). あるオーストリアの村でおこなわれたこの研究は，初版が1932年にライプチヒで Hirzel 社から刊行された。

3. William H. Kruskal, "Concepts of Relative Importance," Qüestïo, Barcelona, vol.8, 1984, p.39ff.

第13章　パネル調査

1. この分析法についての最初の系統的な紹介は，Paul F. Lazarsfeld and Marjorie Fiske, "The Panel as a New Tool for Measuring Opinion," *Public Opnion Quarterly*, Vol.2, 1938, pp.596-612. という論文で1938年になされている。この技法の新味は，集団行動に対する観察と定量的分析というところにある。長期にわたる個体の発達過程の観察研究については長い歴史がある。最初は，もちろん，植物学と動物学の分野においてであり，後に教育学（ペスタロッチ）で用いられ，最近では遺伝学でも同様の研究技法が用いられている。
長期にわたって集団を観察した結果の報告の最も古い系統的な試みによって，John Graut が 1962 年に作成した死亡統計ができた。もっとも，これは，誕生から死亡記録までを回顧的にあとづけて作成されたものである。

2．相対的というのは，時間の経過とともに脱落したパネル構成員の一部が補充されるからである。

3．永続的な消費者パネルの最初の例は，米国で Sam Barton によって作成された。消費者パネル調査は，現在では米国だけでなく他の国でも非常に増えている。雑貨屋，ドラッグストア，5セント・10セントショップを対象にした最初の商業的なパネル分析は，A. C. ニールセン社の業務の中心になっている。もっとも，不思議なことではあるが，ニールセン社の標準的な報告書では，これらの店舗のパネルが連続して抽出された，相互に独立のサンプルとして扱われている。

4．P. F. Lazarsfeld, B. Berelson, H. Gaudet, *The People's Choice*（New York: Columbia University Press, 1948）.

5．Hugh M. Beville, Jr., *Why Sales Come in Curves* という未刊行の研究による。これは，以前にあった全米放送協会の応用社会調査研究所によっておこなわれた調査にもとづいている。

6．第3章を参照。

7．この研究は，第二次世界大戦中の 1941 年と 1942 年に，ロックフェラー財団の助成金を得て，コロンビア大学の応用社会調査センターとギャロップ社との共同研究としておこなわれたものである。

8．報告のないままパネルが引っ越しして消息不明になることを予防するためには，最初の聞き取りで親戚や友人の名前と住所についても情報を収集しておくべきである。それらの人々が，後で不明になったパネル構成員と連絡をとる時に助力してくれるかも知れない。

9．"Nonsampling Errors," *The Encyclopedia of the Social Sciences*（New York: Macmillan, 1968）参照。

第14章　トライアンギュレーション

1．第8章参照。

2．Shari S. Diamond and Hans Zeisel, "Sentencing Councils: A Study of Sentence Disparity and Its Reduction," *University of Chicago Law Review*, vol.43, 1975, pp.109, 146. 一般的な問題については，Marvin E. Franbol, *Criminal Sentences; Law Without Order*（New York: Hill and Wang, 1973）参照。

3．この問題については，*The American Jury* で解説してある。

4．John Dewey, *Characters and Events*（New York: Octagon, 1970）, vol.II, p.526.

5．第3章をも参照。

6．Max Singer, "The Vitality of Mythical Numbers," *The Public Interest*, vol.9, 1971, p.3.

7．H. Zeisel, *Some Data on Juror Attitudes Toward Capital Punishment*,

Monograph, Center for Studies in Criminal Justice, University of Chicago 1968.

8. C. Cowan, W. Thompson, P. C. Ellsworth, "The Effect of Death Qualification on Juror's Predisposition to Convict and on the Quality of Deliberation," *Law & Human Behavior*, vol.8, 1984, p.53f.

9. Judge Eisele in Grigsby v. Mabry（in the Eastern District of Arkansas（1983））と Judge McMilan in Keeton v. NC（in the Western District of North Carolina（1984））. ２つとも上告に関する判決である。その判決内容はともかく，社会科学的調査の証拠を相互参照することを認めたということは，注目すべき事実である。

解説——ザイゼル『数字で語る』を語る

はじめに

長らく入手困難になっていた Hans Zeisel, *Say It With Figures*.の邦訳『数字で語る』が復活した。最新版（第６版）を基に，しかも最適な訳者を得て。

今回の訳者・佐藤郁哉さんは，言わずとしれた質的社会分析のエキスパートである。『暴走族のエスノグラフィー』や『現代演劇のフィールドワーク』など優れたエスノグラフィーを発表しているだけでなく，『フィールドワーク』や『フィールドワークの技法』など方法論に関する著作も出版している。その佐藤さんが，計量分析の初期段階における集大成とでもいうべき『数字で語る』に着目し訳出したところに，本書の懐の深さが見て取れる。

1．『数字で語る』の読者は誰か

本書は，読者としてどのような人を想定しているのだろうか。「大学などで社会調査法を学ぶ人」，「計量分析を学ぶ人」——この答えは，もちろん誤りではない。しかし，それ以上に読んで欲しいと私が思うのは，一般の知的労働者である。企業や官庁などで営業，総務，企画など種々の業務に携わる人にとって，人々の意識や行動に関するデータを的確に読み取り表現する能力は不可欠の素養である。とりわけ，報道内容に関わる方々には，本書の知識をぜひとも仕事の基礎知識に加えていただきたい。新聞社の世論調査室には専門家がいて水準の高い調査を実施しているが，現実の新聞記事にはそれが反映されていない。紙面やテレビには，調査に値しない調査が頻繁に登場している。数多く生まれる調査から良い調査を選び取る能力を，個々の記者が身に付けてほしいと思う。また，大学やシンクタンク，企業の調査室などで分析を行う人にも，改めて本書を見直し，後輩の育成に役立てることを期待したい。

データ分析の経験者の中には，本書の以前の翻訳（第４版にザイゼルが加筆・訂正をしたものに基づく木村定・安田三郎訳。東洋経済新報社）で統計分析の基礎を学んだ人は少なくないだろう。また，安田三郎・海野道郎『社会統計学（改訂2版）』（丸善，1977年）中の「キャンデー問題」を初めとしたエラボレーション（本書の第7章，第9章に対応）の紹介を通して，ザイゼルの名に接した人がいるかもしれない。しかし，初めてザイゼルの名を目にした読者のために，先ずは原著者の紹介から始めることにしよう。

2．原著者「ハンス・ザイゼル」：人と業績

ハンス・ザイゼル（Hans Zeisel）は，1905年，ボヘミア地方（現チェコ）に生まれた。ウィーン大学で法学・政治学を学び，法学博士（Dr. jur.）の学位を取得した。その後，ウィーンで新聞記者や企業のコンサルタントなどさまざまな仕事を経験したが，この間の仕事として特筆すべきなのは，マリー・ヤホダ（Marie Jahoda）およびポール・ラザーズフェルド（Paul Felix Lazarsfeld:1901-1976）と共に行ったマリエンタール研究（Marienthal study）である。ウィーン近郊マリエンタール村の大織物工場が1930年に閉鎖された。その閉鎖に伴う住民生活の様子を量的・質的な観察を統合して描いた成果は，『マリエンタールの失業者』として出版された。この書物はナチスによって禁書にされたものの，戦後に復刊され，現在でも刊行され続けている古典である。

1938年，ドイツのオーストリア併合を機に，ザイゼルは，アメリカ（USA）に移住した。社会主義者であった彼を迎えたのは，5年前に渡米していたラザーズフェルドであった[1]。前年にイギリスで結婚したエヴァ（Eva）を伴っていた[2]。それ以後，1953年にシカゴに移るまでの15年間の経歴は，実にめまぐるしい。ニューヨークを本拠にさまざまな企業や大学で市場調査などに関わったようである。主なものとしては，McCann Erickson Advisory Agencyの研究ディレクター（1943年から1951年まで）や全米茶業協会の研究ディレクター（1949年から1951年まで），コロンビア大学大学院講師（1951年から1953年まで）などがある。東欧からの移民として，アメリカ社会の本流に入りきれずに苦労している様子が垣間見える。この間，1947年には，『数字で語る』の初版を刊行した。

1953年，ザイゼルはシカゴ大学法科大学院（Law School）教授となった。担当は統計学，法学，社会学である。

当時のザイゼルに関して安田三郎先生は，前記翻訳書（1962年刊）の解説の中で次のように述べている。

ザイゼルの著書としては，本書のほかには『マリエンタールの失業者』と題する共著しかない，しかし，これはその経歴が示すように，彼が講壇学者ではなく，市場調査の実務家としての豊富な経験の持ち主であることを意味する。そしてその経験の結晶が，本書であると言えようか。

しかし，それは真実の一面であった。シカゴ大学に職を得てからのザイゼルは，それから1992年の昇天に至る30年の間に，経験的社会調査を基盤として裁判制度を分析するなど，法学分野における学問的著作を数多く世に出した。その中には，本書の法学版とでも言うべき次のような書物もある。

Zeisel, Hans and David Kaye. 1997. *Prove It with Figures: Empirical Methods in Law and Litigation*. Springer.

このように，法学の素地と豊富な調査経験とを基に，ザイゼルは多くの仕事を成し遂げた。その第1作『数字を語る』は今もなお生き続けており，このたび日本語訳が復活したのである。

3．『数字で語る』の世評

1996年の秋，二千名の新入生を前に挨拶に立ったスタンフォード大学の学長・ゲルハルト・キャスパー（Gerhard Casper）は，歓迎の意を型どおり簡潔に述べた後，次のように話し出した。

1947年，後に私の友人そして同業者，共著者ともなった男が，一冊の本を出版しました。その本は彼の生前に6版まで改訂され，6つの言語に翻訳されました。友人の名前はハンス・ザイゼル，そして彼の本のタイトルは“Say It with Figures”です。これは，花屋のキャッチフレーズ“Say It with Flowers”を踏まえた洒落ですね。

この本は，人間に関する諸問題を研究するための方法論的道具を提案しました。理由分析，パネル分析，クロス表分析などの分野における道具です。序文の中で，ポール・ラザースフェルドは次のように述べています。「社会事象は非常に複雑だから，量によって表現する必要がある」と。

キャスパー学長は，このように述べた後，今日の大学は複雑な組織だから量によって表現しよう」,「数字で語ろう」と言って，さまざまな数字を取りまぜながら，新入生に対してスタンフォード大学の素晴らしさを語った。もちろん，彼はそのとき，大学の質というものは，究極的には，量によって表現し尽くされるものでもなく，格付けや順位付けによって把握できるようなものでもない，と付け加えることを忘れなかったが。

このエピソードは,「数字で語る」ことの重要性を示唆している。しかし,「数字で語る」こと一般の重要性を認めたとしても，それは直ちに，本書『数字で語る』の重要性を意味するわけではない。キャスパー学長の言及は，彼がたまたまザイゼルの友人であったためかもしれない。しかし，インターネットを検索すると，この書物が今なお数多くの授業で参考書として使われていることを，読者は知るだろう。『数字で語る』が，著者の死に至るまでに6回も改訂され7ヶ国語に翻訳されている[3]，という事実自体が,『数字で語る』の価値と影響力を物語っている。

4.『数字で語る』を評価する

しかし，そのような「状況証拠」だけに頼るのは無責任というべきかもしれない。私自身の評価を記すべきだろう。この本の価値について，私自身は次のように評価している。

第1に，語り口がやさしく読みやすい。方法論や技法の本は，得てして難しくとっつきにくいが，この本は数学の予備知識なしに読める。これは，すべての本に要求すべき条件ではないが，この本の読者として想定されている人々にとっては重要なことである。

第2に，本書の守備範囲は限定されているが，その範囲内のことについては，コンパクトながらも十分に詳しく書かれている。したがって，本書を読んだだけで十分に理解できる[4]。本書は，データ分析に関する基本的考え方について記した本である。本書を執筆する際に，著者ザイゼルには,「統計学の基礎を分かりやすく」という発想はなかったに違いない。それだけに，データ分析の現場で遭遇する問題が直接に議論されている。

第3に，扱われている事例が豊富である。しかも，その多くは，架空例ではなく，実際の調査データに基づいている。数理統計学を学んでいても調査の現場を知らない人や，数学とコンピュータは知っているが現実の（欠損値があったり，値自体の信頼性が低い）「汚い」データの分析経験に乏しい人，そのような人が記した方法論や技法の書物は，実際には使いにくい。これに対して，「調査屋」としての豊富な経験に裏付けられたザイゼルが記す技法は，学び終えた瞬間から実際に使うことができる。

彼は『数字で語る』の前半で，過度に「詳しい」表示を避けるべきことを説いている。パーセントの有効桁数（18 頁から），表の次元の縮約（第 5 章）などである。実際，これは重要なことである。SPSS などの統計パッケージやエクセルなどの表計算ソフトを利用することによって，複雑な分析やグラフ表示が瞬時に出来るようになった。しかし，どの分析法を選ぶか，どのグラフを選ぶか，などは依然として人間の判断に委ねられている。しかも残念なことに，世の中には誤った選択や解釈が少なくない。例を幾つか示そう。

・数字の性質を理解していないための誤り。複数選択肢の回答を合計して，（回答者総数の中での比率ではなく）全回答中数に占める個々の回答の比率を求める。
・余分な情報を含めることよって誤解を招くもの。円グラフで表現すべき構成比率を円盤グラフで示すと，同じ構成比率でも手前や奥にあるものと左や右にあるものの見かけ上の大きさが違ってしまう。立体グラフの方が高級であるという誤解。
・2 変数間の相関関係だけの情報をもとに，安易に因果関係と判断しているもの。

この種の誤解は，『数字を語る』を読むことによって克服できるであろう。

しかし，人であれ書物であれ完全であることは難しい。『数字で語る』も，その例外ではない。

ただし，私がここで言っているのは，『数字を語る』の引用文献は古い，というようなことではない。原著（第 6 版）が刊行された 1985 年から 20 年（1947 年の第 1 版から数えれば 60 年近く）経っているのだから，それは当然である。文献の古さが問題であるなら，それは訳者や解説者，読者が自分で補えば良いことだ。

『数字で語る』の欠点として私が考えているのは，また，この本を読んでも統計学は分からない，という類の無いものねだりではない。一般に，「あれが無い，これが無い」という類の「批判」は批判に当たらない。科学的営み（さらにいえば，思考一般）は，常に，無限に複雑で繋がっている現実からの一つの「切り取り」だからである。

私がここで『数字で語る』の問題点だと考えるのは，彼の土俵の中でのことである。

第1に，回帰分析の扱いである。本書の記述を読むと，なるほど，回帰分析のイメージをつかむことはできるだろう。しかし，この章に関しては，私が先に（注4で）述べた批判が該当する。つまり，これだけでは，回帰分析を使うことはできない。

第2に，過度に細かい数字にこだわることは無意味だ，と前半部分で述べているにもかかわらず，最後に加えられているパネル法については，細かい数字にこだわりすぎているように思われる。たとえば，表13-20を基礎として，テレビの特定番組の視聴とその番組の時間帯に宣伝されていた製品の購入について分析が進められているが，その中に，「1.4パーセント・ポイント分の増加，あるいは……20パーセント分の増加」といった記述がある。しかし，これは誤解を招く表現である。推測統計学の知識を踏まえると，この程度の変化は，変化したとは言えないほどの（偶然の結果として頻繁に生じうる）変化なのである[5]。

このように若干の問題点を抱えているとはいえ，『数字で語る』は，作り手としてであれ使い手としてであれ，統計分析を利用しようとする人がその第1歩を踏み出すための，優れたパートナーだといえよう。

5．『数字で語る』を読み終えた人のための次の一歩

『数字で語る』を読み終えた読者は，次のような力を身に付けた，と自信を持って言うことが出来る。

（1）パーセントや指数などの数字を的確に表示すること。
（2）必要十分な情報を盛り込んだ明快な図表を作成すること。
（3）2つの変数の間に存在する相関関係（無相関も含む）から出発し，適切な第3変数を利用して，その間の因果関係を解明すること。
（4）パネル調査データを的確に分析すること。

これだけでも，しっかり理解して活用できれば，日本の行政資料，学術資料の水準は確実に上昇するに違いない。しかし，現代の社会に存在する重要な情

報を的確に理解しようとする人は，これだけでは満足できないだろう。そのような人のために，次の一歩を踏み出すための書物を記しておこう。

1）人間や社会に関するデータを分析する基礎となる統計学

統計学の書物は少なくない。しかし，一方に，易しく分かりやすくはあるが，それを学んだだけでは活用する力が身につかないものがあり，他方に，正確ではあるが数学の素養のない多くの読者には難しすぎるものがある。その中にあって，手前味噌にはなるが，

ボーンシュテット＝ノーキ（海野道郎・中村隆監訳）．1990.『社会統計学：社会調査のためのデータ分析入門』東京：ハーベスト社。

を紹介しておこう。これは，米国における人文社会統計学の代表的初中級教科書　George W. Bohnstedt and David Knoke, *Statistics for Social Data Analysis.*（2nd ed.）F.E. Peacock, 1988 の翻訳である。全くの初歩から出発し，重回帰分析やパス解析まで進む本書は，やや大部だが，それだけに説明が丁寧で分かりやすい。

2）多変量解析

『数字で語る』の第２部に示されているクロス集計分析の論理（第７章，第９章）と回帰分析の考え方（第10章）を理解できれば，多変量解析を学ぶための基礎は出来たと言ってよい。多変量解析を利用できるようになると，データ分析で明らかにできる世界は格段に広がる。ここで多変量解析というのは，多数の変数を基に，類似のものを集めたり（クラスター分析），総合的指標を作ったり（主成分分析など），潜在的な変数を探り当てたり（因子分析など），ある変数への影響関係を見出したり（重回帰分析など）するなど，さまざまな技法の総称である。数学的に厳密な良書も少なくないが，『数字で語る』で学んだ人のための「次の一歩」としては，次の本を紹介しておこう。

田中豊・垂水共之編．1995.『多変量解析』東京：共立出版.

この本を読み終えた頃には，さらなる一歩をどのように歩むかについて，自分自身で選択する力が身に付いているだろう。

3）社会調査法

『数字で語る』ためには，語る材料を集めなければならない。その方法が社会調査法である。従来の調査法の教科書は，（自宅への）個別訪問面接調査によるデータ収集を標準としていた。しかし，都市化・情報化の進展に伴って不在や拒否が増えてデータ回収率が著しく低下し，「ランダムサンプル」とは言いがたい状況になっている。他方，行政では郵送調査が多用され，新聞社などではRDD法（ランダム発生させた番号に電話をかける）が頻繁に用いられ，市場調査などではインターネット調査が花盛りだが，いずれも問題を孕んだ調査法である。とはいえ，他に有力な方法が発明されたわけでもない。われわれが当面出来ることは，それぞれの調査法の持つ特性（特に問題点）を踏まえて結果を読むことであろう。そのためのセンスを磨くためには，古典的だが，

西平重喜．1985.『統計調査法』培風舘

を推薦しておこう。社会調査法全般に関する入門書としては，

大谷信介他．1999.『社会調査へのアプローチ』ミネルヴァ書房.
森岡清志編著．1998.『ガイドブック社会調査』日本評論社.

が手頃だろう。着実な力を付けるためには，私も関与した

原　純輔・海野道郎．2004.『社会調査演習　第２版』東京大学出版会

が助けになるだろう。

以上３つの分野について，それぞれ，次の一歩のための書物を紹介した。もちろん，これだけが良書であるわけではない。しかし，上記の書物は少なくとも，活用して損にはならないだろう。本書『数字で語る』を手がかりに，「数字と付き合う」力を向上させることを期待したい。

最後に，訳者の佐藤郁哉さんとともに強調したいのは，定量的調査法と定性的調査法とが決して対立したものではない，ということである。この「対立」は，時に，科学観の対立に根ざした根本的なものであるかのように語られることもある。しかし，調査現場の現実は，「定量的 - 定性的」，「量的 - 質的」な

どと対立していられるほど暢気なものではない。『数字で語る』で語られることは定量的分析の方法だが，それが定性的な観察と洞察によって裏づけられるべきことは，原著者ザイゼル自身が身をもって示していることなのである。

2005年1月31日，仙台・寺岡にて

海野　道郎

注

[1] ザイゼルが生涯に渡って兄事したラザーズフェルドは，今日の計量社会学・数理社会学の開祖とでも言える存在だが，その仕事の出発点において質的分析を駆使しただけでなく，生涯に渡り関心を持っていた。ラザーズフェルド（西田春彦・高坂健次・奥川櫻豊彦訳）. 1984.『質的分析法』岩波書店.を参照。

[2] 画家を志したEvaの前半生は，劇的という言葉では表現しきれないほど波乱万丈である。ザイゼルと結婚後の彼女は，陶芸デザイナーとして世界的に名を成し，日本の有名食器会社向けに皿のデザインも行っている（www.evazeisel.org/who_is_eva.zeisel.html）。

[3] Sills, David L. 1992. "In Memoriam: Hans Zeisel, 1905-1992" Public Opinion Quarterly. 56:536-537.による。シカゴ大学の同僚によるこの弔辞は，公私に渡るザイゼルの姿を生き生きと描いている。

[4] 今日のわが国に，数字や数学の使用を最小限に抑えて統計分析を解説した本がないわけではない。しかし，そのような本をどのように評価するかは，なかなか難しい。確かに読みやすく分かりやすい。しかし，個々の記述が簡潔すぎて，統計学を正統的に学んだことのある人には「ああ，あのことだな」と分かるのだが，その本だけで学んだ人には，結局，「なんとなく分かった気がする」段階を超えることが難しいのではないか，というのが私の評価である。簡潔な記述になるのは，おそらく，半年（15回）の講義を念頭に置きつつも，記述統計学・推測統計学の基礎的事項の多くを盛り込もうとするためだと思われる。わが国の出版事情によって頁数が制約され，説明のための十分なスペースを確保できないこともあるだろう。

[5] このようなことがなぜ生じたのか，ザイゼル本人が世を去った今日では確認しがたい。実際，第4版の「第10章　パネル法」には「2つのテストのどちらも有意差を示さなかったから，製品購入者にその番組をみさせるという，補強作用を証明するものはない，と結論しなければならない」という記述がある。また，第9章には，クロス集計の次元を多くする際の制約のひとつとして，「サンプルの大きさがあるところまで小さくなると，観察されたパーセントの差が統計的有意性を失ってしまう」と記されている。したがって，推測統計学の素養がザイゼルに無かったとは思えない。

人名索引
Author Index

■本文中の人名

■引用文献中の人名

事項索引
Subject Index

■さ行

■な行

■は行

■ま行

〔著者紹介〕

ハンス・ザイゼル（Hans Zeisel）（1905-1992）

1905年，ボヘミア地方（現チェコ）生まれ。ウィーン大学で法学・政治学を学び，法学博士〔Dr. jur.〕の学位を取得。ウィーンで新聞記者や企業のコンサルタントなどさまざまな仕事を経験。1938年，ドイツのオーストリア併合を機にアメリカに移住。ニューヨークを本拠にさまざまな企業や大学で市場調査などに関わり，この間，1947年に『数字で語る』の初版を出版。1953年，シカゴ大学法科大学院教授。*Delay in the Court*（1959），*The American Jury*（1966），*The Limits of Law Enforcement*（1982）など，法学分野における学問的著作を数多く世に出した。1992年死去。

〔訳者紹介〕

佐藤郁哉（さとう・いくや）一橋大学大学院商学研究科教授

1955年生まれ。77年東京大学文学部卒（心理学）。84年東北大学大学院博士課程中退（心理学）。86年シカゴ大学大学院修了〔Ph.D.〕（社会学）。東北大学文学部助手，茨城大学人文学部助教授，一橋大学商学部助教授・同学部教授を経て，2000年から現職。主な著書に，『暴走族のエスノグラフィー』，『フィールドワーク』，『フィールドワークの技法』，『質的データ分析法』（新曜社），『現代演劇のフィールドワーク』（東京大学出版会）などがある。

〔解説者紹介〕

海野道郎（うみの・みちお）東北大学大学院文学研究科教授

1945年生まれ。68年東京大学工学部卒（工業化学）。70年東京大学大学院修士課程修了（工業化学）。72年東京工業大学大学院修士課程修了（社会工学）。73年東京工業大学大学院博士課程中退（社会工学）。東京工業大学理工学部助手，関西学院大学社会学部助教授，東北大学文学部教授などを経て，2000年より現職。主な著書・共著に，『社会統計学』（丸善），『社会調査演習』，『公平感と政治意識』（東京大学出版会）などがある。

数字で語る
社会統計学入門

初版第1刷発行　2005年　3月11日©
初版第3刷発行　2008年12月25日

著　者　ハンス・ザイゼル
訳　者　佐藤郁哉
解説者　海野道郎
発行者　塩浦　暲
発行所　株式会社 新曜社
〒101-0051　東京都千代田区神田神保町2-10
電話(03)3264-4973・FAX(03)3239-2958
e-mail info@shin-yo-sha.co.jp
URL http://www.shin-yo-sha.co.jp/

印刷　銀　河　Printed in Japan
製本　イマキ製本

ISBN978-4-7885-0932-0　C1033